# 회귀분석과 매개효과 및 조절효과

정영숙 · 정이원 · 박영준 · 김석주 공저

## 데이터 분석 사례를 중심으로

REGRESSION ANALYSIS AND MEDIATING-MODERATING EFFECTS

FOCUSED ON DATA ANALYSIS CASES

학지사

# 머리말

우리가 마주하는 사회적 현상은 삶의 연결고리와 같은 인과성으로 나타난 결과이다. 세상에 원인 없는 결과는 없다. 그래서 모든 연구는 궁극적으로 현상의 인과성을 밝히는 데 중점을 둔다. 하나의 현상이 존재한다면, 왜 그런 현상이 존재하는지를 알아야 개입하고, 대책을 세우고, 변화를 모색할 수 있다. 따라서 연구자는 삶의 본질을 규명하는 데 길잡이가 되는 인과성에 대한 이해가 수반되어야 한다. 회귀분석을 비롯하여 매개효과 및 조절효과는 그런 길잡이의 역할을 함으로써 인과성이 왜 존재하는지를 알려 준다.

교육 현장에서 분석 방법에 대해 상담하거나 논문 심사를 할 때 늘 직면하는 문제는, 많은 연구자가 회귀분석이 어떤 정보를 줄 수 있는지에 대한 이해가 부족하고, 매개효과 및 조절효과의 차이를 명확히 인지하지 못해 적지 않은 혼란과 어려움을 겪는다는 점이다. 그런 모습을 마주할 때마다 회귀분석을 보다 실용적이고 직관적인 방식으로 이해하고 적용할 수 있는, 그리고 사례 분석과 해석을 중심으로 쉽고 상세하게 풀어낸 책이 필요하다는 생각을 줄곧 해 왔다. 이 책은 전적으로 그런 동기에 토대를 두고 집필된 것이다.

이 책은 회귀분석의 기본 개념을 충실히 다루면서, 매개효과와 조절효과 분석을 연구에서 어떻게 활용할 수 있는지에 대한 구체적인 사례가 담겨 있다. 이론에 대한 설명을 최대한 간결하게 줄이고, 실제 데이터 분석을 통해 매개효과와 조절효과의 분석 결과가 무엇을 말해 주는지, 분석 과정에서 주의해야 할 점은 무엇인지, 연구 결과를 어떻게 해석하는지에 중점을 두고 내용을 이해하고 활용할 수 있도록 구성하였다.

그런 의미에서 이 책이 연구자 또는 현장에서 실무적으로 데이터를 수집하고 분석하는 이들이 좀 더 정교하고 신뢰성 있는 결과를 도출하는 데 도움이 되는 하나의 길잡이가 되기를 기대한다.

작업한 원고를 한 권의 책으로 출판해 주신 학지사 김진환 사장님과 전문적 시각으로 편집 방향을 제시하고 세심한 부분까지 짚어 주신 유가현 선생님에게 깊이 감사드린다.

# 차례

머리말 3

제1장 연구와 인과관계 ● 11

1. 인과관계를 검정하는 가설의 조건 ---- 12
   1) 이론적 토대 ---- 12
   2) 검정 가능성과 간결한 논리 ---- 13
2. 인과관계의 필요조건과 충분조건 ---- 14
   1) 인과관계의 충족 요건 ---- 15
   2) 인과관계의 필요조건과 충분조건 ---- 18
3. 인과관계의 타당성 ---- 22
   1) 상관관계 ---- 22
   2) 외생변수 ---- 24
   3) 개념적 정의와 조작적 정의 ---- 25
   4) 구성개념 타당성 ---- 28
4. 맥락변수와 제3의 변수 ---- 32
   1) 맥락변수 ---- 32
   2) 제3의 변수 ---- 33

## 제2장 정규분포와 추론통계 ● 39


**1. 정규분포는 왜 중요한가** ---------- 39

**2. 정규분포의 특성** ---------- 40

**3. 표준정규분포** ---------- 43

1) 표준정규분포의 장점 ---------- 43
2) 데이터 표준화와 표준정규분포 형태 ---------- 48

**4. 확률분포의 종류** ---------- 51

1) t와 F 분포 ---------- 51
2) 카이제곱 분포 ---------- 53
3) 분포의 유형별 차이점 ---------- 56

**5. 분포 형태** ---------- 57

1) 왜도 ---------- 57
2) 첨도 ---------- 59
3) 왜도 및 첨도의 허용 기준 ---------- 62

**6. 정규성 검정 방법과 사례** ---------- 63

1) 정규성 검정 방법 ---------- 63
2) 정규성 검정 사례 ---------- 64

**7. 추론통계** ---------- 67

1) 표본 통계량과 모집단 모수 ---------- 67
2) 표본오차와 신뢰구간 ---------- 68
3) 모수 분석과 비모수 분석 ---------- 70
4) 통계분석 방법의 선택 기준 ---------- 72

## 제3장 상관분석 ● 75


1. 상관분석의 필요성 ------- 75
   1) 상관분석이 필요한 경우 ------- 75
   2) 상관관계는 인과관계가 아니다 ------- 76
   3) 상관계수 ------- 78

2. 상관관계의 시각화와 분석 사례 ------- 79

3. 상관계수의 유형 ------- 81
   1) 피어슨 상관계수 ------- 81
   2) 스피어만 순위상관계수 ------- 84
   3) 켄달의 타우 상관계수 ------- 87

4. 편상관관계 ------- 90
   1) 가정과 조건 ------- 90
   2) 편상관분석이 필요한 경우 ------- 91
   3) 통제변수 선택 방법과 기준 ------- 92


## 제4장 회귀분석의 기본 가정과 회귀모형 ● 97


1. 회귀분석의 목적 ------- 97

2. 회귀분석의 기본 가정 ------- 99
   1) 선형성 ------- 99
   2) 독립성 ------ 104
   3) 정규성 ------ 108
   4) 분산의 동질성 ------ 112
   5) 다중공선성 ------ 115

3. 회귀모형 ------ 124
   1) 회귀모형의 개념과 구성 요소 ------ 124

2) 회귀모형의 형태에 따른 분류 ------ 125
3) 회귀모형과 회귀식의 차이점 ------ 126

제5장

## 단순회귀분석 ● 129

**1. 단순회귀분석의 필요성** ------ 129
1) 실용적인 모형 개발 ------ 129
2) 선형 관계 확인 및 종속변수 예측 ------ 130

**2. 단순회귀모형과 분석 사례** ------ 131

**3. 회귀모형의 적합성** ------ 133
1) 결정계수와 추정 표준오차 ------ 133
2) F 값과 잔차 ------ 135

**4. 원점을 지나는 회귀모형** ------ 138
1) 이론적으로 원점을 지나는 경우 ------ 139
2) 데이터의 특성상 원점을 지나는 경우 ------ 140

**5. 일반 회귀모형과 원점을 지나는 회귀모형 분석 사례** ------ 141
1) 결정계수의 차이 ------ 142
2) 잔차 비중의 차이 ------ 144
3) 회귀계수의 차이 ------ 146

제6장

## 다중회귀분석 ● 149

**1. 다중회귀분석의 목적과 모형** ------ 149
1) 다중회귀분석의 목적과 기능 ------ 149
2) 다중회귀모형 ------ 150

**2. 회귀계수** ------ 151

1) 회귀계수와 관련 개념 ------ 151
2) 분석 사례와 회귀계수 해석 ------ 153

**3. 최소제곱법** ------ 155

1) 잔차의 최소화 ------ 156
2) 최소제곱법의 분석 사례 ------ 157

**4. 집단 간 평균비교를 위한 회귀분석** ------ 163

1) 비교집단 설정 기준 ------ 165
2) 더미변수를 만드는 방법 ------ 165
3) 더미변수가 포함된 회귀모형 ------ 171
4) 더미변수가 포함된 회귀모형의 분석 사례 ------ 172

**5. 변수 선택과 모형 개발** ------ 177

1) 변수 선택과 모형 개발의 전제조건 ------ 177
2) 변수 선택 방법: 필터링 ------ 178
3) 변수 선택 방법: 랩핑 ------ 179
4) 모형 개발 ------ 186

## 제7장 로지스틱 회귀 ● 195

**1. 로지스틱 회귀의 기본 가정** ------ 197

1) 이분형 종속변수 ------ 197
2) 로그 오즈와 선형 관계 ------ 198
3) 독립 관측치 ------ 199
4) 독립변수 간의 다중공선성 부재 ------ 201

**2. 로지스틱 회귀모형** ------ 202

1) 로지스틱 회귀모형의 적합도 ------ 202
2) 신뢰구간과 오즈비 ------ 206

**3. 이분형 로지스틱 회귀** ------ 208

1) 이분형 로지스틱 회귀의 특성 ------ 208
2) 이분형 로지스틱 회귀분석 사례 ------ 209

**4. 다항 로지스틱 회귀** ------ 215

1) 다항 로지스틱 회귀의 특성 ------ 216
2) 다항 로지스틱 회귀분석 사례 ------ 217

**5. 순서형 로지스틱 회귀** ------ 223

1) 순서형 로지스틱 회귀의 특성 ------ 223
2) 순서형 로지스틱 회귀분석 사례 ------ 225

## 제8장 매개효과 ● 233

**1. 매개변수와 매개효과** ------ 233

1) 매개변수 ------ 233
2) 매개효과 ------ 235

**2. 매개모형** ------ 237

1) 단순매개와 다중매개 ------ 238
2) 독립변수가 다수인 매개모형 ------ 243
3) 종속변수가 다수인 매개모형 ------ 244

**3. 바론-케니 방법과 Sobel 테스트** ------ 248

1) 바론-케니의 4단계 접근법 ------ 248
2) 바론-케니의 분석 사례 ------ 249
3) Sobel 테스트 ------ 251

**4. 부트스트랩** ------ 252

1) 부트스트랩의 장점 ------ 252
2) 부트스트랩 설치 및 분석 과정 ------ 254
3) 부트스트랩 분석 사례: 단순매개모형 ------ 256

4) 부트스트랩 분석 사례: 이중매개모형 ------ 262
5) 부트스트랩 분석 사례: 공변량을 고려한 매개효과 – 268

## 제9장 조절효과 ● 275

**1. 조절변수와 조절효과** ------ 275
1) 조절변수 ------ 275
2) 조절효과 유형과 분석 방법 ------ 278

**2. 조절효과 모형** ------ 280
1) 단순조절효과 모형 ------ 280
2) 이중조절효과 모형 ------ 281
3) 단계적 조절효과 모형 ------ 284

**3. 상호작용항을 이용한 위계적 회귀분석** ------ 286
1) 단순조절효과 분석 사례 ------ 286
2) 표준화 변수를 이용한 분석 사례 ------ 290
3) 이중조절효과 분석 사례 ------ 294
4) 단계적 조절효과 분석 사례 ------ 297

**4. 부트스트랩을 활용한 조절효과 분석** ------ 303
1) 단순조절효과 분석 사례 ------ 303
2) 이중조절효과 분석 사례 ------ 307

**5. 로지스틱 회귀분석과 조절효과** ------ 313
1) 조절효과 분석 단계 ------ 313
2) 조절효과 사례 분석과 해석 ------ 315

참고문헌 323
찾아보기 327

제1장

# 연구와 인과관계

현상은 개별적 사건이 아니라 삶의 연결고리와 같은 인과관계로 나타난 결과이다. 현상 자체가 원인이고 결과이다. 과거에도 그랬고, 현재도 그렇고, 미래도 그럴 것이다. 인간도, 사물도 결코 인과관계에서 벗어나 존재할 수는 없다. 사회, 정치, 경제, 종교, 문화, 과학은 인과성에 기반한 학문적 체계를 구축하고 있다. 모든 분야의 연구는 궁극적으로는 인과관계를 밝히는 것이 목적이다. 단적으로 표현하면, 인과관계는 연구의 출발점이자 도착지이다. 이처럼 연구와 인과관계는 불가분의 관계가 있으므로 그에 대한 중요성은 아무리 강조해도 지나치지 않을 것이다. 따라서 연구자는 인간과 사물을 관찰할 때, 연구모형을 구성할 때, 인과성에 중심에 두어야 현상을 제대로 볼 수 있다.

어떤 현상이 사회적 관심을 끈다면, 왜(why) 그런 현상이 나타났는지를 알아야 현상을 초래한 부분에 개입하여 대책을 세우거나 변화를 모색할 수 있다. 인과론이 어떤 과정과 검정과 지식적 성숙을 거쳐 오늘에 이르게 되었는지를 살펴보는 것은 삶의 본질을 이해하는 데 길잡이가 된다는 점에서 매우 중요하다. 따라서 연구자에게는 학문의 토대가 되는 인과성에 대한 이해가 필요하다. 왜냐하면 모든 학문과 연구가 궁극적으로 추구하는 것은 현상에 내재된 인과성을 밝히는 것이기 때문이다.

인과성(causality)이란, 현상에는 반드시 원인이 존재하며 원인 없는 결과는 없다는 필연성을 전제한 개념이다. 세상에 홀로, 독자적으로 존재하는 것은 없다. 어떤 현상이든 거슬러 올라가면 반드시 그 현상을 초래한 원인과 연결되어 있다. 하지만 어떤 현상의 원인을 규명하는 일은 쉽지 않고, 때론 우리가 본질적인 원인을 제대로 인지하지 못해 현상 자체를, 또는 원인이 아닌 요인을 원인으로 간주할 수도 있다. 연구자가 현상을 보는 관점에 따라서도 인과성에 차이가 난다. 그래서 같은 분야의 연구도 시대적 흐름과 관점의 변화에 따라 지속적 · 반복적으로 이루어지며, 인과관계를 추론하는 것도 개연성에 기반한 확률에 토대를 두게 된다.

# 1. 인과관계를 검정하는 가설의 조건

인과성을 검정하기 위해 두 개 이상의 변수 간의 관계를 추론하는 가설을 세워야 한다. 가설이라고 부르는 이유는 아직 검정되지 않은 잠정적 해답에 불과하기 때문이다. 아무리 훌륭한 가설이라 할지라도 데이터 분석을 통해 실증적인 검정을 거치지 않으면 그 가설은 신뢰성과 타당성이 뒷받침되지 않은 주관적 가설에 불과하다. 만약 분석 결과가 가설을 지지하면 참으로 받아들이고, 그렇지 않으면 기각해야 한다. 가설은 관찰이나 이론, 보편적 신념, 탐색 자료 등으로부터 추론할 수 있다. 가설은 어디까지나 추론한 진술이므로 잠정적이며, 반복 검정을 통해 일관성과 타당성이 입증된 경우에만 과학 이론으로 자리 잡을 수 있다.

인과관계를 검정하기 위해 가설이 갖추어야 할 조건이 있다. 첫째, 이론적 토대를 갖추어야 하고, 둘째, 검정 가능하고 간결한 논리로 이루어져야 한다.

## 1) 이론적 토대

인과관계를 검정하는 가설을 도출하기 위해 가장 먼저 해야 할 일은, 관련 분야의 이론을 검토하는 것이다. 탐색연구나 기술연구와 달리 인과성을 규명하는 경우에는 연구문제나 가설이 연구자의 주관적 생각이나 판단에 따른 것이 아니라 선행연구에서 검정을 거친 이론이 근거가 되어야 한다. 선행연구를 충분히 고찰하고 검토하지 않으면, 연구자는 좁은 시야로 자신의 인지 범위 내에서 이미 알고 있는 내용만을 토대로 가설을 설정하도록 스스로 유도하는 오류를 범할 수 있다. 그러므로 관련 분야의 연구를 충분히 검토하고 숙지한 후에 인과성을 검정하는 가설을 세워야 한다.

한 가지 중요한 점은, 이론의 전체적인 틀은 고려하되 선행연구에서 제시한 규격화된 방식에 매이지 않아야 한다는 것이다. 연구자는 기존의 이론적 틀을 무조건 받아들인 후 그 틀 내에서 연구 문제를 해결하려는 경향이 있다. 하지만 일부 현상이나 문제는 기존 패러다임으로 설명할 수 없는 경우도 종종 있다. 이런 현상은 시간이 지나면서 패러다임의 한계로 드러나기도 한다.

특정 이론의 전제가 과거에는 타당했으나 현재와 가까운 미래에 발생할 현상을 제대로 설명하지 못할 수도 있다. 우리에게 알려져 있는 과학적 진리는 얼마 동안은 만족스러울지 모르나 그 이론이 언제나, 모든 상황, 모든 시기에 걸친 진리는 아니다. 그러므로 전적으로 기존 이론에만 토대를 두고 변수 관계를 추정하는 것은 오류를 초래할 수 있다는 점을 염두에 두어야 한다.

토머스 쿤(Thomas Kuhn)이 주장한 바와 같이, 기존 이론도 해결하지 못하는 문제가 누적되면, 이상 현상이 심화되고 과학혁명을 통해 새로운 패러다임이 등장하여 기존 패러다임을 대체하게 된다. 사회과학 이론의 발전도 단순한 누적 과정이 아니라, 패러다임 전환을 통한 변화를 겪으면서 지속적으로 이루어져 왔고, 지금도 이루어지고 있다. 따라서 인과관계를 검정하는 가설을 설정할 때 이론적 토대를 중시하되, 이론은 시대와 사회적 요인에 따라 변화한다는 점을 염두에 두고 현상을 관찰해야 한다.

### 2) 검정 가능성과 간결한 논리

변수 간의 인과관계를 나타내는 가설은 검정이 가능한 형태로 제시되어야 한다. 단순히 연구자의 의견이나 주관적 판단, 규범적 특성이 내포된 명제로는 인과성을 규명할 수 없다. 또 개념적 정의가 불분명하여 가설 내용이 막연해도 검정하기 어렵다.

좋은 가설은 누구나 쉽게 이해할 수 있도록 간결한 논리로 이루어져야 있다. 같은 의미를 지닌 개념 간의 관계를 나타내거나 동어 반복적인 내용은 피해야 한다. 예를 들어, '기본 생계를 유지할 수 없는 빈곤가구는 중산층 가구에 비해 상대적 박탈감이 클 것이다.'라는 가설은 '빈곤가구는 중산층 가구에 비해 상대적 박탈감이 클 것이다.'로 간단하게 표현할 수 있다. '기본 생계를 유지할 수 없는 빈곤가구'란 표현은 동의 반복이다. 개념적으로 빈곤가구란 기본생계를 유지할 수 없는 가구를 의미하기 때문이다.

한 가설에는 두 변수의 관계만을 설정해야 한다. 한 가설에 두 개 이상의 A, B, C 간의 관계에 대한 내용이 포함되어 있다면 측정상의 문제가 발생할 수 있다. 즉, A와 B는 관계가 있으나 A와 C 또는 B와 C는 관계가 없다면 해석상 혼돈을 초래하게 된다. 이런 경우, 가설을 둘로 나누어 검정한다. '부모의 부부갈등은 청소년의 자아존중감과 사회성 발달에 영향을 미칠 것이다.'라는 가설은 자아존중감, 사회성 발달, 부모의 부부갈등 등 세 변수로 구성되어 있다. 분석 결과, 부모의 부부갈등이 청소년의 자아존중감과는 인과관계가 있으나 사회성 발달과는 관계가 없다면, 가설을 기각할 수도 채택할 수도 없게 된다. 따라서 두 개의 가설로 나누어 검정한다.

- 가설 1: 부모의 부부갈등은 청소년의 자아존중감에 영향을 미칠 것이다.
- 가설 2: 부모의 부부갈등은 청소년의 사회성 발달에 영향을 미칠 것이다.

연구의 궁극적인 목적은 보편적 원리를 찾아 일반화하는 데 있다. 따라서 인과성에 대한 검정 결과는 신뢰성과 타당성이 수반되어야 하며, 이를 위해 가설은 검정이 가능한 형태로, 그리고 간결한 논리로 정립되어야 한다.

## 2. 인과관계의 필요조건과 충분조건

인과관계를 추정할 때 연구자의 통찰력은 중요한 역할을 한다. 왜냐하면 어떤 현상의 원인으로 작용하는 진정한 요인을 찾는 데는 다년간의 연구 경험과 충분한 선행연구 고찰에서 비롯된 통찰력이 수반되어야 하기 때문이다. 그렇지 않으면 단순히 우연의 일치를 원인으로 잘못 판단할 수 있다. 제3의 요인이 원인변수와 결과변수에 영향을 미칠 수도 있고, 인과관계가 있지만 두 변수가 서로 원인인 동시에 결과인 경우도 있다. 또 특정 현상에 영향을 미치는 요인이 다수일 경우, 서로 다른 원인들이 같은 결과를 초래할 수 있다. 그로 인해 원인 간에 공통 요소가 있을 때는 어느 요인이 진실한 원인인지 알 수 없고, 다른 요인들의 영향을 통제할 수 없기 때문에 인과성을 밝히기가 어려워진다.

사회과학 분야는 정신, 정서, 감정, 자아 등의 내면적 요인을 다수 포함하고 있다. 또 정서나 감정은 상호 유기적 관계를 가지는데, 이러한 관계는 통제된 실험의 장에서 자유롭게 조작할 수 없기 때문에 파악하기가 쉽지 않다. 따라서 여러 요인 중 어느 요인이 먼저 발생했는지, 어느 요인이 먼저 변화했는지를 관찰하기 위해 충분한 경험과 지식이 필요하다. 인과관계 추정에 필요한 네 가지 충족 요건을 살펴보자.

## 1) 인과관계의 충족 요건

### (1) 동시발생 조건

동시발생 조건은 독립변수와 종속변수는 서로 연관성이 있어 두 변수 값이 모두 변화해야 한다는 것을 의미한다. 인과관계를 나타내는 대표적인 변수가 바로 독립변수와 종속변수이다. 독립변수는 영향을 미치는 원인변수이고, 종속변수는 독립변수의 영향을 받는 결과변수이다. 따라서 독립변수나 종속변수 중 하나의 값이 변하지 않고 고정되어 있다면, 동시발생 조건이 충족되지 않으므로 인과관계는 성립되지 않는다.

예를 들어, 심리치료와 정신건강이 인과관계가 있다면 독립변수인 심리치료가 진행되는 동안 종속변수인 정신건강 수준에 변화가 있어야 동시발생 조건이 충족된다. 그러나 심리치료가 진행되는 동안 정신건강에 아무런 변화가 없고 고정되어 있다면 이는 두 변수 간에 인과관계가 존재하지 않는다는 것을 나타낸다.

동시발생 조건에서 주의할 점은 인과관계가 있으면 상관관계도 있지만, 상관관계가 있다고 해서 반드시 인과관계가 존재하지는 않는다는 것이다. 상관관계는 단순히 두 변수 간에 관련성이 있다는 것만 나타낼 뿐이지 그것이 원인과 결과를 의미하는 것은 아니다. 한 변수의 변화가 다른 변수의 변화와 연관되어 있어도, 두 변수가 교란변수의 영향을 받아 발생했을 수도 있다. 종종 상관관계를 인과관계로 오인하고 원인과 결과의 관계가 있다고 추론하는 오류를 범하기도 한다. 이러한 오류는 변수들의 속성에 대해서, 그리고 상관관계와 인과관계의 차이점에 대해서 분명히 이해하고 적용한다면 피할 수 있는 문제이다.

### (2) 비대칭적 관계

인과관계가 성립되기 위해 두 변수는 비대칭적 관계여야 한다. 비대칭적 관계란 독립변수가 종속변수에 영향을 미치지만, 종속변수는 독립변수에 영향을 미치지 않는다는 것을 전제한 관계이다. 만약 두 변수가 상호 관련성이 있어 서로 영향을 주고 받는다면 그것은 비대칭이 아니라 대칭적 관계인 것이다.

예를 들어, 흡연과 폐질환의 관계를 보자. 과다한 흡연은 폐질환을 유발하지만 폐질환이 흡연을 유도한 것이 아니라면, 두 변수는 비대칭적 관계이다. 만약 흡연과 폐질환이 비대칭적 관계가 아니라 단순히 상호변화 관계만 있다면 그것은 인과성이 아닌 상관성을 나타낼 뿐이다. 즉, 두 변수가 서로 영향을 미치지만 어느 변수가 원인이고 어느 변수가 결과인지를 알 수 없기 때문이다. 만약 학력이 높을수록 연봉도 높다면 학력과 연봉은 비대칭적 관계이다. 즉, 학력과 연봉의 관계에서 학력이 높기 때문에 연봉이 올라간 것이지, 연봉이 올라서 학력이 높아진 것은 아니다.

① 흡연 → 폐질환: 학력 → 연봉 (비대칭적 관계)
② 흡연 ← 폐질환: 학력 ← 연봉 (×)
③ 흡연 ↔ 폐질환: 학력 ↔ 연봉 (상관관계)

인과관계는 독립변수와 종속변수가 서로 양방향(↔)으로 영향을 미치는 것이 아니라, 독립에서 종속으로 한 방향(→)으로만 움직인다. 인과관계에서 비대칭성을 이해하는 것은 현상을 인식하고, 개인이나 집단이 효율적인 의사결정을 하는 데 실질적인 통찰력을 제공한다.

### (3) 시간적 우선순위

시간적으로 원인이 결과보다 먼저 발생해야 한다. 즉, 어떤 현상 A가 현상 B의 원인이라면, A는 B보다 시간적으로 앞서야 한다. 인과관계를 논할 때 변수 간의 시간적 우선순위는 명확히 정립되어야 한다. 그런데 두 변수 간에 상호 인과성이 존재하여 대칭적 관계에서 두 변수의 변화가 동시에 일어나는 경우가 있다. 즉, 변수 A의 변화가 변수 B의 결과를 초래하기도 하지만, B의 변화가 A의 결과를 초래하기도 한다. 예를 들어, '운동을 많이 하면 건강이 좋아진다.'라는 것은 운동이 건강을 좋게 할 수도 있지만, 건강한 사람이 운동을 더 많이 할 개연성도 있다. 이런 경우에는 독립변수와 종속변수가 원인변수인 동시에 결과변수가 된다. 그러나 대부분의 인과관계는 비대칭적이기 때문에 시간적으로 원인이 결과보다 앞선다.

- 파블로프의 고전적 조건형성: 종소리를 들려준다(원인). vs 개가 침을 흘린다(결과).
- 스키너의 보상과 행동 강화: 쥐가 레버를 누른다(원인). vs 먹이를 받는다(결과).
- 페스팅거의 인지부조화: 사람이 불편한 정보(자신의 행동 및 신념과 일치하지 않음)를

접한다(원인). vs 불편함을 해소하기 위해 태도를 바꾼다(결과).

- 미디어 폭력과 공격성: 아이들이 폭력적인 TV 프로그램을 본다(원인). vs 더 공격적인 행동을 보인다(결과).
- 임상심리 효과: 임상심리 프로그램에 참여한다(원인). vs 우울증이 감소되었다(결과).

심리학자 융은 유년시절의 꿈을 통해 세상의 비밀에 눈을 뜨게 되었고, 이는 그의 정신적 삶이 무의식적인 출발을 한 것이다(Jung & Aniela, 1965). 융에게는 시간적 우선순위에서 꿈이 먼저였고, 그 꿈이 과학적 작업의 원재료가 되어 그를 집단 무의식 세계로 이끈 것이다. 물론 꿈을 꾸고 난 후 인간의 정신세계에 집단 무의식이 존재한다는 통찰에 이르기까지 다수의 맥락변수가 있었지만, 일단 출발은 꿈이 보여 주는 상징적 이미지였다.

### (4) 외생변수의 통제

외생변수란 독립변수와 종속변수 외의 제3의 변수를 의미한다. 즉, 종속변수에 영향을 미치는 변수들 중 독립변수를 제외한 다른 모든 변수를 포함한다(Kerlinger & Lee, 2000). 종속변수의 변화가 순수하게 독립변수의 영향에 의한 것이라면 인과관계의 충족 요건을 갖추었다고 볼 수 있다. 그러나 독립변수의 영향과 관계없이 우연한 사건이 개입하거나 성장요인, 측정도구의 변화 등이 종속변수에 영향을 미쳐, 마치 두 변수가 인과관계가 있는 것처럼 보이게 할 수 있다. 사전검사와 사후검사 또는 탐색조사와 본 조사 사이에 독립변수의 영향 외에 예상치 못한 우연한 사건이 발생하여 종속변수에 영향을 미치는 경우, 연구 진행 중 시간의 흐름에 따라 대상자의 자연스러운 발달이나 심리적 특성에 변화가 생겨 종속변수에 영향을 미치는 성장요인, 조사 및 실험 기간 중에 측정자나 실험자가 바뀌거나, 측정도구의 변화로 사전도구와 사후도구 간에 차이가 발생하여 측정 결과 자체가 달라질 수 있는 경우 등은 외생변수로 작용할 수 있다.

연구에서 외생변수를 통제하는 이유는 이들 변수가 작용하여 독립변수와 종속변수 간의 인과관계를 왜곡하기 때문이다. 독립변수와 종속변수가 실제로는 관계가 없으나 관계가 있는 것처럼 보이는 이유는 외생변수가 이 두 변수와 관계가 있기 때문이다. 따라서 가설에 포함된 독립변수와 종속변수 외의 다른 요인, 즉 외생변수의 영향을 배제하기 위해 통제 개념이 중요하게 대두된다. 변수를 통제한다는 것은 외생변수가 독립변수와 종속변수 간의 인과관계를 과소 또는 과대평가하는 것을 최대한 차단한다는 의미이다.

외생변수 통제를 위한 최선의 방법은 연구 대상이 표본으로 선정될 확률이 같도록 무작위 표본 추출을 해야 한다는 것이다. 표본 수를 늘리기 위해 부적절한 사례를 무리하게 포함하거나 표본 선정 기준을 편의성에 두고 임의로 추출하기 쉬운 대상으로 할 경우, 연구자의 주관에 의존한 표본 편중이 생긴다. 그로 인해 올바른 결론을 얻기가 어렵고, 표본 조사 결과를 모집단에 적용하여 일반화하는 데도 한계가 있다. 따라서 표본은 반드시 무작위로 추출되어야 한다.

연구 설계가 중요한 것도 외생변수의 존재 여부를 확인하고 적합한 방법으로 통제할 수 있기 때문이다. 연구 설계에서는 변수 간의 관계를 나타내는 인과모형을 구성하는데, 독립변수와 종속변수뿐 아니라 두 변수 간 관계에 영향을 미칠 수 있는 외생변수를 고려해서 구성해야 한다. 이러한 통제 과정을 거쳐야 오류를 줄이고 진정한 인과관계를 규명할 수 있으며, 분석 결과를 일반화하는 데 필요한 타당성도 확보하게 된다.

## 2) 인과관계의 필요조건과 충분조건

인과성에는 현상의 전제와 결과가 포함되어 있다. 'X이면 Y이다.'라고 할 때 조건명제가 붙는다. 이 명제에서 X는 전제이고, Y는 결과이다. 이러한 조건은 X와 Y의 관계 속성에 따라 필요조건, 충분조건, 필요충분조건으로 구분할 수 있다. 인과관계에서 필요조건과 충분조건은 원인과 결과의 관계를 이해하는 중요한 개념이다.

### (1) 필요조건

필요조건은 어떤 결과가 발생하기 위해 반드시 존재해야 하는 최소한의 조건이다. 따라서 필요조건이 존재하지 않으면 결과가 발생할 수 없다. 하지만 필요조건이 충족되더라도 결과가 반드시 발생하는 것은 아니다.

- Y가 필요조건이라면, Y 없이는 X가 발생할 수 없다.
- Y가 필요조건이라면, X는 충분조건이다.
- X 가 참이 되려면 Y도 참이어야 한다(X → Y).

**예시 1** 임상심리사가 되려면(X) 시험에 합격해야(Y) 한다. 여기서 시험 합격은 필요조건이다. 시험에 합격하지 않고는 임상심리사 자격증을 취득할 수 없다. 그러나 임상심리사 자격 요건을 갖추려면 시험 외에도 실습 수련을 받아야 한다. 즉, 임상심리사가 되었다(X)는 것은 적어도 시험은 합격했다(Y)는 것이다.

**예시 2** '경제력(Y)이 있는 사람은 행복(X)하다.'라는 명제에서 경제력은 행복한 삶을 살기 위한 하나의 필요조건이다. 경제력 없이는 행복한 삶이 보장되지 않는다. 하지만 행복한 삶을 살기 위해서는 경제력뿐 아니라 건강, 직업, 가족도 필요하다.

### (2) 충분조건

충분조건은 어떤 현상이 발생하기에 충분한 조건을 의미한다. 따라서 이 조건이 충족되면 결과는 반드시 발생한다. 하지만 충분조건이 꼭 필요조건일 필요는 없다.

- X가 충분조건이라면, X가 있으면 Y는 반드시 발생한다.
- X가 충분조건이라면, Y는 필요조건이다.
- 만약 X가 참이면, Y도 참이다(X → Y).

**예시 1** 의료 서비스 접근성 확대(조건)가 충분조건이라면, 건강 형평성(결과)은 보장된다. 의료복지 격차 해소와 국민건강 증진을 위해 의료 서비스 접근성을 확대하면 모든 국민에게 무료나 저비용으로 서비스를 제공할 수 있기 때문에 건강 형평성이 보장될 수 있다. 이러한 조건은 건강 형평성을 달성하는 충분조건이지만, 필수조건은 아닐 수 있다.

**예시 2** 삶의 질이 정신건강의 충분조건이라면, 정신이 건강하면 삶의 질을 누릴 수 있다. 이러한 충분조건은 전제(정신건강)가 성립하면 결론(삶의 질)도 성립된다. 이는 삶의 질이라는 결과가 최소한 정신건강을 통해 도달되는 한 가지 확실한 충분조건이라는 것을 시사한다.

**예시 3** 감사함이 행복의 충분조건이라면, 감사의 정을 느끼는 사람은 행복함을 느낀다. 여기서 전제는 감사함이고 행복은 결론이다. 즉, 감사함은 행복의 충분조건 중 하나에 해당된다.

| 충분조건 X | 필요조건 Y | X → Y 성립 | 설명 |
|---|---|---|---|
| ○ | ○ | ○ | Y가 성립하면 X도 성립할 수 있다. |
| ○ | × | × | X가 성립하면 Y도 성립해야 한다. |
| × | ○ | ○ | Y가 성립해도 X가 반드시 발생하지는 않는다. |
| × | × | ○ | Y 없이는 X가 발생할 수 없다. |

### (3) 필요충분조건

필요충분조건의 본질은 조건과 결과 간의 논리적 관계를 명확히 정의하는 데 있으며, 특정 현상이 발생하기 위해 필요하면서도 충분한 조건을 의미한다. 따라서 이 조건이 충족되면 결과가 반드시 발생하고, 결과가 발생하려면 이 조건이 절대적으로 필요하다.

- X가 참이면 Y도 참이어야 한다(X → Y).
- Y가 참이면 X도 참이어야 한다(X ← Y).
- X와 Y 둘 다 필요조건이자 충분조건이다(X ↔ Y).

기관의 허가 없이 임상치료사 자격증만으로 어디서든 임상치료 활동할 수 있다면 임상치료사 자격증은 필요충분조건이다. 임상치료사 자격증 없이 임상치료를 할 수 없다는 것은 필요조건이고, 임상치료 자격증이 있다면 임상치료를 할 수 있다는 것은 충분조건이다. 정신건강과 삶의 질 간의 관계가 필요충분조건이라면, 정신건강이 참이면 삶의 질도 참이다. 정신이 건강하면 삶의 질도 보장되지만 스트레스에 대처하지 못해 정신적으로 불균형 상태에 놓이면 삶의 질도 악화된다.

가장 이상적인 인과관계이며, 본질주의를 지향하는 학자들에 의해 꾸준히 강조되어 온 필요충분조건은 현상의 진정한 전제와 결론으로 간주되고 있다. 따라서 다양한 분야에서 현상의 원인과 결과를 설명하거나 예측하는 데 유용하게 활용되고 있다.

어떤 조건이 필요조건이자 충분조건이라면, 그래서 두 조건의 결합이 논리적으로 상호의존성이 있다면, 그 조건은 결과를 완전히 설명할 수 있다. 몇 가지 사례를 살펴보자.

#### ① 우울증의 원인

- 필요조건: 부정적인 생각(인지적 요인 Y)을 지속하면 우울증(X)에 걸릴 수 있다. 부정

적인 생각이 항상 우울증을 유발하는 것은 아니지만, 우울증이 있다는 것은 부정적인 생각을 한다는 것이다(X → Y).

- 충분조건: 부정적인 생각(Y1)과 생물학적 요인(호르몬 변화: Y2)이 함께 작용할 때 우울증(X)에 걸릴 수 있다면, 우울증은 이 두 요소들에 의한 충분조건이다. 즉, 우울증이 있다는 것은 부정적인 생각과 생물학적의 요인이 둘 다 있는 것이다(X → Y1, X → Y2).
- 필요충분조건: 두 요소 외에 스트레스(Y3)도 우울증을 일으키는 원인이고, 이 세 요소만이 우울증을 일으키는 요인(Y=Y1+Y2+Y3)이라면, 필요충분조건이 성립된다. 우울증이 있다는 것은 이 세 필요조건이 한꺼번에 발생한다는 것이고, 세 필요조건이 한꺼번에 발생한다는 것은 우울증이 있다는 것을 의미한다(X ↔ Y).

② 동기와 행동

- 필요조건: 행동(Y)에는 동기(X)가 필요하다. 효능감(동기)이 높으면 학업성취(행동)도 이룰 수 있다. 학업성취를 이룬다는 것은 효능감이 높다는 것을 의미한다(X → Y).
- 충분조건: 가족지지를 받으면, 학업성취 행동으로 이어지고, 효능감(Y1)과 가족지지(Y2)가 함께 영향을 미치면, 학업성취 행동(X)을 강화할 것이다. 여기서 학업성취가 강화되는 것은 효능감이 높고 가족지지가 있다는 것을 의미한다(X → Y1, X → Y2).
- 필요충분조건: 효능감과 가족지지 외에 스트레스(Y3)도 학업성취에 영향을 미친다면, 세 요인(Y=Y1+Y2+Y3)은 필요충분조건이 된다. 여기서 학업성취에는 이 세 필요조건이 한꺼번에 발생한다는 것이고, 세 필요조건이 한꺼번에 발생하는 것은 학업성취가 강화되는 것을 의미한다(X ↔ Y).

필요충분조건을 현상을 설명하는 메커니즘이나 분석 도구로 활용하기 위해 갖추어야 할 요소가 있다.

- 인과관계: 어떤 조건이 결과를 일으키기에 충분한 인과관계가 존재하는지를 평가해야 한다.
- 체계적 기준: 변수 간의 복합적인 관계에서 조건과 결과를 체계적으로 구분할 수 있

어야 한다.

- 효율적인 문제 해결: 인적 물적 자원을 효율적으로 사용하기 위해 불필요한 단계, 불필요한 노력을 줄일 수 있는 핵심적인 조건을 찾아낸다.

## 3. 인과관계의 타당성

변수들 간에 인과관계가 존재하는지를 검정하기 위해 먼저 타당성부터 평가해야 한다. 타당성을 평가하고 높이기 위한 방법으로는 변수들의 상관관계를 검정하고, 외생변수의 영향을 통제하고, 변수의 개념적 정의와 조작적 정의를 명확히 내리고, 측정도구가 실제 개념을 잘 대표하도록 구성되었는지를 확인해야 한다.

### 1) 상관관계

타당성을 검정하기 위해 공분산과 상관관계부터 확인할 필요가 있다. 공분산은 변수들의 의존성을 나타내는 수치이다. 즉, 한 변수가 증가하거나 감소할 때, 다른 변수도 그와 더불어 변하는 것을 수치적으로 표현한 것이다. 이러한 공분산을 표준편차로 나눈 값이 상관계수이다. 인과관계가 타당성이 있으려면 독립변수와 종속변수 간의 상관계수가 일정 수준 이상이어야 한다. 하지만 두 변수가 상관관계가 있어도 인과성의 존재 여부는 좀 더 주의 깊은 고찰과 분석이 필요하다.

상관관계는 인과관계 추정의 필요조건이다. 만약 두 변수가 상관관계가 없다면, 인과관계 추정은 불가능하다. 따라서 인과관계가 있는 변수들 간에는 상관관계가 먼저 관찰된다. 하지만 상관관계는 인과관계를 추정하기 위한 충분조건은 아니다. 왜냐하면 두 변수 사이에 제3의 요인이 관계를 만들어 낼 수 있고, 원인과 결과의 방향이 반대일 수 있고, 상관관계가 우연히 발생한 결과일 수도 있기 때문이다. 따라서 상관관계만으로 인과관계를 증명할 수는 없다. 상관관계 검정에서 유의할 점을 살펴보자.

### (1) 다중공선성 문제

독립변수가 두 개 이상인 다중회귀분석의 경우, 독립변수와 종속변수 간에는 상관관계가 높을수록 좋고, 독립변수 간에는 상관관계가 낮을수록 인과관계의 타당성이 높아진다. 다중공선성은 회귀분석에서 독립변수들 간에 강한 상관관계가 존재하여, 변수들 간의 중복된 정보를 분석 모델에 반영하게 되는 문제이다. 만약 독립변수 간에 강한 상관성이 있다면 다중공선성 문제가 야기된다. 왜냐하면 독립변수 간의 강한 상관관계는 종속변수의 변화에 대한 설명력을 분산시키므로 유의도가 낮아진다. 이는 회귀분석의 가정을 위배하는 것이므로 인과관계 검정을 위해 반드시 해결되어야 할 문제이다. 독립변수 간의 높은 상관관계는 변수 선정에 문제가 있음을 시사하므로, 상관성이 높은 변수 중 한 변수를 제외하거나, 연구모형을 재구성해야 한다. 변수를 제외할 경우, 상대적으로 덜 중요한 변수를 제외한다.

### (2) 착각적 상관

상관관계 검정에서 착각적 상관과 같은 인지적 오류에 빠질 수 있다. 착각적 상관이란 두 변수가 실제로는 상관이 없으나 상관이 있는 것처럼 강한 연관성을 지각하는 현상을 의미한다. 이러한 착각은 인과관계를 검정할 때 고정관념과 편견으로 작용할 수 있다.

**예 착각적 상관 실험**

참가자들에게 두 집단(A와 B)에 대한 긍정적 및 부정적 행동 사례를 보여 주었다. 규모는 A집단보다 B집단이 작고, 부정적 행동 비율은 두 집단이 동일했다. 실험 결과, 참가자들은 B집단이 부정적 행동을 더 많이 한다고 인식했다. 이는 소수 집단이 상대적으로 드물게 접하는 대상이므로 인지적으로 더 두드러지게 기억되는 인지적 편향으로 인해 소수 집단과 부정적 행동 간의 관계를 과대평가하기 때문이다(Hamilton & Gifford, 1976; Schaller & Maass, 1989).

착각적 상관에 대한 실험 결과는 고정관념과 편견이 단순한 정보 처리 오류가 아니라 사회적 정체성과 관련된 심리적 동기에 의해 강화될 수 있다는 점을 보여 준다.

#### (3) 상관관계와 인과관계

두 변수 간에 인과관계가 있으면 상관관계는 반드시 존재하지만, 상관관계가 있다고 인과관계가 있는 것은 아니다. 인과관계는 현상에 대한 원인과 결과가 분명한 관계이다. 하지만 상관관계는 한 변수의 변화가 다른 변수의 변화를 이끄는 것처럼 보이지만, 실제로 두 변수가 원인과 결과의 관계가 있지는 않다. 상관관계와 인과관계를 명확히 구분하지 않으면 연구자는 논리적 오류, 즉 상관관계가 인과관계로 이어지거나, 상관관계가 있으면 인과관계도 당연히 있을 것이라고 생각하는 오류에 빠지기 쉽기 때문에 이를 유의해야 한다.

### 2) 외생변수

인과관계를 규명하기 위해 독립변수와 종속변수 외에 다른 변수의 개입 여부를 확인하고 통제해야 한다. 이는 종속변수에 영향을 미치는 변수 중 독립변수를 제외한 다른 변수의 영향을 최소화한다는 것을 의미한다. 폐질환과 흡연 간의 인과관계를 검정한다면, 건강상태, 건강행위, 사회경제적 지위 등과 같은 외생변수를 통제해서 이들 변수의 영향을 최소화해야 한다. 정신건강과 임상치료 간의 인과관계를 분석하려면, 외생변수로 작용할 수 있는 환경적 요인을 통제해야 한다.

외생변수의 영향을 통제하는 몇 가지 방법이 있다. 일반적인 방법은 상관관계를 분석할 때 관련 변수를 모두 투입하여 관계 정도를 파악하는 것이다. 분석 결과, 독립변수 간에 높은 상관관계가 존재한다면 외생변수의 영향을 의심해야 한다.

청소년의 정신건강(종속변수)에 영향을 미치는 변수 중 인터넷 중독과 회복탄력성이 있고, 연구 목적은 정신건강과 인터넷 중독 간의 관계를 검정한다고 가정하자. 이때 두 독립변수인 인터넷 중독과 회복탄력성 간의 상관계수가 높다면, 회복탄력성이란 외생변수가 정신건강과 인터넷 중독 간의 관계에 개입하여 영향을 미칠 수 있다. 이런 경우 정신건강과 인터넷 중독의 관련성을 분석할 때 회복탄력성을 통제변수로 지정하여 오류를 최소화할 수 있다.

외생변수를 인지하고 놓치지 않기 위해 데이터 수집 전에 탐색 조사, 관찰, 선행연구 고찰 등을 통해 종속변수와 관련 있는 변수를 파악해야 한다. 데이터를 수집할 때 잠재변수를 포함시키지 않으면, 분석할 때 통제변수로 지정하는 것 자체가 불가능해진다.

연구 유형 중 실험연구는 외생변수를 통제하기에 가장 적합하다. 실험연구에서 실험집단은 실험 자극을 받는 집단이고, 통제집단은 실험 자극을 받지 않는 비교집단이다. 중요한 점은, 이들 집단이 무작위로 선정되어야 한다는 것이다. 그렇지 않으면 작위적 선정으로 인해 내적 타당성의 저해를 방지할 수 없다. 실험집단과 통제집단이 처음부터 각기 다른 특성을 가지고 있다면, 두 집단이 프로그램 적용 전부터 근본적으로 다른 조건을 가진 비동질적 집단이므로 집단 간 불균형이 발생하여 실험 결과의 타당성이 결여되고, 측정 결과를 비교할 수 없다.

따라서 외생변수의 영향을 통제하는 최선의 방법은 실험집단과 통제집단을 무작위로 선정해서 균형이 이루어지도록 동질화하는 것이다. 표본이 무작위로 선정되어 동질화가 이루어지면 외생변수의 영향과 연구자가 인지하지 못한 변수의 효과도 파악할 수 있어 인과관계를 명백히 밝힐 수 있다.

비실험연구는 통제된 실험실이 아닌, 자유로운 환경에서 이루어지므로 외생변수 개입으로 허위적인 관계가 존재할 가능성이 더 크고, 이를 제거하기도 쉽지 않다. 따라서 외생변수를 확인하고 적절한 방법으로 통제하는 것은 인과관계의 타당성을 확보하기 위한 필수적인 과정이다.

### 3) 개념적 정의와 조작적 정의

정의(definition)는 용어나 개념에 대한 명확한 진술을 의미한다. 의사소통 과정에서 서로 같은 말을 하고 있다고 생각하지만, 나중에 서로 주고받은 말의 의미가 다르다는 것을 깨달을 수 있다. 이런 경우 의사소통은 무의미해질 수밖에 없다. 개념을 둘러싼 타당성 문제는 어느 분야에나 발생하지만, 사회과학은 인간 심리와 정서, 행동 등과 같이 주관적이고 추상적인 개념을 측정할 수 있도록 구성해야 한다. 개념 자체가 주관적이고 추상적이면 다양한 시각과 관점이 존재할 수밖에 없고, 그 과정에서 타당성 문제와 직면하게 된다.

행복이나 삶의 질이 의미하는 바는 누구나 알고 있다. 하지만 막상 논의를 하면 관련 개념을 어떻게 정의할 것인가 하는 면에서 관점 차이가 드러난다. 삶의 질은 관점에 따라 객관적 조건을 중요한 지표로 간주할 수도 있고, 주관적 만족감에 비중을 둘 수도 있다. 이와 같이 누구나 알고 있는 말이라도 개념 정의를 어떻게 하는가에 따라 초점이 달라지므로, 이를 분명히 정의한 후에 변수를 구성해야 한다. 정의에는 개념적 정의와 조작적 정의가 있다.

### (1) 개념적 정의

개념적 정의(conceptual definition)는 특정 현상을 일반화하기 위해 추상적 개념을 보편적 언어로 정의하는 것이다. 이는 개념이 무엇을 의미하는지 규정하는 과정이며, 학문적 정의와 유사하다. 개념 중에는 성별, 연령, 직업, 지역 등 구체적인 개념도 있고, 동기나 자존감, 스트레스나 정신건강 등과 같이 직접적인 방법으로 관찰이 불가능한 무형의 개념도 있다. 검정을 하려면 이러한 추상적인 무형의 개념을 구체적인 형태로 바꾸어야 한다. 이 과정에 개념을 다양한 관점에서 검토하고 정의해야 한다. 이는 측정 전에 개념의 본질을 이해하는 데 도움을 준다.

개념은 관점에 따라 다양하게 정의할 수 있는데, 어느 관점에 중점을 둘 것인지는 연구 목적에 따라 달라질 수 있다. 몇 가지 예를 살펴보자.

**예시 1 우울증에 대한 개념적 정의**

- 정신건강 및 심리학 관점: 정서적 · 신체적 · 인지적 영역에 걸쳐 지속적이고 심각한 영향을 미치는 기분장애이다. 일시적 슬픔이나 기분 저하가 아니라, 일상생활의 기능과 삶의 질을 저하시킬 정도로 지속되는 상태를 포괄한다.
- 임상적 관점: 정신질환 진단 및 통계 편람(DSM-5)에 따라 다음 기준으로 정의한다.
  - 주요 증상(우울한 기분, 흥미나 즐거움 상실) 중 하나가 최소 2주 이상 지속
  - 추가 증상(수면 장애, 초조함, 느려진 행동, 피로나 에너지 감소, 가치감 저하, 과도한 죄책감) 중 최소 네 가지 이상 동반
  - 이러한 증상이 일상생활의 기능을 현저히 방해할 경우

우울증에 대한 개념적 정의는 인지적 · 행동주의적 · 생물학적 · 정신역동적 · 사회문화적 등 다양한 배경이 토대가 되고 있다.

**예시 2 빈곤에 대한 개념적 정의**

- 절대적 빈곤: 생존에 필요한 최소한의 자원이나 서비스가 부족한 상태이며, 영양실조나 식수 부족, 주거 및 의료 서비스에 대한 접근 불가 등이 포함된다.
- 상대적 빈곤: 지역 내의 다른 사람들에 비해 소득이나 자원이 상대적으로 부족한 상태

이며, 중위소득의 일정 비율(50%) 이하를 기준으로 정의한다. 기본적인 교육, 건강보험, 적합한 주거환경 등에 대한 제약은 상대적 빈곤 요인이다.

빈곤에 대한 정의는 사회 문화적 환경이나 경제발전 단계에 따라 다르다. 소득이 높은 사회에서 빈곤층으로 분류된 사람들의 생활과 소득이 낮은 사회의 고소득층 생활은 유사한데도 불구하고, 이들을 가난하다고 볼 수 있을지에 대해 의문을 제기할 수 있다. 이러한 의문을 해결하기 위해 빈곤 개념을 생존과 직결된 절대적 빈곤으로 정의하기도 하고, 사회에서 평균적인 생활을 할 수 있는 자원이 결핍된 상대적 빈곤으로 정의하기도 한다.

연구에서 개념적 정의가 중요한 이유는, 개념을 어떻게 정의하는가에 따라서 측정도구를 구성하는 과정에서 오류를 줄이고 타당성 있는 데이터를 수집할 수 있기 때문이다. 만약 빈곤 개념을 명확히 정의하지 않으면 연구마다 빈곤가구나 계층의 분포 및 실태가 완전히 달라질 수 있다.

학습 장애 개념을 말하기, 읽기, 쓰기로 정의한다면, 이 기준으로 학습 장애를 이해하거나 학습 장애 아동을 선별하는 것은 모호할 수 있다. 왜냐하면 셈하기, 이해력 등의 중요한 영역이 빠져 있고, 그로 인해 특수교육을 받아야 할 다수의 아동이 필요한 교육 혜택을 받지 못할 수 있다.

이와 같이 개념적 정의는 연구 설계, 실험, 평가 등에서 명확성과 일관성을 유지하는 역할을 한다. 개념적 정의 후에는 이를 측정 가능하도록 조작적 정의를 해야 한다.

### (2) 조작적 정의

조작적 정의(operational definition)는 개념적 정의를 측정 가능한 형태로 구체화한 정의이다. 조작적이라는 용어는 개념을 변수로 전환할 수 있도록 구성한다는 의미가 있다. 즉, 개념을 어떻게 수치로 척도화하는지를 객관적으로 보여 준다. 연구자는 논문에 조작적 정의 과정을 구체적으로 명시해야 한다. 개념을 어떻게 척도화했는지를 기술하는 것은 타당성에 대한 근거를 제시하는 것이며, 관련 분야의 연구자에게는 연구 설계에 필요한 정보와 지식을 제공하는 면이 있으므로 중요하다.

개념을 수치화할 수 있도록 측정도구의 역할을 하는 조작적 정의 과정에서 지켜야 할 사항은, 반드시 개념적 정의에 따라야 한다는 것이다. 예를 들어, 성격에 대한 개념적 정의와 조작적 정의를 살펴보자.

- 개념적 정의: 개인의 행동, 사고, 감정 패턴을 나타내며, 유전과 환경의 영향을 받아 형성된다.
- 조작적 정의: 특정 상황에서 개인의 반응을 행동, 사고, 감정을 나타내는 척도로 점수화한다.

성격을 한 문항으로 측정하는 것은 불가능하기 때문에 행동, 사고, 감정 패턴을 반영하는 일련의 문항으로 구성하여 수치로 측정한다. 대표적인 성격 검사인 MBTI는 조작적 정의를 통해 개인의 성격 유형을 분류하고, 심리검사나 행동 관찰 등에 사용된다.

이와 같이 관찰이나 선행연구, 이론을 토대로 개념적 정의를 하고, 그에 부합되는 조작적 정의 과정을 거쳐야만 타당성 있는 인과관계를 규명할 수 있다.

### 4) 구성개념 타당성

구성개념 타당성은 실제로 측정하고자 했던 개념대로 측정이 되었는지를 검정하는 방법이다. 즉, 이론과 실제 측정값 사이의 수치가 어느 정도 일치하는지를 평가한다. 구성개념 타당성은 이론적–논리적 측면에 비중을 두고 가능한 범위 내에서 경험적 자료를 토대로 측정도구의 타당성을 검정한다. 검정 과정은 다음과 같다.

첫째, 측정도구에 포함된 구성개념에 관한 이론을 체계적으로 검토한다.

둘째, 검토한 이론을 토대로 하위 개념을 논리적으로 설정한다. 개념 자체가 포괄적일 경우, 하위 개념을 설정하지 않으면 측정이 어려울 수 있다. 예를 들어, 의식이란 개념은 의식의 방향을 결정하는 요소가 감정, 감각, 사고, 직관 등 네 가지 정신기능(Jung, 1971)이 존재하듯이, 한 개념은 다수의 하위 영역을 포함하는 경향이 있다.

셋째, 개념을 측정 가능한 형태로 척도화한 후 데이터를 수집하고 분석한다.

이와 같이 구성개념 타당성은 이론에 대한 체계적인 분석과 경험적 자료를 통한 검정이 상호작용하는 과정이 반복됨으로써 점차 명확해진다. 따라서 타당성 검정은 체계적, 반복적으로 이루어져야 하고, 논리적 이해와 폭넓은 연구 경험이 있어야 관련 분야의 지식 축적에 기여할 수 있다.

구성개념 타당성을 높이기 위해 수렴타당성, 판별타당성, 구조적 타당성을 검정할 필요가 있다. 이러한 평가 방법은 추상적 이론을 측정치로 구체화하여, 연구 결과의 신뢰성을 높인다. 따라서 연구 설계를 할 때 연구 목적과 부합되는 평가 방법을 선택하는 것이 중요하다.

### (1) 수렴타당성

수렴타당성(convergent validity)은 동일한 개념을 측정하는 서로 다른 두 개의 도구를 분석하였을 때, 상관계수가 높게 나오면 수렴타당성이 있다는 것을 의미한다. 이는 이론적으로 관계가 있는 변수들은 높은 상관관계를 가지므로, 검정을 통해 측정도구가 실제 대상을 잘 측정했는지를 평가할 수 있다. 예를 들어, 발달지체아동을 진단할 경우, 특수교육 전문가가 현장에서 사용하는 판별도구와 일반적인 발달지체 진단도구를 적용하여 결과를 비교했을 때, 두 도구의 상관계수가 높으면 수렴타당성이 있다는 것을 나타낸다.

수렴타당성은 동일한 심리적 요인을 측정하는 데 적합하며, 두 가지 측정도구가 서로 일치하는지 확인함으로써 신뢰성과 타당성을 평가할 수 있다. 예를 들어, 자기효능감은 다음의 두 척도로 측정할 수 있다.

- 일반적 자기효능감 척도(Schwarzer & Jerusalem, 1995): 일반적 상황에서 어려움을 극복하고 과제를 수행할 수 있는 능력에 대한 자신감을 측정하며, 10개 문항으로 구성된다.
- 사회적 자기효능감 척도(Smith & Betz, 2000): 사회적 상호작용, 대인관계, 갈등 상황 대처 등에 대한 자신감을 측정하며, 25문항으로 구성된다.

두 척도는 자기효능감의 다른 측면을 강조하는 면이 있으나 기본적으로 자기효능감과 관련된 속성을 평가한다. 분석 결과 두 척도가 일관되게 높은 상관관계(0.7 이상)를 보인다면, 동일 개념을 일관성 있게 측정한다는 것을 나타내며, 수렴타당성이 높다고 평가할 수 있다. 자기효능감을 측정할 때 어느 척도를 선택할지는 연구 목적(일반적 상황 vs 특정 상황), 측정 대상(청소년 vs 성인), 척도의 신뢰성과 타당성 등을 기준으로 고려할 수 있다.

### (2) 판별타당성

판별타당성(discriminant validity)은 어떤 측정도구가 이론적으로 다른 개념과 구별되는지를 평가하는 척도이다. 분석 결과, 다른 개념을 측정하는 척도와 상관관계가 낮아 차별화가 분명하다면, 판별타당성이 있다고 평가할 수 있다. 판별타당성이 높다는 것은 개념을 독립적으로 잘 측정한다는 점을 시사한다.

**예시 1** **우울과 불안**

우울과 불안은 유사한 개념이라고 볼 수 있으나, 실제로는 서로 다른 개념이다. 따라서 우울과 불안을 측정하는 도구는 서로 상관관계가 낮아야 각 개념이 독립적으로 측정되었다고 볼 수 있다. 만약 두 척도 간에 상관성이 높다면(0.7이상), 이는 거의 동일한 개념이라는 것을 나타내므로 판별타당성이 낮을 수밖에 없다.

**예시 2** **직무만족과 조직몰입**

직무만족과 조직몰입 개념도 서로 관련성이 있어 보이지만, 실제 내용은 많이 다르다. 직무만족은 자신의 업무에 만족하는 것인 데 비해, 조직몰입은 조직에 대한 헌신 정도를 반영한다. 따라서 두 개념을 측정하는 척도 간의 상관관계가 낮아야 판별타당성이 있다고 평가할 수 있다.

**예시 3** **절대적 빈곤과 상대적 빈곤**

절대적 빈곤과 상대적 빈곤의 판별타당성을 검정할 경우, 이들 척도 간에 상관관계가 낮아야 한다. 왜냐하면 두 개념은 논리적으로 구별되는 특성이 있고, 각 척도가 독립적인 개념을 측정하기 때문이다.

수렴타당성과 판별타당성의 근본적인 차이는, 수렴타당성은 동일한 개념을 측정하는 도구 간의 상관성이 높아야 하고, 판별타당성은 다른 개념을 측정하는 도구 간의 상관성이 낮아야 한다. 그리고 수렴타당성과 판별타당성은 동질성을 가진 변수에 대해서는 수렴적으로 타당하고, 이질성을 가진 변수에 대하서는 판별적으로 타당하다면, 척도의 구성개념 타당성이 확인된 것이다.

### (3) 구조적 타당성

구조적 타당성(structural validity)은 측정도구의 구조(문항 간 관계 및 요인 구조)가 측정하고자 하는 이론적 구성 개념과 일치하는지를 평가하는 것이다. 이 방법은 이론과 실제 데이터가 잘 부합하는지를 검정하는 과정에서 측정도구의 신뢰성과 타당성을 강화하는 데 중요한 역할을 한다. 구조적 타당성의 특징은 다음과 같다.

첫째, 이론적 가정과 데이터 간의 일치성을 평가한다. 측정도구가 이론적 개념 구조를 반영하는지를 파악한다. 자아분화는 이론적으로 세 요인(삼각관계, 가족투사, 다세대 전수)으로 구성되는데, 실제 데이터가 이 구조를 따르는지를 확인할 수 있다. 회복탄력성 개념의 핵심은 두 요소(긍정적 수용, 개인적 강점)인데, 데이터가 이 요소를 따른다면 구조적 타당성이 있는 것이다.

둘째, 요인분석으로 구조적 타당성을 평가할 수 있다. 요인분석은 측정도구가 측정하려는 구성개념을 적절히 반영하는지를 평가하는 데 적합하다. 즉, 데이터가 이론이나 가정과 잘 부합하는지, 항목들이 동일한 구성개념을 측정하는지를 확인할 수 있고, 이를 통해 측정도구의 타당성을 평가할 수 있다. 요인분석은 상호 관련된 항목들을 몇 개의 하위 개념으로 구성하는데, 한 개념으로 묶이는 항목 간에는 상관관계가 높고, 서로 다른 요인에 속하는 항목들은 상호 독립성이 유지된다. 이는 개념에 포함된 항목들은 수렴타당성을, 개념 간에는 판별타당성을 지닌다는 것을 말해 준다. 구조적 타당성 평가는 주로 탐색적 요인분석이나 확인적 요인분석을 적용한다. 탐색적 요인분석은 데이터를 기반으로 요인 구조를 파악하는 데 적합하고, 확인적 요인분석은 이론적 모형에 따라 데이터가 요인 구조를 잘 설명하는지를 검정한다.

셋째, 모형 적합도를 평가한다. 확인적 요인분석에서 모형 적합도는 데이터와 이론적 개념의 부합성을 나타내는 중요한 지표이다. 카이제곱은 모형 적합도를 평가하는 기본 통계량이다. RMSEA(근사치의 평균 제곱근 오차)는 모형의 근사 오차를 나타내며, 좋은 적합도는 값이 0.05 이하여야 한다. 적합도 지수는 0.90 이상이면 모형이 데이터를 잘 설명한다는 것을 말해 준다. 예측된 공분산과 관측된 공분산의 차이를 나타내는 SRMR(표준화된 평균 잔차)은 0.08 이하일 때 적합하다. 이러한 지표들은 연구 목적과 표본크기를 고려해서 평가하는 것이 중요하다.

## 4. 맥락변수와 제3의 변수

인과관계는 기본적으로 독립변수와 종속변수의 관계를 나타낸다. 하지만 두 변수의 관계에 직접적 또는 간접적으로 개입하는 맥락변수와 제3의 변수가 있다. 이들 변수는 서로 다른 상황에서 변수 간의 관계를 설명하지만, 역할과 영향을 미치는 방식은 다르다.

### 1) 맥락변수

특정한 상황이나 환경적 요인에 따라 변수 간의 관계가 달라질 경우, 이러한 요인을 제공하는 변수를 맥락변수라고 한다. 인간의 심리적 반응과 행동을 형성하는 맥락변수는 연구 대상이 속한 사회적, 문화적, 환경적, 정서적 배경을 반영하므로 통제변수나 독립변수로 작용할 수 있다.

- 사회적 맥락
  - 주변 사람의 존재 여부: 혼자 있을 때와 다수와 함께 있을 때의 수행 능력의 차이
  - 사회적 규범: 사회에서 공유하는 가치와 규범에 따른 행동 양식의 차이
- 문화적 맥락
  - 개별주의와 집단주의 문화: 독립적인 사고와 집단적 협력에 미치는 영향
  - 언어적 차이: 이중언어 사용이 사고방식과 개념 형성에 미치는 영향
- 환경적 맥락
  - 사회적 밀도: 적절한 거리 유지가 심리적 안정감에 미치는 영향
  - 대인관계 분위기: 사회적 분위기(따뜻한 vs. 차가운)가 협력 및 갈등에 미치는 영향
- 정서적 맥락
  - 감정 상태: 기분이 좋을 때와 그렇지 않을 때 의사결정에 미치는 영향
  - 이전 경험: 트라우마가 새로운 인간관계에 미치는 영향

맥락변수는 연구 상황에 따라 다양하게 적용될 수 있으므로 중요한 연구 요소이다. 맥락변수에 대한 예를 들면 다음과 같다.

- 교육 연구: 학업 성취도와 학습 동기 간의 관계가 교수 스타일(맥락변수)에 따라 달라질 수 있다.
- 직무만족 연구: 업무 성과와 직무만족 간의 관계가 기업 문화(맥락변수)에 따라 달라질 수 있다.

맥락변수는 변수 간의 관계를 조절할 수 있다는 점에서 독립변수와 종속변수 간의 관계를 조절하는 조절변수와 유사한 역할을 할 수 있다.

## 2) 제3의 변수

제3의 변수란 두 변수 간 관계를 왜곡하거나 설명하는 역할을 하는 숨겨진 요인이다. 즉, 연구에 주요 변수로 포함되지 않았으나 실제로는 변수 간 관계에 영향을 미치는 변수이다. 이러한 변수는 독립변수와 종속변수가 인과관계가 없는데도 있는 것처럼 보이게 하는 왜곡된 결론에 이르게 한다. 또한 변수 간 관계를 구체적으로 깊이 있게 보여 주는 기능도 있다. 따라서 연구 설계 및 분석 단계에서 제3의 변수를 적절히 통제하는 것이 중요하다. 제3의 변수 유형은 다음과 같다.

### (1) 혼란변수, 허위변수, 교란변수

혼란변수, 허위변수, 교란변수는 모두 변수 간의 관계를 왜곡하는 역할을 하지만, 개념적인 차이가 있다.

#### ① **혼란변수**(confounding variable)

독립변수와 종속변수 모두에 영향을 미치며, 두 변수 관계를 예상치 못한 방식으로 실제보다 과장되게(강하거나 약하게) 왜곡하는 변수이다. 혼란변수는 숨겨진 변수로, 연구자가 인식하지 못한 가운데 분석 결과에 영향을 미친다는 점에서 문제가 있다. 따라서 혼란변수가 존재할 경우, 변수 간 관계를 잘못 해석하는 방향으로 이끌 수 있으므로 이를 통제해야 한다. 몇 가지 예를 들어 보자.

**가설 1** **마음챙김을 할수록 행복감이 증가한다.**

- 혼란변수: 자기통제력
- 논점: 자기통제력이 높은 사람은 감정조절과 마음챙김을 지속할 가능성이 크다. 따라서 행복감 증가가 마음챙김이 아니라 자기통제력 때문일 수 있다.

**가설 2** **스마트폰 사용 시간이 길수록 수면 시간은 줄어든다.**

- 혼란변수: 스트레스
- 논점: 스트레스가 많은 사람은 스마트폰을 오래 사용할 가능성이 크므로 불면증을 겪을 확률도 높다.

이런 가설은 연구에서 자기통제력과 스트레스를 변수로 통제하지 않으면, 마음챙김과 행복감, 스마트폰 사용과 수면 시간 간의 인과관계를 과대평가할 개연성이 있다는 것을 시사한다.

② **허위변수**(spurious variable)

독립변수와 종속변수 간에 실제로는 관계가 존재하지 않지만, 제3의 변수가 개입하여 마치 관계가 존재하는 것처럼 보이게 하는 변수이다. 개념적으로 혼란변수와 유사한 면이 있으나 허위변수는 독립변수와 종속변수 간에 존재하는 단순 상관관계를 마치 인과관계가 있는 것처럼 보이게 하는 허구적인 요인이다.

**가설 1** **SNS 사용 빈도가 높으면 외로움을 더 느낀다.**

- 허위변수: 가족갈등
- 논점: 가족 내 갈등이 심한 환경에 사는 사람은 대면 상호작용보다 SNS를 더 많이 할 가능성과, 그로 인해 외로움을 더 깊이 느낄 가능성이 크다. 따라서 SNS 사용이 외로움을 증가시켰다기보다 가족갈등이 두 변수 모두에 영향을 미친 것일 수 있다.

**가설 2** **폭력적인 게임을 많이 하는 아동일수록 공격성이 증가한다.**

- 허위변수: 가정환경
- 논점: 가정 내에서 폭력적인 상황에 많이 노출된 아동은 비디오 게임을 더 많이 하고, 공격적인 행동을 할 가능성도 높아지는 경향이 있다. 여기서 비디오 게임과 공격성 간의 관계는 약하거나 존재하지 않을 수 있고, 가정환경이 두 변수에 영향을 미쳐 상관적 착각을 일으킬 수 있다.

결국, 허위변수가 없으면 독립변수와 종속변수 간 관계가 약화되거나 사라질 수 있다. 따라서 타당성 있는 인과관계를 규명하기 위해 가족갈등 및 가정환경 변수를 통제해야 한다.

③ **교란변수(disturbance variable)**

독립변수와 종속변수에 예상치 못한 영향을 미쳐 연구 결과의 변동성을 증가시키는 외부 변수이다. 이러한 변수를 통제하지 않으면, 독립변수와 종속변수 간의 관계를 잘못 해석하게 만든다. 따라서 교란변수는 오차항이나 예측 불가능한 변동을 유발하는 변수로 작용한다.

**가설 1 심리치료를 받으면 우울증이 감소한다.**

- 교란변수: 스트레스 사건
- 논점: 심리치료 기간 동안 클라이언트가 개인 및 가족 문제로 인해 예측하지 못한 스트레스를 경험하는 사건이 발생할 수 있고, 심리치료와 직접적인 관계가 없는 사건이 우울증에 영향을 미쳐 연구 결과를 왜곡할 수 있다.

**가설 2 조용한 환경에서 공부하면 시험 성적이 더 높아진다.**

- 교란변수: 학생의 수면 상태
- 논점: 수면이 부족한 학생은 조용한 환경에서도 집중력이 떨어질 수 있다. 이런 경우, 수면 상태가 학습 환경과 직접적인 관련은 없지만, 시험 성적에 영향을 미쳐 연구 결과의 변동성을 증가시킬 수 있다.

④ **세 변수의 차이점**

- 독립변수와의 관련성: 혼란변수는 독립변수와 관련이 있고, 허위변수와 교란변수는 관련이 없다.
- 종속변수와의 관련성: 세 변수 모두 종속변수와 관련이 있다.
- 역할의 차이: 혼란변수는 독립변수(X)와 종속변수(Y)의 관계를 왜곡한다. 허위변수는 X와 Y의 상관관계를 허구로 만든다. 교란변수는 X와 Y의 관계에 대한 예측력을 감소시킨다.

### (2) 매개변수

매개변수는 독립변수가 작용하는 시점과 독립변수가 종속변수(Y)에 영향을 미치는 시점 중간에서 다리 역할을 한다. 매개변수는 독립과 종속 간에 존재하는 시간적 맥락이 분명한 변수이다. 독립변수와 매개변수의 관계에서 매개변수는 종속변수의 역할을 하지만, 매개변수와 종속변수의 관계에서는 독립변수의 역할을 한다. 즉, 매개변수는 독립변수와 종속변수의 중간에서 독립변수의 영향을 종속변수에 전달한다. 몇 가지 예를 들어보자.

- 독립변수(X): 노인의 감정조절능력
- 매개변수(M): 마음챙김
- 종속변수(Y): 자살생각

**해석** 노인의 감정조절능력(X)이 자살생각(Y)에 미치는 영향은 마음챙김(M)이 매개할 수 있다. 이런 경우, X → Y라는 직접적 인과관계보다, X가 M을 통해 Y에 영향을 미치는 매개적 인과관계를 추론한다.

감정조절능력 → 마음챙김 → 자살생각

독립변수는 종속변수에 영향을 미칠 때 매개변수를 통해 영향을 주므로, 매개변수를 통제하면 독립과 종속 간의 관계가 약화되거나 직접적인 인과관계가 없을 수 있다. 또 다른 예를 살펴보자.

- 독립변수(X): 부모의 양육 태도
- 매개변수(M): 자녀의 효능감
- 종속변수(Y): 자녀의 학업성취도

**해석** 부모의 긍정적인 양육 태도는 자녀의 효능감을 높이고, 효능감이 높은 자녀는 학업성취도가 높아질 개연성이 크다. 즉, 부모의 양육 태도가 자녀의 학업성취도에 영향을 미치는 중간에 효능감이 매개변수로 작용한다.

부모의 양육 태도 → 자녀의 효능감 → 자녀의 학업성취도

이와 같이 매개변수는 독립변수와 종속변수의 중간 경로에서 인과관계의 일부나 전부, 즉 부분매개 또는 완전매개를 할 수 있기 때문에 독립변수가 종속변수에 직접적으로 미치는 영향력의 크기는 감소한다. 만약 매개분석 결과 독립변수와 종속변수는 유의미한 것으로 나타났으나 매개변수가 유의미하지 않다면, 맥락적으로 그 변수는 매개변수가 아니라고 판단할 수 있다.

### (3) 조절변수

조절변수는 독립변수가 종속변수에 영향을 미치는 중간에서 조절하는 제2의 독립변수로서, 변수 간 관계의 강도를 더 강하게 또는 더 약하게 변화시키는 역할을 한다. 즉, 독립변수가 종속변수에 미치는 영향력은 조절변수의 값에 따라 달라진다. 따라서 조절변수가 존재할 때만 독립과 종속변수 간의 이론적 관계가 성립된다.

- 독립변수(X): 스트레스
- 조절변수(M): 가족지원
- 종속변수(Y): 우울감

**해석** 스트레스가 높을수록 우울감이 높아지는 경향이 있으나, 가족의 정서적 · 물리적 지원을 많이 받는 사람은 스트레스 수준이 높아도 우울감이 낮을 수 있다. 즉, 가족지원이 스트레스와 우울감의 관계를 더 강화하거나 약화한다.

스트레스 → (가족지원에 따라) → 우울감

심리치료사의 직무특성(X)이 동기부여(Y)와 인과관계가 있다면, 성장욕구나 심리상태와 같은 요인이 동기부여에 미치는 영향력을 증가 또는 감소시킬 수 있다. 이런 경우 성장욕구나 심리상태는 조절변수의 역할을 한다. 만약 학교폭력 피해로 인한 스트레스(X)가 우울증(Y)을 심화시킬 경우, 심리치료 효과(M)는 우울증에 미치는 영향을 감소시킬 수 있다. 즉, 스트레스가 우울증에 미치는 영향이 심리치료 효과에 의해 조절되는 것이다. 직장 내에서 경력이 연봉에 미치는 영향이 성별에 따라 차이가 있다면, 성별은 조절변수의 역할을 한다고 볼 수 있다.

제2장

# 정규분포와 추론통계

## 1. 정규분포는 왜 중요한가

통계분석에서 정규분포의 중요성은 아무리 강조해도 지나치지 않을 것이다. 세상의 모든 현상은 인과관계로 이어지고, 그 인과관계는 정규분포와 함께 움직인다. 즉, 정규분포는 사회현상 전반에서 나타나며, 자연현상도 같은 모습을 보인다. 학문의 궁극적인 목적이 현상에 내재된 인과관계를 규명하는 것인 만큼 정규분포 개념을 이해해야 한다.

정규분포(normal distribution)란 데이터가 평균을 중심으로 좌우 대칭의 종 모양을 이루는 곡선이며, 세상에서 일어나는 일을 가장 잘 반영하는 특성이 있다. 세상사와 관련된 모든 변수는 정규분포를 이루고, 이러한 분포를 나타내는 대표적인 값은 평균과 분산이다. 그래서 정규분포를 이해하는 것은 분석 방법을 결정할 때, 가설 검정을 위해 추론통계를 적용할 때, 표본 결과로 모집단 모수(평균, 분산)를 추정하고 일반화할 때 매우 유용하다. 데이터가 정규분포를 이루는지 확인해야 하는 이유는 다음과 같다.

첫째, 데이터가 정규분포를 이루는지 여부에 따라 분석 방법이 다르다. t-검정 및 분산분석, 상관분석이나 회귀분석과 같은 모수 분석은 데이터가 정규분포를 이루어야 타당한 결과를 도출할 수 있다. 다수의 통계 검정 시스템은 모집단이 정규분포를 이룬다는 가정하에 설계되어 있다. 그 이유는 대부분의 변수는 실제로 정규분포를 이루기 때문이다. 따라서 정규분포를 이해해야 모수 통계로 가설을 검정하고, 모집단 특성을 추론할 수 있다. 만약 표본수가 작아서 데이터가 정규분포를 따르지 않으면 비모수 통계를 적용해야 한다. 모수 통계를 적용하기 위해 적은 표본수에 추가로 데이터를 더 수집해서 보태는 것은, 이미 표집 환경 자체가 다르기 때문에 통합된 데이터로 볼 수 없고, 독립적인 속성을 지닌 두 개의 데이터를 무리하게 묶는 것이고, 그로 인해 발생한 표본오차가 잘못된 결론으로 이어질 수 있다.

모집단 특성을 제대로 반영하기 위해서는 모집단이 클수록 표본 또한 커야 한다. 표본크기는 모집단 크기뿐 아니라 모집단의 동질성 정도에 따라 다르다. 모집단 특성이 동질적이라면(변수 값들이 평균에 모여 있는 경우), 적은 표본으로도 모집단을 대표할 수 있다. 그러나 모집단 특성이 이질적이라면(극단치가 포함되어 변수 값들이 평균과 차이가 많이 나는 경우), 표본이 충분히 커야 표본 평균으로 모집단 평균을 정확하게 추론할 수 있다.

중심극한정리(central limit theorem)에 따르면, 표본크기를 충분히 확보하면, 평균의 분산 값이 작아지므로 표본 평균은 모집단 평균에 가까워져 정규분포를 이룬다. 하지만 표본수가 작으면 가설 검정에서 신뢰 구간이 넓어지고 오류가 발생할 수 있으므로, 신뢰성과 타당성이 있는 결과를 얻으려면 모수 통계를 적용하기 전에 데이터의 정규성부터 확인해야 한다.

둘째, 표본이 모집단과 유사한 정규분포를 이루어야 한다. 표본 데이터로 분석한 결과를 모집단에 적용하여 일반화하기 위해 표본은 모집단과 유사한 정규분포를 이루어야 한다. 연구의 궁극적인 목적은 현상을 설명할 수 있는 보편적 원리를 찾는 데 있다. 그러나 데이터가 정규분포를 따르지 않을 경우, 표본조사 결과로 모집단을 일반화하는 데 한계가 있을 뿐 아니라 표본 결과가 실제 모집단에서 일어나지 않을 수도 있다.

셋째, 사례별로 확률 계산이 가능하고, 정규분포에서 사례별 위치에 따라 순위를 나타낼 수 있다. 확률이 될 수 있는 사례는 무수히 많은데, 이러한 사례들은 연속적인 곡선을 형성하는 경향이 있다. 예를 들어, 삶의 질 지수를 분석하면 다수는 평균 정도의 삶의 질을 누리고, 평균보다 낮거나 높은 사람도 있다. 삶의 질 지수의 하위 10%와 상위 10%에 속하는 사례가 더 적다면, 이는 데이터가 정규분포를 이룬다는 것을 시사한다.

## 2. 정규분포의 특성

첫째, 정규분포는 평균을 중심으로 좌우 대칭인 종 모양(bell-shaped)의 곡선을 이룬다. 데이터가 어느 한쪽으로 치우치지 않고, 다수의 값들은 종 모양의 중간 지점에 모여 있으며, 그 지점과 멀어질수록 좌우 꼬리가 가늘어진다. 이는 중간 지점인 평균에서 멀어져 양끝으로 갈수록 값들이 적게 분포되어 있다는 것을 의미한다. 사람들의 키는 평균 주변에 몰려 있고, 평균에서 멀어질수록 매우 작거나 매우 큰 사람은 적다. 예를 들어, 성인 남성의 평균 키가 175cm이고, 표준편차가 15cm라면, 160cm이거나 190cm인 사람은 드물다. 이처럼 정규분포는 우리가 접하는 다양한 현상에서 보편적으로 나타난다.

둘째, 특정 사례의 값이 평균으로부터 멀어질수록 곡선은 양쪽으로 무한대로 뻗어 나가 X축에 근접하지만, 이론적으로 결코 X축에 닿지는 않는다. 곡선이 X축에 접근한다는 것은 사례가 존재하지 않는다는 것을 의미한다.

셋째, 정규분포는 확률분포이므로 정규 곡선 아래의 전체 면적의 합은 1이다. 곡선의 면적은 특정 구간의 확률을 나타내는데, 평균을 중심으로 좌우에 각각 0.5씩(50%) 분포되어 있다. 정규분포 특성을 가장 잘 반영하는 '경험적 확률 법칙 68-95-99.7'(Bhandari, 2023)이 있다. 이 법칙은 데이터가 평균에서 얼마나 벗어나는지를 표준편차를 기준으로 확률 분포로 보여 준다.

- 평균±1표준편차: 약 68%의 데이터 포함
- 평균±2표준편차: 약 95%의 데이터 포함
- 평균±3표준편차: 약 99.7%의 데이터 포함

대부분의 사례는 ±2표준편차(SD) 내에 있으며, ±3표준편차를 넘어설 확률은 매우 낮다. 예를 들어, 평균(M) 지능지수가 100일 때, 150 이상인 사람은 극히 드물다. 이 범주에 속한 극단적인 사례가 있다면 예외적인 경우로 간주한다. 학생의 토익(TOEIC) 점수가 평균이 670, 표준편차가 70이라고 가정하자.

- 평균±1표준편차(600~740): 학생의 68% 정도는 이 점수 범위에 속한다.
- 평균±2표준편차(530~810): 학생의 95% 정도는 점수는 이 범위에 속한다.
- 평균±3표준편차(460~880): 학생의 99.7%의 점수는 이 범위에 포함된다.

경험적 법칙은 데이터의 전반적인 분포뿐 아니라 분포에서 벗어난 극단 값을 시각적으로 판별하는 데 유용하다. 분포 확인 후, 모수 분석과 비모수 분석 중 적합한 방법을 결정할 수 있다.

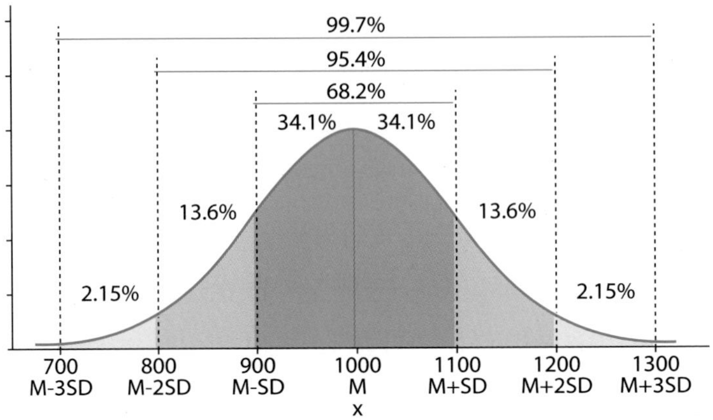


[그림 2-1] 정규분포와 경험적 법칙

넷째, 정규분포 곡선은 평균과 표준편차에 의해 위치와 모양이 결정된다. 평균은 정규곡선의 정점 위치를, 표준편차는 정규곡선의 모양을 결정한다. 따라서 평균이 높으면 곡선이 오른쪽으로 이동하고, 평균이 낮으면 왼쪽으로 이동한다. 표준편차는 정규곡선이 뾰족할지 완만할지를 나타낸다. 표준편차가 작으면 곡선의 폭이 좁아지고 뾰족하게 위로 올라가는 반면, 표준편차가 크면 곡선의 폭이 완만하게 좌우로 퍼지는 경향이 있다.

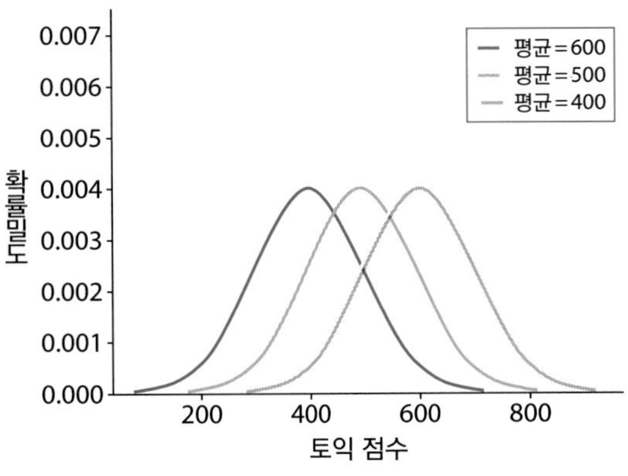


[그림 2-2] 평균이 다른 정규분포

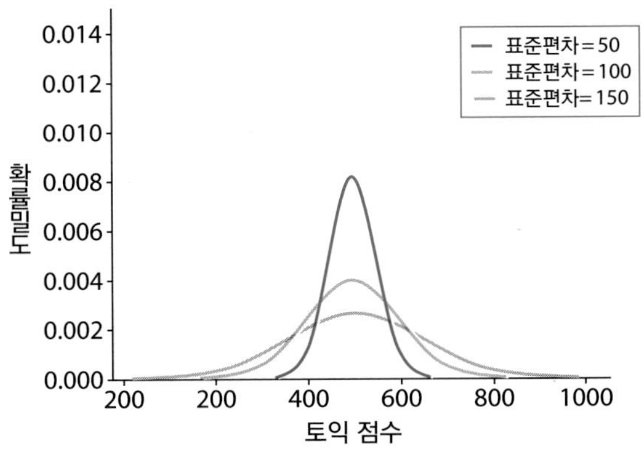


[그림 2-3] 표준편차가 다른 정규분포

# 3. 표준정규분포

표준정규분포는 평균이 0, 표준편차가 1인 분포이다. 모든 표준정규분포는 0과 1의 고정된 값을 가진다. Z값(Z score)은 데이터를 표준정규분포로 변환한 값이며, 이 값은 관측값이 평균으로부터 몇 표준편차 떨어져 있는지를 확률로 나타내는 지표이므로 확률분포라고 한다.

## 1) 표준정규분포의 장점

### (1) 객관적 비교의 유용성

정규분포를 표준정규분포로 변환하면, 평균과 표준편차가 다른 데이터나 측정 단위가 다른 값을 객관적 수치로 비교할 수 있다. 데이터가 정규분포를 이루더라도 각 집단의 평균과 표준편차가 다르면 객관적으로 비교하기 어렵다.

심리치료를 적용한 두 집단(A와 B)이 있고, 치료 효과가 정규분포를 이룬다고 가정하자. 이때, 집단 A는 치료효과가 평균이 70, 표준편차가 10이고, 집단 B는 평균이 50, 표준편차가 5라면, 두 집단 중 어느 집단의 평균이 높은지를 단순히 평균치만으로 판단하기에는 한계가 있다. 왜냐하면 정규분포에서 평균은 곡선의 위치, 표준편차는 곡선의 모양을 결정하므로 A와 B 집단의 정규분포 곡선의 위치와 모양 차제가 다르기 때문이다.

또한 변수의 측정 단위가 다를 경우, 변수의 효과나 영향을 비교하기 어렵다. 소득(원)과 학력(연수)은 측정 단위가 달라서 절대적 수치로 비교할 수 없다. 이렇게 서로 다른 단위를 가진 데이터, 서로 다른 분포를 보이는 집단을 비교하려면 Z값으로 표준화해야 한다. 이러한 표준화는 단위 차이를 극복하고, 다양한 데이터를 동일한 척도로 분석할 수 있으므로, 객관적 비교가 가능하다.

### (2) Z값의 누적확률 분포와 해석

표준정규분포의 Z값에 대응하는 누적확률표가 있다. 이 표는 특정 Z 이하의 값이 나올 확률을 나타내며, 평균(0)에서 Z까지의 확률을 보여 준다. 몇 가지 Z값과 누적확률에 대한 해석을 살펴보자.

〈표 2-1〉 표준정규분포표의 누적확률

| Z값 | 누적확률(값 이하) | 해석 |
|---|---|---|
| -3 | 0.00135 | 평균보다 3표준편차 이상의 작은 값일 확률: 약 0.13% |
| -2 | 0.02275 | 평균보다 2표준편차 이상의 작은 값일 확률: 약 2.28% |
| -1 | 0.15866 | 평균보다 1표준편차 이하의 작은 값일 확률: 약 15.87% |
| 0 | 0.50000 | 평균값일 확률: 50% |
| 1 | 0.84134 | 평균보다 1표준편차 이하의 확률: 약 84.13% |
| 2 | 0.97725 | 평균보다 2표준편차 이하의 확률: 약 97.72% |
| 3 | 0.99865 | 평균보다 3표준편차 이하의 확률: 약 99.87% |

Z값은 평균을 기준으로 양과 음의 값으로 나뉜다.

- $Z=0$: 평균과 동일한 값이며, 분포의 중심에 위치하고, 누적확률은 50%이다.
- $Z>0$: 평균보다 큰 값이며, Z가 클수록 값이 평균에서 멀어져 상위 확률에 위치한다.
- $Z<0$: 평균보다 작은 값이며, Z가 작을수록 값이 평균에서 멀어져 하위 확률에 위치한다.

**① Z값의 누적확률**

특정 Z값의 누적확률은 복잡한 수식 없이 표와 계산기를 통해 쉽고 빠르게 계산할 수 있다.

$$Z=\frac{\text{관측값}-\text{모집단 평균}}{\text{모집단 표준편차}}$$

예: 심리검사의 평균 점수가 50, 표준편차가 10일 때, 70점 이하의 Z값은 다음과 같다.

$$Z=\frac{70-50}{10}=2$$

분포표에 따르면, Z가 2일 때 누적확률은 0.9772이다. 이 값은 심리검사에서 70점 이하일 확률이 97.72%이고, 70점 이상일 확률은 2.28%(1−0.9772)라는 것을 나타낸다.

두 집단(A와 B)의 치료효과를 비교할 경우, 단순한 평균치만으로 판단하기 어렵다. 하지만 Z값으로 전환하면 집단 간 치료효과를 객관적으로 비교할 수 있다.

A집단: 평균 70, 표준편차 10 → 85의 Z값: 85−70/10=1.5

- 1.5의 누적확률은 약 93.32%(0.9332)
- 해석: 치료효과가 85보다 낮을 확률은 93.32%, 높을 확률은 6.68%(1−0.9332=0.0668)

B집단: 평균 50, 표준편차 5 → 55점의 Z값: 55−50/5=1.0

- 1의 누적확률은 약 84.13%(0.8413)
- 해석: 치료효과가 55보다 낮을 확률은 84.13%, 높을 확률은 15.87%(1−0.8413=0.1587)

Z값은 평균과 표준편차가 기반이므로 특정 값이 분포에서 어느 위치에 있는지를 파악할 수 있다.

**② 특정 구간 및 양극단 확률**

특정 구간에서 값이 나타날 확률을 계산할 수 있다. 특정 구간의 확률은 해당 구간의 누적확률에서 빼는 방식으로 산출한다. 예를 들어, 평균 0~1까지의 확률 구간(0≤Z≤1)을 계산하면 다음과 같다.

- 누적확률: Z=0은 50%, Z=1은 84.13%
- 구간확률: 84.13−50=34.13%
- 해석: 평균 0~1 사이의 값이 나올 확률은 약 34.13%이다.

양극단 확률을 살펴보기 위해 Z가 ±2를 벗어나는 경우를 계산해 보자.

- 누적확률: Z=−2 이하일 확률은 2.28%(0.02275), Z=2 이상일 확률(1−0.9772)은 2.28%
- 양극단 확률: 2.28%+2.28%=4.56%

- 해석: Z=±2를 초과하는 값이 나올 확률은 약 4.56%이다.

이상의 방식으로, 특정 값이 나타날 구간과 양극단에 속할 확률은 다음과 같다.

- 평균 ~ 1표준편차 이내에 속할 확률: 34.13%
- 평균 ~ ±1표준편차 이내에 속할 확률: 68.26%
- 평균 ~ ±2표준편차 이내에 속할 확률: 95.44%
- 1표준편차~2표준편차 이내에 속할 확률: 13.59%
- ±3표준편차 범위 밖에 속할 확률: 0.26%

### (3) 이상치 탐지

표준정규분포로 데이터에 이상치(outlier)가 있는지를 탐지할 수 있다. 데이터에 이상치가 있으면 평균이 비현실적으로 높거나 낮을 수 있다. 따라서 이상치를 파악하고 적합한 방법으로 처리하는 것은 분석 결과의 신뢰성과 밀접한 관련이 있다. 일반적으로 이상치란 평균에서 멀리 떨어져 ±3표준편차 밖에 위치한 값들이다.

- ±2표준편차 밖(Z>2): 분포의 95% 범위 밖이며 가능성이 낮은 이상치
- ±3표준편차 밖(Z>3): 분포의 99.7% 범위 밖이며 극단적인 이상치

예를 들어, 평균이 70, 표준편차가 5인 데이터에서 55의 Z 값을 계산하면 3(70−55 / 5)이다. 이 값은 3표준편차 이상이므로 극단적 이상치라고 볼 수 있다.

#### ① 이상치 탐지의 중요성

이상치 탐지는 극단적인 데이터를 식별하고 처리하는 것을 목표로 한다. 이상치 탐지의 중요성을 살펴보면 다음과 같다.

첫째, 이상치는 측정과 관련된 오류일 수 있다. 잘못된 척도나 측정으로 수집된 사례가 데이터에 포함되면, 분석 결과의 왜곡 가능성을 높인다. 예를 들어, ±3표준편차 밖에 위치한 값들은 평균을 극단적으로 끌어올리거나 끌어내릴 수 있다.

둘째, 이상치는 종종 데이터 문제를 시사하지만, 때로는 관련 연구 분야의 예외적인 사

건이나 발견으로 나타난 중요한 현상일 수도 있다. 이런 사례는 학문적 패러다임의 전환기에 주로 발생하는 경향이 있다. 따라서 단순히 이상치를 제거하기보다 그 값에 내포된 의미를 해석해 볼 필요가 있다.

셋째, 정규분포를 가정하는 다수의 통계 분석은 기본적으로 데이터에 이상치가 없는 분포를 전제한다. 만약 이상치가 존재한다면 정규성 가정이 깨질 수 있고, 그로 인해 잘못된 결과를 초래하게 된다.

넷째, 예측 모형의 성능은 이상치의 영향을 크게 받는다. 이상치가 포함된 데이터를 학습하면 모형의 효율성이 떨어져 부정확한 결과를 도출할 수 있다. 따라서 표준정규분포로 이상치를 탐지해야 한다.

### ② 이상치 탐지 방법과 해결 방안

이상치 탐지 방법은 Z값을 기준으로 ±3보다 큰 데이터가 있으면, 일단은 이상치로 간주하고, 교차 검정(cross-checking)을 해서 자료의 정확성을 확인해야 한다. 예를 들어, 의료 데이터나 심리 검사에서 비정상적인 혈압이나 심박수, 정서불안이나 우울증 지수 등에서 이상치가 있을 경우, 세밀한 검정이 필요하다. 이상치 문제가 있을 경우, 해결 방안은 다음과 같다.

- 이상치가 데이터 오류로 확인된 경우에는 제거한다.
- 데이터 오류가 아닌 이상치는 다른 값으로 대체할 수 있다. 즉, 정규분포 가정과 부합하는 평균이나, 이상치 영향을 적게 받는 중앙값 등으로 대체할 수 있다.
- 데이터를 로그로 변환하여 스케일을 조정함으로써 이상치의 영향을 줄인다.
- 이상치가 다수일 경우, 별도의 데이터 파일로 분리하여 이상치를 추가로 분석하고 중요한 패턴이 존재하는지를 확인한다.

이상치를 탐지하고 해결할 때 주의할 점은 이상치를 제거하거나 대체할 때 데이터의 전후 맥락과 목적, 균형 등을 고려해야 한다는 것이다. 모든 이상치가 오류이거나 제거 대상은 아니다. 데이터 특성상 발생할 수 있는 정상 값일 수도 있고, 경우에 따라 중요한 정보가 포함되어 있을 수 있다. 만약 이상치가 많으면 데이터의 정규성을 다시 검토하거나, 정규성을 가정하지 않는 비모수 통계로 분석한다.

## 2) 데이터 표준화와 표준정규분포 형태

### (1) 데이터를 표준화하는 방법

SPSS에서 데이터를 표준화하는 방법은 다양한데, 가장 일반적인 방법은 Z값 표준화와 최소-최대(Min-Max) 정규화이다. 각각의 방법을 수행하는 과정을 살펴보자.

#### ① Z값으로 표준화하는 방법

Z값으로 표준화하면 데이터의 평균은 0, 표준편차는 1로 변환된다. SPSS에서 Z-Score로 표준화하는 과정은 다음과 같다. 분석(A)에서 기술통계를 선택하고 표준화 대상 변수를 설정한다. 그리고 관련 옵션을 선택하면, 데이터 파일에 Z값으로 표준화된 새로운 변수가 저장된다.

분석(A) → 기술통계량(E) → 기술통계(D) → 변수(V) 칸에 표준화 대상 변수 추가 → 하단에 〈표준화 값을 변수로 저장(Z)〉 클릭 → 확인

표준화된 변수명은 'Z(예: Z변수명)' 형태로 생성된다. 이 방법은 이상치에 덜 민감하며, 정규분포를 이루는 데이터에 적합하다는 장점이 있다. 하지만 데이터가 정규분포를 따르지 않을 경우에는 적합하지 않다.

#### ② 최소-최대(Min-Max) 정규화

이 방법은 데이터가 0~1 사이의 범위를 유지하는 값으로 변환한다. 최소-최대 정규화 과정은 다음과 같다.

**<최소-최대 정규화 과정>**

변환(T) → 변수 계산(C) → 목표 변수(T)에 새 변수명(예: Min-Max_소득) 입력 → 숫자표현식(E)에 공식 입력 → 확인

**공식 입력 방법**

- (변수명－최소값) / (최대값－최소값)
- 데이터의 변수명이 '소득(단위: 만원)'이라면: (소득－100) / (500－100)
- 여기서 100과 500은 소득의 최소값과 최대값이다.

이 방법은 데이터의 범위를 일정하게 유지할 수는 있으나, 이상치에 민감하게 영향을 받을 수 있다.

#### ③ 로버스트 스케일링하는 방법

데이터의 중앙값과 사분위 범위를 활용하여 표준화하며, 이상치에 강해서 관련 영향을 줄일 수 있는 방법이다. 분석 과정은 먼저 표준화 대상 변수의 중앙값과 사분위수를 확인한 후 로버스트 스케일링(Robust Scaling)을 한다.

**<중앙값 및 사분위수 확인 과정>**

분석(A) → 기술통계(E) → 데이터 탐색(E) → 대상 변수 추가 → 통계량(S) → 백분위수(P)에서 사분위수 클릭 → 계속(C) → 확인

**<로버스트 스케일링 과정>**

변환(T) → 변수 계산(C) → 목표 변수(T)에 새 변수 이름(예: Robust_소득) 입력 → 숫자표현식(E)에 공식 입력 → 확인

**공식 입력 방법**

(변수명－중앙값) / (3분위수－1분위수)

소득(단위: 만 원)을 표준화하려면: (소득－200) / (300－150)

#### ④ 로그(ln) 변환 후 표준화하는 방법

로그 변환(Log Transformation)은 데이터의 왜곡을 줄이고 정규분포에 가깝게 만드는데 유용하다. 주로 데이터가 비대칭적으로 치우쳐 있거나, 이상치의 영향을 줄이고 싶거나, 데이터 범위를 조정하여 선형 관계를 강화하고 싶을 때 적합한 방법이다. 로그 변환

후 추가로 변수를 표준화할 수 있다.

> 변환(T) → 변수계산(C) → 목표변수(T)에 새 변수 이름(예: Ln_소득) 입력 → 숫자표현식(E) 에 ln(소득) 입력 → 확인

### (2) 표준정규분포 형태

확률분포를 나타내는 표준정규분포는 평균 0에서 ±1표준편차 사이에 전체 사례의 68%가 있고, ±2 범위 내에는 95%, ±3 범위 내에는 99.7%의 사례가 포함된다. 심리치료 프로그램에 참여한 대상자 중 극히 일부의 Z값이 ±3 이상이라면, 이는 프로그램 효과가 아주 높거나, 아주 낮은 대상자가 1%에 해당한다는 것을 의미한다. 이런 사례는 실제로 드물며, 이상치라고 볼 수 있다.

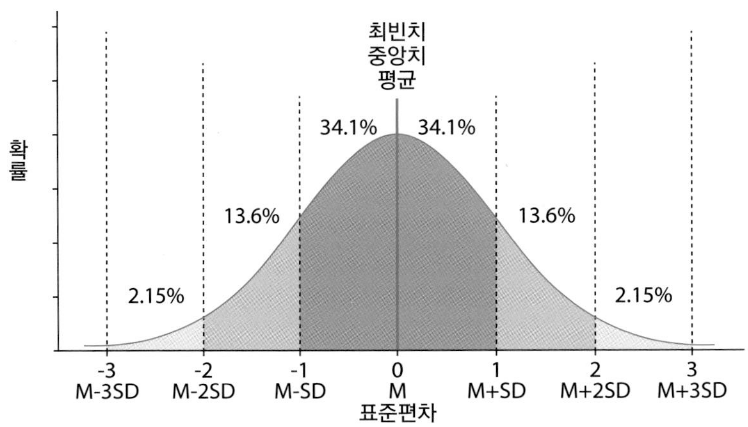


[그림 2-4] 표준정규분포

정규분포는 좌우대칭인 종 모양 곡선 형태를 이루며, 모든 값을 평균과 표준편차로 사용할 수 있다. 이에 비해 표준정규분포는 평균과 표준편차가 항상 0과 1로 고정되어 있다(곡선 A). 정규분포는 평균의 높고 낮음에 따라 곡선이 오른쪽 또는 왼쪽으로 이동 하고, 표준편차에 따라 곡선의 폭이 좁거나 넓게 퍼진 분포를 이룬다. 즉, 평균은 0인데 표준편차가 1보다 작으면 폭이 좁고 뾰족한 분포(B)를 이루지만, 표준편차가 1보다 크면 폭이 넓은 형태의 분포(C)를 이룬다. 반면에 표준편차는 1인데 평균이 0보다 크면 분포가 오른쪽으로, 0보다 작으면 왼쪽으로 이동한다.

〈표 2-2〉 평균과 표준편차에 따른 분포 형태

| 곡선 | 평균과 표준편차 | 분포 형태 | |
|---|---|---|---|
| A | 평균=0, 표준편차=1 | 표준정규분포 | |
| B | 평균=0, 표준편차=0.5 | 폭이 좁은 뾰족한 분포 | 표준편차<1 |
| C | 평균=0, 표준편차=2 | 폭이 넓게 늘어난 분포 | 표준편차>1 |
| D | 평균=1, 표준편차=1 | 오른쪽으로 이동 | 평균>0 |
| E | 평균=−1, 표준편차=1 | 왼쪽으로 이동 | 평균<0 |

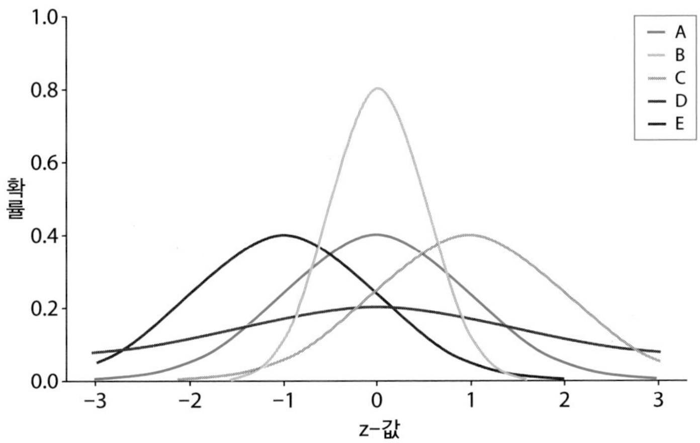


[그림 2-5] 평균과 표준편차에 따른 분포 형태

## 4. 확률분포의 종류

분포는 변수가 특정한 값을 가질 확률을 나타내며, 정규분포와 표준정규분포를 비롯하여 t, F, 카이제곱 분포 등이 있다. 이들 분포는 각기 다른 상황에서 통계적 검정을 수행한다.

### 1) t 분포와 F 분포

Z 분포는 모집단 분산이 알려져 있고 표본크기가 충분히 클 때 적합하지만, t 분포는

분산을 모르거나 표본크기가 작을 때 사용한다. 데이터를 수집할 때 모집단이 분명치 않은 경우가 종종 있다. 예를 들어, 모집단이 '가정 내 폭력에 노출된 아동'일 경우, 공공기관에 신고되지 않고 숨겨진 사례가 적지 않으므로 모집단 규모나 분산에 대한 통계적 정보가 제한적이다. 이처럼 모집단 분산을 알 수 없는 경우, 표본 평균을 토대로 검정하는 t 분포를 적용한다.

t 분포는 표본크기가 작을 때도 적용할 수 있으며, 표본수가 증가할수록 정규분포에 가까워진다. 만약 표본크기가 충분히 크다면, 중심극한정리의 논리대로 데이터가 자연히 정규분포를 이루는 경향이 있으므로 Z 분포가 더 적합하다.

t 분포와 Z 분포 형태를 비교하면, t 분포는 곡선의 정점이 Z 분포보다 낮고, 꼬리는 더 길다([그림 2-6]). 이는 t 분포가 Z 분포에 비해 정점에는 낮은 확률이, 꼬리에는 높은 확률이 존재한다는 것을 말해 준다. 그리고 t 분포는 자유도에 따라 곡선 모양이 달라지는데, 자유도가 증가할수록 t 분포가 Z 분포에 가까워진다([그림 2-7]). 중심극한정리에 의하면, 무작위로 수집한 표본이 30개 이상이면, t와 Z 분포는 거의 일치하는 모습을 보인다. 하지만 분포가 매우 비대칭적이라면 표본크기는 더 커야 한다.

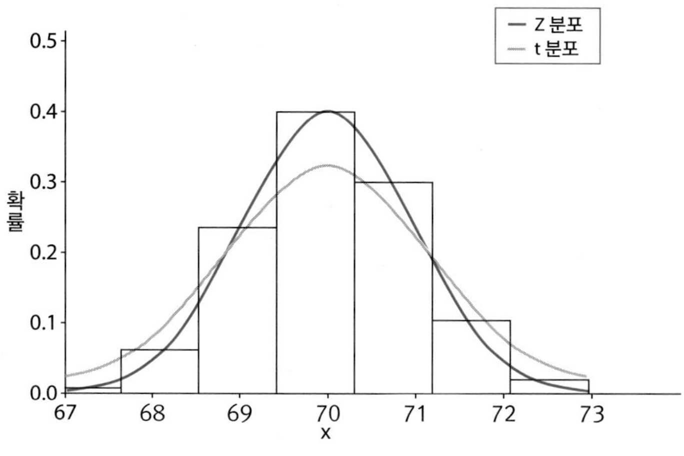


[그림 2-6] Z 분포와 t 분포

t 분포는 주로 평균 차이가 유의미한지를 검정하는 데 사용된다. 즉, t 검정은 영가설이 옳다는 가정하에 두 집단 또는 두 변수로부터 계산된 검정 통계치로 p값을 계산하고, p값이 유의미하면 집단 간 평균 차이가 없다는 영가설을 기각하고, 차이가 있다는 대립가설을 채택하게 된다.

t 검정은 단일표본, 독립표본, 대응표본을 분석하는 데 적합하다. 단일표본은 하나의 모집단에서 추출된 단일표본의 평균을 분석한다. 독립표본은 '두 집단' 간에 평균 차이가 있는지를 분석한다. 예를 들어, 심리치료 효과 분석에서 실험집단과 통제집단 간 차이를 분석할 경우, 독립표본 t 검정이 적합하다. 이에 비해 대응표본은 '두 변수' 간 평균 차이를 분석한다. 예를 들어, 심리치료 참여 전과 후의 청소년의 공격적 행동을 비교할 경우, 대응표본 t 검정이 적합하다. 피어슨 상관분석과 회귀분석에서도 t값을 기준으로 변수 간 상관관계나 인과관계가 유의미한지를 검정한다.

F 분포는 확률분포의 하나로, 가설 검정에 사용되며, 두 모집단의 분산을 비교하는 데 유용하다. 통계에서 분산이 중요한 이유는 평균에 대한 정보를 알려 주기 때문이다. F 분포는 자유도에 따라 모양이 달라지며, 분자와 분모의 자유도가 커질수록 정규분포와 유사한 분포를 이룬다.

F 분포는 여러 집단 간 평균 차이를 검정하는 분산분석, 독립변수와 종속변수로 구성된 모형의 유의성을 검정하는 회귀분석, 그리고 두 모집단의 분산이 동일한지를 확인하는 분산의 동질성 검정 등에 사용된다. 분산분석은 세 집단 이상의 평균이 차이가 있는지를 비교하고 또 전체 집단의 분산에서 개별 집단의 평균과 분산을 확인할 수 있다. 회귀분석에서 F값은 모형의 적합성과 유의성을 나타낸다.

## 2) 카이제곱 분포

카이제곱($x^2$) 분포는 표본 분산으로 모집단 분산을 추정할 때 사용하며, 표준정규분포와 밀접한 관계가 있다. 카이제곱은 두 변수의 빈도를 토대로 관찰 빈도와 기대 빈도 간의 차이를 계산한 값이다. 이는 두 변수가 서로 연관이 있는지를 알려 주기 때문에 가설 검정에 유용하다. 이처럼 집단 간 관찰 빈도와 기대 빈도 간 차이가 유의미한지를 검정하므로, 자유도는 (A집단수−1)×(B집단수−1)로 구할 수 있다. 성별(남성과 여성)에 따라 정치적 성향(진보, 중도, 보수)이 차이가 있는지를 검정할 경우, 자유도는 2가 된다.

카이제곱 분포 곡선은 자유도에 의해 결정되는데, 자유도가 작을수록 왼쪽으로 기울고, 클수록 오른쪽으로 기울며, 정규분포와 유사한 형태를 이룬다. 자유도가 1인 경우에는 곡선 모서리가 완만한 L자 형을 이루는데, 이는 X가 0에 가까울 확률이 높다는 것을 나타낸다. 그러나 자유도가 3이 되면 곡선이 낮은 지점에서 증가하여 정점에 이르고, 다시 감소하여 오른쪽이 긴 분포를 이룬다. 이러한 분포는 자유도가 증가할수록 점차 정규분포와 유사해진다.

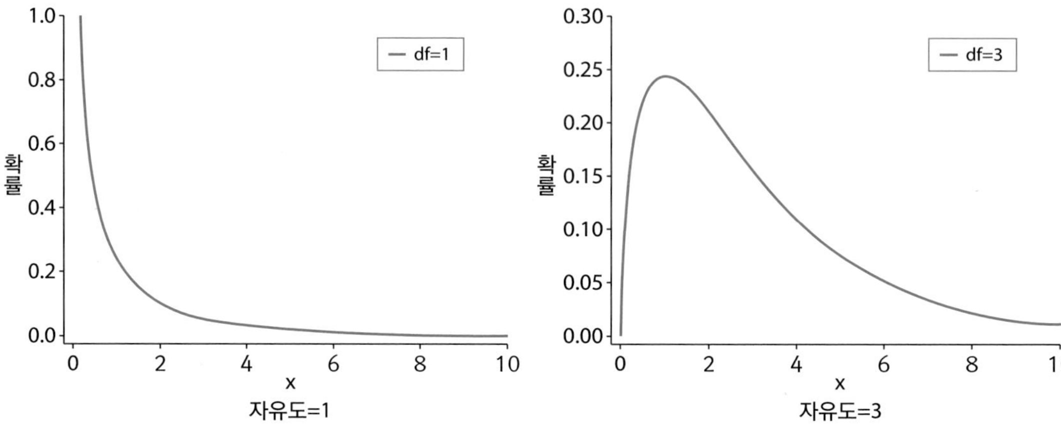


[그림 2-7] 카이제곱 분포

카이제곱 분포로 적합도와 독립성을 검정할 수 있다. 적합도 검정은 카이제곱 검정의 한 유형이며, 범주형 변수의 관측 빈도가 기대 빈도와 얼마나 차이가 있는지를 알려 준다. 여기서 기대 빈도는 영가설을 토대로 관측 빈도와 기대 빈도가 차이가 없다는 것을 반영한다. 따라서 적합도가 높으면 모형이나 이론을 기반으로 한 기대 빈도와 관측 빈도가 유사하다는 것을 의미하고, 적합도가 낮으면 기대 빈도와 관측 빈도 간에 차이가 크다는 것을 반영한다. 이처럼 카이제곱으로 적합도 검정을 하면 표본으로 모집단 분포에 대한 결론을 도출할 수 있다.

> **예** 청년층의 계층의식 분포에서, 기댓값은 각 계층의식이 동등할 것으로 예상한 빈도이다.

카이제곱 적합도 검정으로 청년층의 계층의식에 대한 관측 빈도와 기대 빈도가 차이가 있는지를 알아보자. SPSS 분석 과정은 다음과 같다.

> 분석(A) → 비모수 검정(N) → 레거시 대화상자(L) → 카이제곱(C) → 검정변수에 '계층의식' 추가 → 확인

- 분석 결과표: 계층의식에 대한 관측 빈도, 기대 빈도, 잔차(관측 빈도와 기대 빈도 간 차이)가 있다. 기대 빈도는 청년층의 계층의식에 차이가 없다는 영가설을 전제하므로 상중하의 기대 빈도가 동일하다.
- 검정 통계량: p값이 0.000이므로 영가설을 기각한다. 따라서 청년층의 계층의식은 유의미한 차이가 있으며, 상 또는 하에 비해 중(N=334)이라고 인지한 빈도가 가장 높다고 결론 내릴 수 있다.

**계층의식**

| | 관측 빈도 | 기대 빈도 | 잔차 |
|---|---:|---:|---:|
| 상 | 40 | 139.0 | −99.0 |
| 중 | 334 | 139.0 | 195.0 |
| 하 | 43 | 139.0 | −96.0 |
| 전체 | 417 | | |

검정 통계량

| | 계층의식 |
|---|---|
| 카이제곱 | 410.374[a] |
| 자유도 | 2 |
| 근사 확률 | .000 |

a. 0개의 셀(0.0%)은 5보다 작은 기대 빈도를 가진다.
기대빈도 셀 값 중 최소값은 139.0이다.

카이제곱 적합도 검정을 할지 독립성 검정을 할지는 가설과 변수 유형에 따라 다르다. 적합도 검정은 하나의 범주형 변수 분포에 대한 가설을 검정한다. 독립성 검정은 두 범주형 변수 간의 관계를 검정한다. 성별에 따라 사회적 계층의식(상, 중, 하)에 차이가 있는지를 알아볼 경우, 독립성 검정을 한다. 만약 계층의식이 성별에 따라 차이가 없다면, 관측 빈도와 기대 빈도는 비슷하게 나타난다. 성별에 따라 계층의식에 차이가 있다면, 관측 빈도와 기대 빈도는 유의미한 차이가 날 것이다.

### 3) 분포의 유형별 차이점

t와 F, 카이제곱 분포는 확률분포라는 공통점이 있으나 분석 목적과 분포는 차이가 있다.

- 분석 목적
  - t 분포: 두 집단의 평균 차이를 분석한다. 단일표본, 독립표본, 대응표본의 평균 비교, 상관분석, 회귀계수의 유의성 등을 검정한다.
  - F 분포: 두 집단의 분산이나 여러 집단 간 평균 차이를 검정하므로 변동성 분석에 적합하다. 분산분석, 회귀모형의 유의성, 분산의 동질성 등을 검정한다.
  - 카이제곱 분포: 단일 모집단의 분산분석과 범주형 데이터 분석에 적합하며, 주로 적합도와 독립성 검정, 표본 분산의 분포를 추정한다.

- 분포
  - t 분포: 종 모양의 좌우 대칭 분포를 이룬다. 자유도가 낮을수록 꼬리가 두꺼워 지

고, 높을수록 Z 분포(표준정규분포)에 가까워진다.

- F 분포: 비대칭적 분포로, 0 이상의 값만을 가진다. 자유도가 높을수록 오른쪽 꼬리가 줄어들고 정규분포를 이룬다. 분포 모양은 분자와 분모의 자유도가 결정한다.
- 카이제곱 분포: 오른쪽으로 꼬리가 긴 비대칭 분포를 이루며, 0 이상의 값만을 가진다. 자유도가 증가할수록 정규분포에 가까워진다.

## 5. 분포 형태

### 1) 왜도

왜도(skewness)는 분포의 비대칭성을 나타낸다. 분포의 대칭성과 비대칭성은 중심경향치를 기준으로 확인할 수 있다. 왜도가 0인 분포는 평균과 중앙값이 거의 일치하며, 가장 이상적인 좌우대칭형 정규분포를 이룬다. 하지만 왜도가 0보다 크거나 작으면 오른쪽 또는 왼쪽 꼬리 분포를 이룬다.

〈표 2-3〉 왜도 통계치

| 왜도 | 0 | 0보다 큰 경우 | 0보다 작은 경우 |
|---|---|---|---|
| 분포 | 정규분포<br>평균=중앙값 | 오른쪽 꼬리 분포 (양의 비대칭)<br>평균>중앙값 | 왼쪽 꼬리 분포 (음의 비대칭)<br>평균<중앙값 |

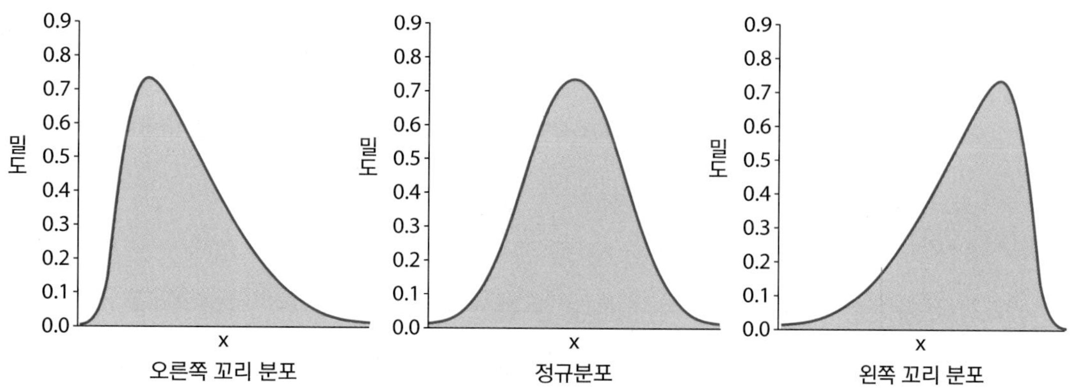


[그림 2-8] 분포 형태

### (1) 오른쪽 꼬리 분포

왜도가 0보다 큰 분포는 평균이 중앙값보다 크고 오른쪽 꼬리 분포(양의 비대칭성)를 이룬다. 이러한 분포는 꼬리에 존재하는 극단치가 중앙값보다 평균에 더 큰 영향을 주어 전체 평균을 끌어올리기 때문이다. 따라서 평균보다 큰 값들이 더 넓게 펴져 있고, 그러한 큰 값들이 상대적으로 더 높은 확률로 발생할 가능성이 있다는 것을 시사한다.

**예 1** 삶의 질 만족도 조사에서 평균이 80, 중앙값이 70이면 오른쪽 꼬리 분포를 이룬다.

**예 2** 임상치료 효과가 아주 좋은 대상자가 다수일 경우, 전체 평균을 높이기 때문에 오른쪽 꼬리 분포를 이룬다.

**예 3** 소득 분포는 오른쪽 꼬리 분포를 이루는 경향이 있다. 다수의 소득은 평균 근처에 위치하지만, 극소수의 부유한 사람들은 평균을 크게 초과하는 수입이 있기 때문이다.

### (2) 왼쪽 꼬리 분포

왼쪽 꼬리 분포는 왜도가 0보다 작은 음의 비대칭을 이루며, 평균이 중앙값보다 작다. 데이터의 큰 값이 오른쪽에 몰려 있고, 작은 값이 왼쪽으로 넓게 펴져 긴 꼬리를 가지는 분포이다. 이러한 분포는 데이터가 상대적으로 낮은 값 쪽으로 펴져 있거나, 왼쪽에 이상치가 존재할 수 있다는 것을 나타낸다.

**예 1** 삶의 질 만족도 조사에서 평균이 70, 중앙값이 80이면 왼쪽 꼬리 분포를 이룬다.

**예 2** 심리치료 효과 점수는 왼쪽 꼬리 분포를 이루는 경향이 있다. 왜냐하면 다수의 클라이언트는 효과 점수가 높으나, 소수는 평균보다 낮은 효과로 인해 분포가 왼쪽으로 치우친다. 왼쪽의 긴 꼬리는 효과가 매우 낮은 소수의 클라이언트가 반영된 분포이다.

**예 3** 인간의 수명은 오른쪽 꼬리 분포를 이루지만, 치명적인 질병이나 전염병, 전쟁이나 사고가 많은 환경에서는 젊은 나이에 사망하는 사례가 많아 왼쪽 꼬리 분포를 이룬다.

### (3) 데이터 분포를 검정하는 이유

정규성을 판단할 때 염두에 두어야 할 점은 분포 모양이나 왜도가 이론적으로 정확하게 일치하지 않을 경우이다. 예를 들어, 삶의 질 만족도 평균이 80, 중앙값이 80이라면 삶의 질은 좌우 대칭인 정규분포를 이룬다. 하지만 현실적으로 평균과 중앙값이 정확하게 일치하지 않는 데이터가 더 많다. 만약 평균이 80, 중앙값이 78이라고 가정할 경우, 이론적으로 평균과 중앙값이 동일하지 않고 약간의 편향이 생긴다. 하지만 유사한 분포를 이루기 때문에 가설 검정과 같은 실용적인 목적에서 왜도가 0에 가까운 것으로 간주하고 정규분포를 가정한 모수 통계를 적용할 수 있다.

데이터 분포의 대칭성 또는 비대칭성을 검정하는 이유는, 모수 분석의 적합성을 확인하기 위해서이다. 표본으로 모집단을 추론하는 모수 분석은 기본적으로 데이터가 정규분포를 따른다고 가정한다. 하지만 왜도가 0보다 크거나 작아서 비대칭 분포를 이루더라도 수치적 허용 한계 내에 있으면 모수 분석을 할 수 있다. 만약 왜도가 0보다 많이 벗어나 있고, 분포가 왼쪽이나 오른쪽 꼬리로 많이 치우칠 경우에는 정규분포 가정을 전제하지 않는 비모수 분석을 해야 한다.

분포가 비대칭을 이룰 때 이를 완화하는 방법이 있다. 그것은 비대칭 정도에 따라 변수의 값을 변환하는 것이다. 비대칭 정도가 수치적 허용 한계, 즉 수용 범위 내에 있는 경우에는 변환하지 않고 모수 분석을 할 수 있다. 하지만 비대칭 정도가 보통 이상일 경우에는 변수의 값을 변환한 후 분석해야 한다. 즉, 비대칭 정도가 보통일 경우에는 변수의 값을 제곱근으로 변환하고, 그 정도가 심할 경우에는 자연로그 또는 상용로그로 변환함으로써 비대칭을 완화할 수 있다.

### 2) 첨도

첨도(kurtosis)는 분포 꼬리가 어느 정도 두꺼운지를 나타내며, 데이터 극단값을 측정하는 지표이다. 즉, 분포의 중심에 얼마나 많은 데이터가 몰려 있고, 꼬리 부분에 극단값이 얼마나 있는지를 측정한다. 따라서 평균을 중심으로 분포의 꼬리 길이와 중앙의 뾰족함에 대한 높낮이를 확인할 수 있다.

임상치료에 참여한 집단 A와 B가 있고, 두 집단 모두 평균 효과는 70이며, 효과 범위는 다르다고 가정한다. 집단 A는 효과 범위가 60~80이지만, 집단 B는 30~100으로 효과 범위가 넓다면, 집단 A는 효과가 평균 주위에 몰려 첨도가 높은 뾰족한 분포(고첨도)를 이루고, 집단 B는 상대적으로 완만한 저첨도 분포를 이룬다.

현상을 반영하는 데이터로부터 정확한 결과를 얻기 위해 데이터의 특성을 알아야 한다. 즉, 데이터가 평균으로부터 어느 정도 모여 있거나 분산되어 있는지, 극단치가 존재하는지 등에 대해 파악해야 한다. 이러한 정보는 왜도와 첨도로 평가할 수 있다. 분포는 첨도에 따라 평균 첨도, 고첨도(뾰족한 분포), 저첨도(완만한 분포)로 구분된다.

### (1) 평균 첨도

평균 첨도는 정규분포와 유사한 분포이며, 데이터가 평균 주위에 고르게 분포되어 있고, 중앙이 뾰족하거나 평평하지 않고 표준적인 분포를 이룬다. 평균 첨도를 3으로 설정하여 상대적인 비교를 하므로, 첨도가 3과 유사하면 정규분포라고 간주한다. 예를 들어, 첨도가 3.1이고 초과 첨도가 0.1이면([그림 2-9A]) 정규분포 형태를 따른다고 할 수 있다. 여기서 초과 첨도란 첨도에서 3을 뺀 값(첨도−3)이므로 초과 첨도를 적용하면 쉽게 정규분포와 비교할 수 있다. 초과 첨도가 0보다 크면 정규분포에 비해 뾰족하고, 0보다 작으면 정규분포에 비해 완만한 분포를 이룬다.

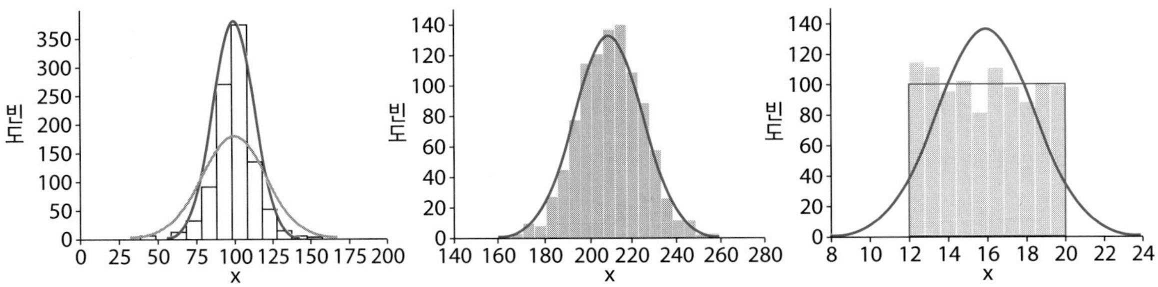


평균 첨도(A) 고첨도(B) 저첨도(C)

[그림 2-9] 첨도 분포

### (2) 고첨도

고첨도는 극단적인 사례가 자주 발생하는 분포로, 중심부에 데이터가 집중되어 정규분포보다 뾰족하고, 꼬리가 두꺼운 경향이 있다. 꼬리가 두껍다는 것은 데이터에 다수의 극단치가 존재한다는 것을 시사한다.

**예 1 부의 분포**

대다수는 평균적인 소득을 가지지만, 일부 소수는 엄청난 부를 소유함으로써 평균을 끌어올린다면, 부의 분포는 뾰족한 고첨도 형태를 이룬다.

**예 2 정신건강 분포**

다수는 평균적인 정신건강 상태를 유지하지만, 극소수는 심한 우울증이나 공황 발작 등으로 심각한 정신 질환을 겪는다.

고첨도 값은 3보다 크기 때문에 초과 첨도 역시 0보다 큰 양의 값을 갖는다. 이런 분포는 주로 표본수가 작거나 데이터가 정규성을 충족하지 못할 때 나타난다. 따라서 분포곡선은 좌우 대칭을 이루지 않고, 정규분포를 따르지 않는다. [그림 2-9B]는 첨도가 6.5, 초과 첨도가 3.5로 전형적인 고첨도 분포를 이룬다.

〈표 2-4〉 첨도 분포의 특성

| 구분 | 평균 첨도 | 고첨도 | 저첨도 |
|---|---|---|---|
| 꼬리 | 중간 | 두껍다 | 가늘다 |
| 극단치 | 중간 | 많다 | 작다 |
| 첨도 | 3 | 3보다 크다 | 3보다 작다 |
| 초과 첨도 | 0 | 양성 (0보다 크다) | 음성 (0보다 작다) |

### (3) 저첨도

저첨도는 정규분포에 비해 정점이 낮고 균등하게 퍼져 있으며, 꼬리가 가늘어서 극단치가 발생할 확률은 매우 낮다는 특징이 있다. 대표적인 저첨도 예를 살펴보면 다음과 같다.

**예 1 일상적인 안녕감**

대부분의 사람들은 평균 정도의 안녕감을 느끼고, 극단적으로 행복하거나 극단적으로 불행한 사람은 별로 없다. 삶의 질 만족도나 주관적 계층 귀속 의식을 조사해 보면, 다수는 평균 분포에 모여 있다.

**예 2 성격 특성**

대부분의 사람들의 성격은 극단적으로 외향적이거나 극단적으로 내향적이지 않고, 중간 정도의 성향을 보이는 경향이 있다. 성격 검사에서도 대다수가 중간값 근처에 위치한다.

저첨도는 3보다 작기 때문에 초과 첨도가 0보다 작은 음수 값을 갖는다. 전반적으로 균일한 분포를 이루지만 정규분포를 따르지는 않는다. [그림 2-9C]는 첨도가 1.78, 초과 첨도가 −1.22인 저첨도 분포를 이룬다.

### 3) 왜도 및 첨도의 허용 기준

데이터의 왜도와 첨도는 정규성을 검정할 때 중요한 지표이다. 왜도와 첨도를 기준으로 데이터의 대칭성과 비대칭성의 여부, 분포가 왼쪽이나 오른쪽으로 치우치는지, 정점이 뾰족한지 완만한지를 판단할 수 있다. 이론적으로 왜도와 첨도는 정규분포를 토대로 한 절대 기준이 있다. 즉, 왜도와 첨도가 0에 가까우면 데이터는 정규분포를 이룬다. 하지만 이 기준에서 벗어나면 왼쪽이나 오른쪽으로 치우치거나, 고첨도나 저첨도 분포를 이룬다.

하지만 실제 데이터는 이론적인 기준과 정확히 일치하는 경우는 드물고, 어느 정도의 첨도와 왜도를 나타낸다. 이에 대해 통계학자들은 수용 가능한 범위를 제시하는데, 컷오프(cutoff) 규칙이 존재하지 않아서 학자 간에 다소 차이가 있다. 이유는 비정규성을 나타내는 왜도와 첨도 값에 대한 컷오프 기준이 표본크기와 데이터의 속성(동질적 vs 이질적), 변수의 범주 등에 따라 유동적이기 때문이다.

사회과학에서 데이터의 정규성을 판단하는 일반적인 허용 기준을 살펴보자(Bulmer, 1979; West et al., 1995; George & Mallery, 2010; Kim, 2013).

- 왜도의 허용 기준
  - ±0.5 이내는 정규분포로 간주
  - ±1 이하는 다소 비대칭성이 있으나 정규분포에 근접한 분포로 간주
  - ±2까지는 허용 가능하나 정규성을 만족하지 않으므로 데이터 변환을 고려
  - ±2 이상은 정규성을 위반한 것으로 간주

- 첨도의 허용 기준
  - ±2 이하는 정상적인 범위
  - ±2~3은 일반적으로 허용 가능한 범위

결과에 따라 다르게 해석될 여지가 있다는 것을 시사하므로 시각적으로 확인(히스토그램, Q−Q Plot 등)할 필요가 있다.

**정규성 검정**

| | Kolmogorov-Smirnov[a] | | | Shapiro-Wilk | | |
|---|---|---|---|---|---|---|
| | 통계 | 자유도 | 유의확률 | 통계 | 자유도 | 유의확률 |
| 공감능력 | .041 | 415 | .091 | .996 | 415 | .491 |
| 자기애 | .054 | 415 | .005 | .995 | 415 | .209 |

a. Lilliefors 유의확률 수정

## 7. 추론통계

현상에 내재된 인과성을 규명하기 위해 필요한 도구가 바로 통계이다. 대부분의 연구자는 추론통계를 선호한다. 추론통계는 데이터를 기반으로 모집단 특성을 추정하거나 가설 검정에 적합하며, 검정력이 강하다. 추론통계의 주요 개념에는 표본 통계량과 모집단 모수가 있다.

### 1) 표본 통계량과 모집단 모수

통계분석에는 기술통계와 추론통계가 있다. 기술통계는 평균 및 표준편차, 빈도 등과 같은 중심경향치로 데이터의 특성을 일목요연하게 보여 준다. 추론통계는 표본 데이터로 모집단 모수를 추정하는 방법이다. 표본과 모집단의 특성은 통계량과 모수로 설명하는데, 여기서 통계량은 표본의 평균이나 분산을 나타내고, 모수는 모집단 특성(모집단 평균과 분산)을 반영한다. 따라서 추론통계는 표본 데이터로 평균 및 분산과 같은 모수에 대한 결론을 도출하기 위해 가설을 검정하고 예측한다.

기본적으로 정규분포 가정이 토대가 된 추론통계에는 무작위로 수집된 데이터가 적합하다. 이 요건이 충족되면 표본 데이터가 모집단을 잘 대표할 수 있고, 신뢰성 있는 통계적 추론과 일반화가 가능하다. 물론 표본 데이터로 모집단을 예측하기 때문에 어디까지나 확률적 추론이다. 추론통계의 핵심인 정규성 가정 여부에 따라 모수 분석과 비모수 분석으로 구분된다.

분석에서 가장 이상적인 데이터는 모집단 전체를 대상으로 수집하는 것이다. 하지만 모집단을 대상으로 전수 조사를 하기에는 시간적-공간적 제약과 비용 문제, 모집단 윤곽 및 크기에 대한 불확실성 등의 현실적 한계로 인해 데이터 수집 자체가 어려울 수 있다. 모집단 규모가 클수록 전체를 대상으로 자료를 수집하는 과정에 체계적 또는 비체계적 오류가 개입될 소지도 있다. 규모는 작지만, 윤곽이 드러나지 않아 접근 자체가 어려운 모집단도 있다. 공황장애나 트라우마를 경험한 집단, 성폭력 및 성희롱, 알코올 및 약물 중독을 경험한 집단은 모집단 규모를 파악하기가 쉽지 않다. 그래서 모집단 일부를 대상으로 수집한 표본 데이터가 정규분포를 이루면 추론통계를 적용하여 모수를 추정할 수 있다. 하지만 표본이 모집단을 잘 대표하지 못하면 통계적 추론과 일반화가 불가능해진다.

연구에서 모수는 중요하다. 왜냐하면 연구가 추론하는 것은 모집단 특성을 알려 주는 모수이기 때문이다. 연구자는 심리치료 대상자 자체가 아니라, 심리치료 효과를 반영하는 평균이나 분산을 알고자 하고, 이를 토대로 모집단 모수를 추론한다. 모수를 추론하기 좋은 표본은 무작위로 추출된 것이다. 표본이 무작위로 추출되면, 모수와 통계량이 전반적으로 비슷한 분포를 이루어 표본이 모집단을 잘 대표할 수 있다.

## 2) 표본오차와 신뢰구간

표본오차와 신뢰구간은 표본 통계량으로 모수를 추정하는 역할을 한다. 표본크기는 모집단보다 작고 또 아무리 좋은 표본이라도 모집단 특성을 완벽하게 반영하기가 쉽지 않기 때문에 모수와 통계량 간에 차이가 날 수 있는데 이를 표본오차라고 한다. 표본의 대표성과 적합성을 위해 표본오차는 작을수록 바람직하다.

표본오차를 줄이기 위해 모집단의 구성요소가 표본으로 추출될 확률이 동일하도록 확률표집을 해야 한다. 확률표집을 하면 표본추출 과정에 조사자의 편견이 배제될 수 있어 모집단에 대한 표본의 대표성을 높일 수 있다. 다시 말하면, 조사대상자 모두에게 동일한 기회를 부여하기 때문에 조사자의 주관성을 배제할 수 있어 객관적인 표본 추출이 가능하다. 그리고 표본오차는 표본크기가 클수록 줄어들기 때문에 모수의 정확성을 높이기 위해 확률표집과 적정 크기의 표본수 확보가 중요하다. 모집단 모수를 추정하는 두 가지 방법이 있다. 하나는 점추정이고, 다른 하나는 구간추정이다.

- 점추정(point estimates)
  - 모집단 모수를 하나의 값(점)으로 추정하는 방법이다. 예를 들어, 표본 평균은 모집단 평균을 나타내는 점 추정치이다.
  - 장점: 간단하고 직관적이다.
  - 단점: 표본의 변동성을 반영하지 못하기 때문에 신뢰도가 낮다.

- 구간추정(interval estimates)
  - 점추정 값을 중심으로 신뢰구간을 설정하여 모수를 추정하는 방법이다. 신뢰구간은 불가피하게 발생하는 오차의 허용 범위를 반영한다.
  - 95% 신뢰구간은 모수가 해당 구간에 포함될 확률이 95%이고, 잘못된 결론을 내릴 확률이 5%라는 것을 나타낸다.
  - 장점: 점추정치의 불확실성을 알려 줌으로써 추정치의 신뢰성을 높일 수 있다.
  - 단점: 신뢰구간이 너무 넓어지면 예측력이 떨어질 수 있다.

**예제 1 대학생 100명을 대상으로 정치적 관심도를 조사한 결과, 평균이 75, 표준편차가 10일 경우, 모집단 평균($\mu$)에 대한 95% 신뢰구간은 다음과 같다.**

- 점추정: 75
- 구간추정 계산법: $75 \pm 1.96 \times \frac{10}{\sqrt{100}} = 75 \pm 1.96 \times 1 = 75 \pm 1.96$
- 결론: 모집단 평균이 95% 신뢰수준에서 73.04~76.96 사이에 있을 것으로 추정된다.

다수 연구는 표본 통계량으로 모집단 모수를 추론하고, 그로 인해 얼마간의 표본오차가 발생한다. 하지만 무작위 확률표집과 적절한 표본크기를 확보하면 표본오차를 줄이고, 신뢰구간에 모수가 포함될 확률을 높일 수 있다. 표본오차와 신뢰수준을 고려한 예를 살펴보면 다음과 같다.

**예제2** 지지하는 후보와 정당에 대한 여론조사 결과가 다음과 같다고 가정하자.

- 후보자별 지지율: A 후보-43% ; B 후보-37%
- 신뢰구간: 95%, 표본오차: ±3%
- A 후보 지지율 구간: 40~46% ; B 후보 지지율 구간: 34~40%

추론통계에서 신뢰수준과 오차 범위를 이해하면 객관적으로 분석 결과의 경향성을 파악할 수 있다.

## 3) 모수 분석과 비모수 분석

추론통계는 데이터의 정규성 여부에 따라 모수 분석과 비모수 분석으로 나뉜다. 데이터가 정규분포를 이루면 모수 분석을 하고, 표본크기가 작아서 정규분포를 이루지 않으면 비모수 분석을 한다. 비정규분포를 이루는 데이터로 모수 분석을 하면 잘못된 결론에 도달할 수 있다.

### (1) 모수 분석

모수 분석은 변수 간에 인과관계가 존재할 경우, 이를 감지할 가능성이 높기 때문에 비모수 분석에 비해 검정력이 강하다. 모수 분석의 기본 요건은 데이터가 정규분포를 이루어야 한다는 점이다. 중심극한정리에 따르면, 표본크기가 클수록 표본오차가 감소하고, 표본분포가 정규분포에 수렴하여, 표본 통계량으로 모수를 추정할 수 있다(McLeod, 2019). 중심극한정리가 성립되기 위해 최소한의 표본크기는 집단별로 30개 이상이어야 한다. 학력을 두 집단(고졸 이하와 대졸 이상)으로 나눈다면 표본크기는 60개 이상이어야 한다. 좀 더 세분화하여 세 집단(중졸 이하, 고졸, 대졸 이상)으로 분류한다면 표본은 더 커야 한다.

모수 분석의 장점은 다음과 같다.

- 검정력이 강하다. 즉, 가설이 사실일 때, 이를 채택할 확률이 높다. 모형과 예측에서 비모수적 방법보다 정확하고 신뢰할 수 있는 결과를 제공한다.
- 정규분포에서 왼쪽이나 오른쪽으로 다소 치우친 분포의 데이터를 분석해도 신뢰할

만한 결과를 얻을 수 있다. 단, 집단별로 최소 표본수 기준은 충족되어야 한다.

- 집단 간 분산이 달라도 신뢰할 수 있는 결과를 얻을 수 있다. 비모수 분석은 정규분포 조건을 충족하지 못해도 집단 간 분산은 같아야 정확한 결과를 얻을 수 없다. 하지만 모수 분석은 집단 간 분산 차이를 고려할 필요가 없다.
- 다양한 분석이 가능하다. 모수 분석은 분석 기법이 다양해서 폭넓게 데이터를 분석할 수 있다.
- 결과 해석이 용이하다. 분석 결과는 직관적으로 이해하고 해석할 수 있다. 즉, 평균과 표준편차로 해석하고, 정규분포를 가정하여 확률을 계산할 수 있다.

### (2) 비모수 분석

비모수 분석은 정규분포를 가정하지 않는 방법이다. 따라서 모수 분석의 가정이 충족되지 않으면 비모수 분석을 한다. 비모수 분석이 적합한 경우는 다음과 같다.

- 모집단 분포에 대한 제약이 없으므로 데이터가 정규분포를 따르지 않거나, 극단적으로 편향되어 비대칭적이거나, 꼬리가 긴 분포일 때 유용하다.
- 변수 척도가 범주형이나 서열형일 때, 표본크기가 작아 정규성 가정을 검정하기 어려울 때 적합하다.
- 데이터에 이상치가 포함되어 분포를 왜곡할 경우, 비모수 분석이 더 안정적인 결과를 제공한다.
- 두 집단 이상 간의 데이터 분산이 서로 달라 등분산성 가정이 위반되는 경우에 적합하다. 비모수 분석은 분산이 달라도 신뢰성 있는 결과를 얻을 수 있다.

일반적으로 연구자는 검정력이 강한 모수 분석을 선호하지만, 데이터가 정규성 가정을 받쳐 주지 못하거나 표본크기가 작을 경우, 모수 분석은 오류를 유발한다. 따라서 모수 분석의 가정을 충족하지 못한 데이터는 비모수 분석으로 오류를 줄이고, 실제와 부합된 결과를 얻을 수 있다.

비모수 분석의 장점은 다음과 같다.

- 실험연구나 프로그램 개발연구 등과 같이 다수의 표본을 선별하기 어려운 상황에

적합하다.

- 비교적 쉽게 통계량을 구할 수 있고, 분석 결과에 대한 해석과 이해가 간단하다.
- 작은 표본으로도 분석이 가능하며, 이상치와 비정규성에 덜 민감하다.

비모수 분석은 검정력이 약하기 때문에 사실인 가설을 기각할 확률이 높다. 중요한 효과나 차이를 놓칠 가능성 또한 크다. 따라서 비모수 분석을 할 경우, 검정력을 높이는 방안을 고려할 필요가 있다.

첫째, 신뢰수준을 높여야 한다. 검정력과 신뢰수준은 가설 검정과 관련된 중요한 개념이다. 검정력은 실제로 대립가설이 참일 때, 이를 채택할 수 있는 확률을 나타낸다. 즉, 영가설이 사실이 아님에도 불구하고 이를 기각하지 못하는 제2종 오류를 방지하는 능력이 검정력이다. 유의도(p)와 연결되어 있는 신뢰수준은 검정력과 같은 맥락에서 영향을 미친다. 일반적 신뢰수준은 95%(p=0.05)이며, 이 구간은 모집단 모수(평균)가 포함될 것으로 추정되는 범위이다. 만약 신뢰수준을 90%(p=0.10)로 낮추면 그만큼 검정력이 낮아지고, 정확한 추정이 어려워진다.

둘째, 표본크기를 키운다. 표본크기가 증가하면 통계량의 표준오차가 줄고 모수치 추정 확률이 높아진다. 표본크기는 표본의 대표성 및 모수 추정의 신뢰성과 밀접한 관련이 있으므로 적합한 표본크기를 확보해야 한다. 표본크기는 모집단 규모가 클수록, 변수 종류와 범주 수가 다양할수록, 모집단의 특성이 이질적일수록 커야 한다. 연구 목적과 표본크기와의 관계는 모수 추정의 정확도에 따라 다르다. 즉, 연구 목적이 단순한 검정을 넘어 정확한 모수 추정이 요구될 때는 표본크기가 커야 정확도가 높은 결과를 얻을 수 있다. 표본크기는 모집단의 동질성 여부도 중요한 요인으로 작용한다. 모집단이 동질적이면 적은 수의 표본으로도 대표성이 유지될 수 있지만, 이질적이면 표본크기를 늘려야 한다.

### 4) 통계분석 방법의 선택 기준

통계분석 방법을 선택할 때, 먼저 데이터의 정규분포와 표본크기를 고려해야 한다. 모집단을 대표할 수 있는 이상적인 데이터는 두 가지 기준을 모두 충족하는 것이다. 하지만 분포가 어느 한쪽으로 치우쳐 비정규 분포를 이루더라도 표본크기가 적정하다면 모수 분석을 할 수 있다. 그리고 비모수 분석도 충족해야 할 가정들이 있으므로 모수 분석을 할 수 없는 데이터라고 무조건 비모수 분석을 할 수 있는 것은 아니다. 따라서 통계분석 방법의 선택 기준을 명확히 이해한 후에 적합한 방법을 선택해야 한다.

### (1) 데이터 분포와 중심경향치

분석 방법을 선택할 때 정규분포와 밀접한 관계가 있는 기준은 중심경향치이며, 평균이나 중앙값 중에 어느 측정치가 더 나은 설명력을 제공하는지를 알아야 한다. 데이터의 중심경향치에서 모수는 평균이고, 비모수는 중앙값이다.

표본이 충분히 크고 극단값이 별로 없다면, 중심경향치로 평균이 적합하므로 모수 분석으로 검정력 있는 결과를 얻을 수 있다. 하지만 평균은 극단값에 영향을 받아 비정상적으로 높거나 낮은 값이 있을 경우, 평균을 왜곡시키고 중심경향치의 기능을 상실하게 된다. 이러한 왜곡은 표본크기가 작을수록 더 심각하게 나타난다.

이런 경우, 분석에서 극단값을 제외하거나 평균 대신 중앙값을 사용하고, 표본크기와 관계없이 비모수 분석을 해야 한다. 모수 분석이 검정력이 강하다는 것은 정규분포, 표본크기, 집중경향치 등의 기준을 충족하는 경우에 한해서이다. 이 기준을 충족하지 못하면 현실과 괴리가 있는 결과를 도출할 수 있다.

### (2) 모수 분석에 대응하는 비모수 분석

모수 분석과 비모수 분석은 데이터 분포와 가정, 표본크기에 따라 다르고, 해석 방법도 차이가 있다. 모수 분석에 대응하는 비모수 분석은 〈표 2-5〉에 요약되어 있다.

〈표 2-5〉 모수 분석에 대응하는 비모수 분석

| 구분 | 모수 분석 | 비모수 분석 |
|---|---|---|
| 가정 | 정규성, 등분산성 | 분포에 대한 가정이 없음 |
| 데이터 특성 | 연속형 (비율, 등간 척도) | 서열형, 범주형 |
| 중심경향치 | 평균 | 중앙값 |
| 표본크기 | 표본크기가 크면 더욱 신뢰 | 작은 표본도 유용 |
| 결과 해석 | 효과 크기에 민감 | 순위 기반으로 해석 |

| | | |
|---|---|---|
| 분석방법 | 대응표본 t 검정 | 윌콕슨 부호순위 검정<br>(Wilcoxon signed-rank test) |
| | 독립표본 t 검정 | 맨-휘트니 검정(Mann-Whitney test) |
| | 피어슨 상관분석 | 스피어만 순위상관분석 |
| | 일원 분산분석 | 크루스칼 월리스(Kruskal Wallis H test) |
| | 이원 분산분석 | 프리드먼 검정(Friedman Test) |
| | 상관분석 | 스피어만 순위상관분석<br>켄달의 타우(Kendall's Tau) |
| | 선형회귀 | 비모수 회귀 |
| | 카이제곱 검정 | 피셔의 정확도 검정(Fisher's Exact Test) |
| | 이항 로지스틱 회귀 | 비모수 로지스틱 회귀 |

분석 방법을 선택할 때는 먼저 데이터를 탐색하고 정규성이나 분포 가정을 평가해야 한다. 정규성은 왜도와 첨도, K-S와 S-W 검정으로 확인할 수 있다. 데이터가 모수 분석의 가정을 충족하지 못하면, 비모수 분석을 한다. 비모수 분석이 모수 분석에 비해 검정력은 약하지만, 데이터의 특성을 충분히 반영한 결과를 얻을 수 있다.

| 제3장 |

# 상관분석

## 1. 상관분석의 필요성

상관분석(correlation analysis)은 두 변수 간의 상호 관련성, 즉 변수들이 어떤 방식으로 서로 선형적 관계를 가지는지를 분석하고, 관련성이 있다면 어느 정도인지를 측정한다. 이를 통해 연구자는 데이터의 속성과 변수 간의 관계 유형을 이해하고, 가설 검정에 필요한 기초 자료로 활용할 수 있다.

### 1) 상관분석이 필요한 경우

첫째, 변수 간의 연관성을 확인할 필요가 있을 때이다. 두 변수 간의 관계를 파악하고 서로 연관성을 가지는지 확인하고 싶을 경우, 상관분석을 통해 자료에 대한 기본 정보를 파악할 수 있다. 현실은 다수의 변수가 작용하기 때문에 단순한 관찰이나 실험만으로 관련 현상에 대한 통찰력을 얻기가 쉽지 않다. 따라서 데이터를 수집하고, 상관분석으로 공분산과 상관계수를 확인함으로써 변수 간의 연관성을 이해하고, 이를 토대로 연구모형을 개발하거나 변화 추세를 예측하기 위한 자료로 활용할 수 있다.

둘째, 측정의 신뢰성과 타당성을 평가할 때이다. 데이터에는 단일 문항으로 된 변수보다 다수 문항이 합쳐져 하나의 변수로 구성된 사례가 더 많다. 이런 경우, 실제로 측정하고자 하는 개념이 일관되고 정확하게 측정되었는지, 이론과 실제 측정값 간 수치가 일치하는지를 검정해야 한다. 측정의 일관성을 반영하는 신뢰도와 정확성을 반영하는 타당도는 상관계수로 검정할 수 있다. 예를 들어, 재검사법은 동일한 검사를 두 번 반복 측정하는 것으로, 두 검사 간의 상관계수가 0.7 이상이면 신뢰도가 높다고 할 수 있다. 동형

검사법은 동일 개념을 서로 다른 두 개의 검사로, 각기 다른 시기에 실시하여 측정치 간의 일치 여부를 상관계수로 판단하는 것이다. 만약 두 검사 간의 상관계수가 높다면, 동형검사 도구가 신뢰도가 있다는 것을 말해 준다. 반분법 역시 동일 개념을 반영하는 문항들을 두 개로 나누어 측정한 후, 두 측정치 간의 상관계수를 비교하여 신뢰도를 평가한다. 측정의 정확성을 반영하는 기준타당성이나 수렴타당성, 판별타당성 역시 측정도구 간 상관관계가 높으면 측정도구의 구성개념 타당성이 있다는 것을 시사한다. 이처럼 상관분석을 통해 다수 문항들로 구성된 변수의 신뢰도와 타당도를 검정할 수 있다.

셋째, 다중공선성을 확인해야 할 경우이다. 상관분석은 다중공선성을 확인하는 필수적인 과정이다. 독립변수가 두 개 이상인 다중회귀분석에는 독립변수와 종속변수 간에는 상관관계가 높을수록 좋지만, 독립변수 간에는 상관관계가 낮을수록 인과관계의 타당성이 더 높아진다. 만약 독립변수 간에 강한 상관관계가 있다면 다중공선성 문제가 야기될 수 있다. 독립변수 간에 존재하는 강한 상관관계는 종속변수의 변화에 대한 설명력을 분산시키므로 변수의 유의도가 낮아질 수 있다. 이는 회귀분석의 기본 가정을 위배하는 것이므로 인과관계 검정을 위해 반드시 해결해야 할 문제이다. 독립변수 간의 높은 상관관계는 독립변수 선정에 문제가 있다는 것을 시사하므로, 상관성이 높은 변수 중 하나를 제외하거나, 연구모형 자체를 재구성해야 한다. 변수를 제외할 경우, 상관관계가 높은 변수 중 상대적으로 덜 중요한 변수, 또는 제외해도 연구 문제에 큰 영향을 주지 않는 변수를 제외하는 것이 바람직하다.

### 2) 상관관계는 인과관계가 아니다

상관관계는 변수 간의 상호 변화 관계를 나타내기 때문에, 한 변수의 변화가 다른 변수의 변화를 초래하는 인과관계와는 다르다. 모든 연구자는 인과관계를 규명하고 싶지만 두 변수 간에 관련성이 있다고 해서 인과관계라고 해석하지는 않는다. 상관관계가 인과관계를 나타낼 수 없는 이유가 있다.

첫째, 변수 간에 제3의 변수, 즉 왜곡변수나 교란변수가 있을 수 있다. 이런 변수들이 두 변수의 상관성에 영향을 미쳐 마치 인과관계가 있는 것처럼 보이게 한다. 제3의 변수는 우연의 일치로 변수 간에 관련되어 있는 것처럼 허위의 상관성을 나타낼 수도 있다.

이와 관련된 통계적 허위가 있다. 독일과 덴마크의 통계적 증거에는 수십 년에 걸쳐 황새 개체 수와 출생률 사이에 양의 상관관계가 있는 것으로 나타났다. 즉, 황새 개체 수의 변동에 따라 신생아 수도 변동한 것이다. 이 패턴을 두고 여러 설명이 있었고, 심지어 황새가 출산을 한다는 주장을 하기 위해 간단한 인과관계까지 제시했다(Bhandari, 2023). 그러나 실제로 황새와 출생률 증가를 초래한 제3의 변수(날씨 패턴, 환경 개발 등)가 있고, 두 변수 간 연관성에는 순전히 우연이 작용하였던 것이다.

또 다른 예로, 유기농 식품 소비와 평균 기대수명에 대한 데이터를 보면, 지난 수십 년 동안 유기농 식품 소비와 평균 기대수명은 크게 증가하였다. 이러한 패턴을 보고 유기농 식품 섭취가 기대수명을 늘렸다고 결론 내리는 것에는 부분적으로 통계적 허위가 작용하였을 수 있다. 왜냐하면 의료기술의 발달, 생활수준의 향상, 건강 관련 정보의 증가 등이 기대수명 증가에 기여했을 가능성이 크기 때문이다.

이러한 사례는 두 변수가 상관관계를 보일 때, 이를 잘못 해석하거나 과도하게 일반화하여 인과관계로 오인하는 경우에 발생하며, 결과적으로 상관관계는 인과관계가 아니라는 것을 분명히 시사한다.

둘째, 변수 간의 변화를 인과적으로 연결하기 어렵다. 상관관계 연구는 외적 타당성이 높아서 분석 결과를 일반화할 수 있으나, 내적 타당성은 낮아서 한 변수의 변화를 다른 변수의 변화와 인과적으로 연결하기 어렵다. 그리고 두 변수의 변화 관계가 외생변수의 영향이라면 내적 타당성을 확신할 수 없다. 예를 들어, 교육비와 소득 간의 관계를 검정할 때 소득 수준이 향상되어서 교육비 지출이 늘었다면 내적 타당성이 높은 결과일 것이다. 하지만 소득 외에 다른 외생변수(예: 부모의 자녀교육에 대한 열망, 자녀의 학업성취 욕구 등)가 영향을 미쳐 교육비 지출이 늘었다면 내적 타당성을 의심하게 된다.

셋째, 원인변수와 결과변수가 분명하지 않다. 두 변수가 서로 관련이 있고 실제로 인과관계가 있지만 어느 변수가 원인이고, 어느 변수가 결과인지가 분명하지 않다. 예를 들어, 마음챙김과 우울증은 상관관계가 있지만, 마음을 챙기지 않고 놓치는 것 자체가 우울증을 유발한 것인지, 우울증이 마음챙김에 대한 욕구를 감소시키는지는 확실하지 않다. 이런 경우, 변수 간의 인과관계를 검정하기 위해 분석에서 매개변수나 혼란변수를 제어할 필요가 있다.

### 3) 상관계수

상관계수는 두 변수 간의 선형적 관련성을 나타내므로 한 변수가 변하면 다른 변수도 변하는 공분산이 발생한다. 따라서 상관분석을 통해 두 변수의 의존성 또는 관련성을 반영하는 공분산과 상관계수 값을 확인할 수 있다.

정규분포를 가정한 상관분석에서 관계의 정도와 방향은 상관계수(r)로 측정하며, 상관계수는 −1과 +1 사이의 값을 갖는다. 여기서 0은 두 변수가 전혀 관계가 없다는 것을 반영하고, −1은 완전한 음의 관계, 1은 완전한 양의 관계를 나타낸다.

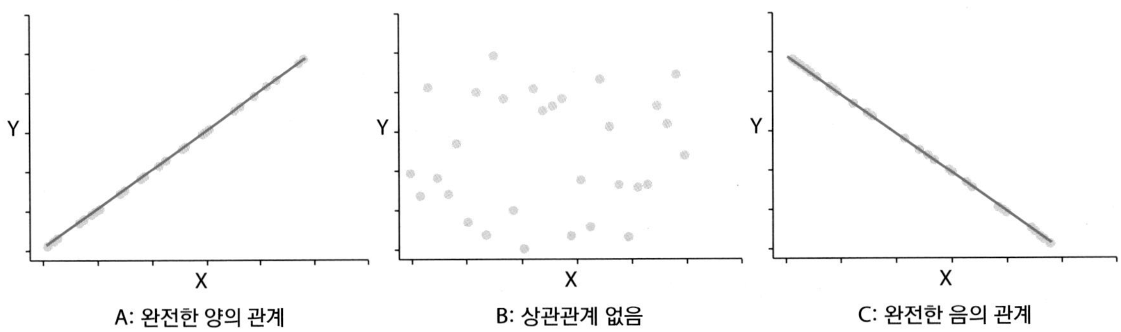


[그림 3-1] 상관관계 유형

상관관계가 어느 정도인지는 양수 또는 음수가 결정하는 것이 아니라 상관계수의 절대값이 관계의 크기를 나타내므로 절대값이 클수록 상관관계가 더 강하다는 것을 의미한다. 상관관계의 강도와 유형을 해석하는 일반적 기준은 다음과 같다.

〈표 3-1〉 상관계수의 강도와 유형

| 관계 정도 | 양의 상관 | 음의 상관 |
|---|---|---|
| 완전한 상관성 | 1 | −1 |
| 매우 강함 | 0.8~0.9 | −0.8~−0.9 |
| 강함 | 0.6~0.7 | −0.6~−0.7 |
| 중간 | 0.4~0.5 | −0.4~−0.5 |
| 약함 | 0.1~0.3 | −0.1~−0.3 |
| 관계 없음 | 0 | 0 |

이러한 기준도 연구 맥락이나 목적에 따라 차이가 날 수 있으므로 해석할 때 이를 고려해야 한다. 예를 들어, 관련 분야의 여러 연구에서 변수 간의 상관계수가 0.8에 가까운 경향이 있다면, 맥락적으로 0.6은 상대적으로 낮게 평가될 수 있다.

## 2. 상관관계의 시각화와 분석 사례

상관관계를 그래프로 나타내면 전반적인 경향과 상관성을 더 쉽게, 시각적으로 볼 수 있다. 상관관계의 시각화는 단순한 숫자 이상의 통찰을 제공하는 면이 있다. 즉, 데이터를 더 직관적으로, 변수 간 관계를 더 명확히 볼 수 있다. 상관관계를 시각화하는 기본 방법은 산점도(scatter plot)이다. 부와 행복지수의 관계를 산점도를 통해 시각적으로 살펴보자.

> 그래프(G) → 산점도/점도표(S) → 〈단순 산점도〉 선택 → 〈정의〉 클릭 → Y축과 X축에 변수 설정 → 〈확인〉

분석 결과, 부와 행복지수 간의 상관계수는 0.6으로 나타났으며, 이를 시각화하면 [그림 3-2A]와 같다. 산점도의 각 점은 두 변수의 관측값을 나타낸다. 그래프에서 데이터가 직선 형태로 정렬되면 강한 상관관계를 나타내고, 점들이 일정한 패턴 없이 흩어져 있으면 약한 상관관계를 시사한다. 양과 음의 상관 여부는 점들이 어느 방향으로 향하는지에 달려 있다.

- 양의 상관관계: 점들이 왼쪽 아래에서 오른쪽 위로 향하는 패턴([그림 3-2A])
- 음의 상관관계: 점들이 왼쪽 위에서 오른쪽 아래로 향하는 패턴([그림 3-2B])
- 상관관계 없음: 점들이 무작위로 흩어진 모양([그림 3-1B])

산점도에서 상관계수는 데이터가 선형의 대각선과 얼마나 가까이 또는 멀리 있는지를

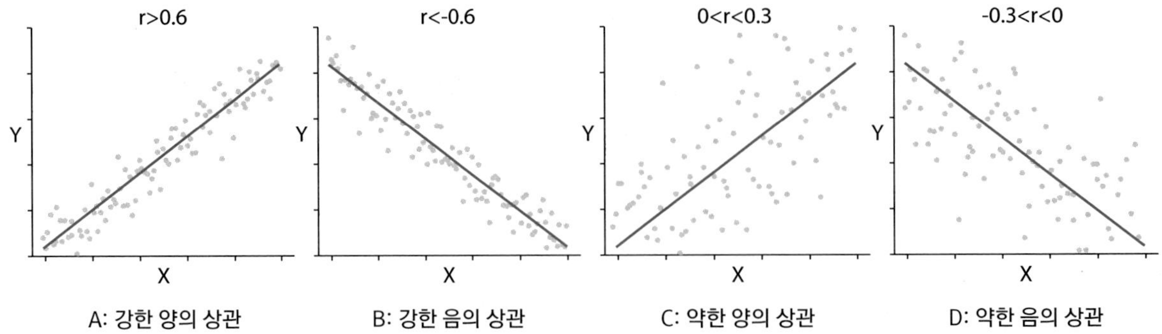


[그림 3-2] 상관관계 정도

나타낸다. 데이터 값들이 이 대각선에 가까울수록 상관계수가 높고 선형관계는 더 강해진다.

산점도에서 관측값이 어떤 패턴을 형성하지를 시각적으로 비교해 보자. [그림 3-2]의 A와 B는 두 변수가 양 또는 음의 상관이 있으며, 값들이 대각선에서 다소 분산된 경향이 있으나 상관계수는 ±0.6 이상인 경우를 나타낸다. C와 D는 값들이 대각선에서 멀어져 넓게 분산되어 있고, 상관계수가 ±3 이하에 가깝다.

관측값의 구성 패턴에 따라 선형과 비선형 여부를 알 수 있는데, 선형은 값들이 대각선 가까이에 모여 있고, 상관계수도 높다. 반면, 곡선(O 또는 U자형)일 경우에는 상관계수가 낮다. 유의할 점은 그래프에서 다수의 값은 선형의 대각선에 근접해 있으나, 대각선에서 멀리 떨어져 있는 극단치가 있다면 상관계수가 왜곡되어 부정확한 결론에 도달할 수 있다. 이런 경우, 극단치를 삭제하거나 평균이나 중앙값으로 변경한다. 변수를 로그나 제곱근으로 변환하여 분석할 수도 있다.

상관관계의 시각화는 변수 간 관계를 직관적으로 이해하고 극단치를 탐지하는 데 유용하다. 하지만 변수가 많으면 시각화가 복잡해져 해석이 어려워질 수 있다. 따라서 시각화는 데이터 분포에 대한 기본 정보를 파악하는 용도로 활용하는 것이 효과적이다.

## 3. 상관계수의 유형

상관계수는 분석 목적과 데이터의 특성에 따라 피어슨, 스피어만, 켄달의 타우 등 다양한 유형이 있다. 이들 유형 중 변수의 척도와 분포, 관계의 선형성 등을 고려해서 데이터와 부합하는 유형을 선택하면 좀 더 정확한 결과를 얻을 수 있다. 일반적으로 널리 사용되는 상관계수는 피어슨(Pearson)이다. 피어슨은 선형관계를 측정하는 모수적 기법이고, 순위상관계수로 알려진 스피어만(Spearman)과 켄달의 타우(Kendall's tau)는 비선형 관계를 측정하는 비모수적 기법이다. 순위상관계수 중 스피어만이 더 널리 사용되지만, 표본 크기가 작을 때는 켄달의 타우가 순위 간의 일치도를 더 정밀하게 측정한다.

〈표 3-2〉 상관계수의 유형과 분포

| 유형 | 측정 대상 | 변수 척도 | 분포 |
|---|---|---|---|
| 피어슨 | 선형 관계 | 연속형: 등간척도, 비율척도 | 정규분포 |
| 스피어만 | 순위 관계 | 연속형/순위형: 등간척도, 비율척도, 서열척도 | 모든 분포 |
| 켄달의 타우 | 순위 일치도 | 순위형: 서열척도, 등간척도 | |

### 1) 피어슨 상관계수

피어슨 상관계수는 두 변수 간 선형관계의 강도와 방향을 분석하는 방법이며, 비선형 관계는 포착하지 못한다. 데이터는 정규분포를 이루어야 하고, 변수는 등간척도나 비율척도가 적합하다. 유의할 점은 변수의 값 중에 비정상적으로 높거나 낮은 극단치가 있으면 상관계수에 큰 영향을 미칠 수 있다. 따라서 데이터에 극단치가 존재한다면, 그 값을 제외하거나 변환 후 분석하는 것이 바람직하다. 그렇지 않으면 몇몇 극단치로 인해 평균과 표준편차가 왜곡될 수 있다. 따라서 먼저 데이터 분포부터 검정하고 극단치와 정규성 여부를 확인해야 한다.

**<피어슨 상관분석 적용 과정과 사례별 분석 결과>**

분석(A) → 상관분석(C) → 이변량 상관(B) → 변수(V) 칸에 대상 변수 설정 → 상관계수에서 'Pearson' 클릭 → 확인

## 분석 사례 1

- 데이터: 20~30대의 성인(n=417)을 대상으로 수집한 자료
- 변수: 대인관계, 공감, 내현적 자기애

① 대인관계와 공감

- 상관계수: 0.107, 유의확률(0.030)
- 해석: 대인관계와 공감 간에는 약한 양의 상관관계가 있다. 즉, 공감 수준이 높을수록 대인관계가 약간 더 원활할 가능성이 있다.

② 대인관계와 내현적 자기애

- 상관계수: −0.755, 유의확률(0.001)
- 해석: 대인관계와 내현적 자기애는 매우 유의미한 음의 상관관계가 있다. 즉, 내현적 자기애가 강할수록 대인관계가 매우 어려워지는 경향이 있다.

③ 공감과 내현적 자기애

- 상관계수: −0.093, 유의확률(0.059)
- 해석: 공감과 내현적 자기애 간에 매우 약한 음의 상관관계가 있으나 유의확률이 0.059로 0.05를 넘기 때문에 통계적으로 유의하지 않다. 따라서 공감이 내현적 자기애에 직접적인 영향을 미친다고 해석하기 어렵다.

| | | 대인관계 | 공감 | 내현적 자기애 |
|---|---|---|---|---|
| 대인관계 | 상관계수 | 1.000 | .107* | −.755** |
| | 유의확률 (양측) | . | .030 | <.001 |
| | N | 415 | 415 | 415 |
| 공감 | 상관계수 | .107* | 1.000 | −.093 |
| | 유의확률 (양측) | .030 | . | .059 |
| | N | 415 | 415 | 415 |
| 내현적 자기애 | 상관계수 | −.755** | −.093 | 1.000 |
| | 유의확률 (양측) | <.001 | .059 | . |
| | N | 415 | 415 | 415 |

* 상관계수는 0.05 수준(양쪽)에서 유의하다.
** 상관계수는 0.01 수준(양쪽)에서 유의하다.

### 분석 사례 2

- 데이터: 장애아동 부모(n=105)를 대상으로 수집한 자료
- 변수: 우울감, 효능감, 사회정서기능, 자기통합기능

① 우울감과 다른 변수 간의 상관관계

- 우울감 ↔ 효능감, 우울감 ↔ 사회정서기능($r=-0.65$, $p<0.001$): 강한 음의 상관관계가 있다. 효능감 및 사회정서기능이 높을수록 우울감이 낮아지는 경향이 강하다.
- 우울감 ↔ 자기통합기능($r=-0.32$, $p<0.001$): 중간 정도의 음의 상관관계가 있다. 이는 자기통합기능이 높을수록 우울감이 낮아지는 경향을 반영한다.

② 효능감과 다른 변수 간의 상관관계

- 효능감 ↔ 사회정서기능($r=0.53$, $p<.001$), 효능감 ↔ 자기통합기능($r=0.51$, $p<0.001$): 중강 정도의 양의 상관관계가 있으며, 효능감이 높을수록 사회정서기능과 자기통합기능도 높아지는 경향이 있다.

③ 사회정서기능과 자기통합기능 간의 상관관계

- 사회정서기능 ↔ 자기통합기능($r=0.20$, $p<.05$): 약한 양의 상관관계가 있다. 이는 사회정서기능이 높을수록 자기통합기능도 다소 높아진다는 것을 나타낸다.

| | 1 | 2 | 3 | 4 |
|---|---|---|---|---|
| 1. 우울감 | 1 | | | |
| 2. 효능감 | $-0.65^{**}$ | 1 | | |
| 3. 사회정서기능 | $-0.65^{**}$ | $0.53^{**}$ | 1 | |
| 4. 자기통합기능 | $-0.32^{**}$ | $0.51^{**}$ | $0.20^{*}$ | 1 |

$^{*}p<.05$ $^{**}p<.001$

주) 논문 양식으로 편집하였으며, 변수명이 길 경우 숫자로 표기하였다.

## 2) 스피어만 순위상관계수

스피어만 순위상관계수는 데이터의 절대값이 아닌 순위가 기반이므로, 정규분포를 따르지 않거나 극단치가 있어도 분석이 가능하다. 그리고 두 변수 간에 존재하는 비선형 단조관계를 측정하는 비모수적 방법이다. 단조관계(monotonic relationship)란 선형관계가 아니라도 변수 간의 일관된 증가 또는 감소하는 관계이며, 증감 비율은 일정하지 않다.

- 양의 단조관계: 한 변수가 증가하면, 다른 변수도 일관되게 증가한다([그림 3-3A]).
- 음의 단조관계: 한 변수가 증가하면, 다른 변수는 일관되게 감소한다([그림 3-3B]).
- 비단조관계: 변수 간 관계가 증가했다가 감소하며 불규칙하게 변한다([그림3-3C]).

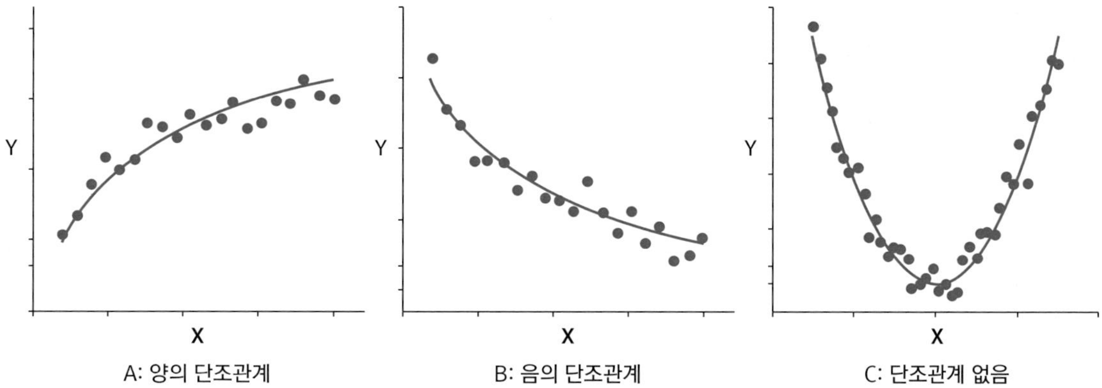


[그림 3-3] 단조관계

산점도로 변수 간 관계를 시각화 하면 단조관계 여부를 직관적으로 확인할 수 있다. 산점도에서 변수 관계가 선형으로 나타나면 피어슨 상관분석을 하고, 비선형적 단조관계를 보이면 스피어만 상관분석을 한다. 구체적으로 변수들이 다음 사항 중 한두 개라도 해당되면 피어슨보다 스피어만 분석으로 더 나은 결과를 얻을 수 있다.

- 변수의 값이 높고 낮은 순위를 나타낸다 → 순위형, 연속형 변수 모두 가능
- 정규분포를 따르지 않는다 → 모든 유형의 분포에 적용 가능
- 변수 간 관계가 비선형적이다 → 단조관계는 선형관계보다 덜 제한적
- 데이터에 극단치가 포함되어 있다 → 순위 변수이므로 극단치에 덜 민감함

서열척도와 같이 데이터에 순위가 정해진 변수도 있지만, 직접 순위를 정하는 경우가 있다. 순위를 정하는 작업은 SPSS에서 자동으로 수행하는 기능이 있는데, 상단 메뉴에서 〈데이터(D) → 케이스 선택〉 기능을 선택하면 변수의 기존 값에 순위를 정할 수 있다. 단, 이 기능을 사용하기 전에 변수의 값에 순위를 정해야 한다. 가족생활과 경제생활 만족도에 순위를 정한다고 가정하자. 순위를 정할 때, 만족도가 동일할 경우에는 공동 순위를 부여한다. 예를 들어, 가족생활 만족도는 71이 두 사례이므로 순위 평균인 6.5[(6위+7위)/2]를 매긴다.

| 가족생활 | 경제생활 | 순위: 가족생활 | 순위: 경제생활 |
|---|---|---|---|
| 66 | 77 | 9 | 4 |
| 85 | 80 | 3 | 2 |
| 55 | 50 | 10 | 10 |
| 81 | 70 | 4 | 7 |
| 71 | 75 | 6.5 | 5 |
| 74 | 66 | 5 | 9 |
| 68 | 69 | 8 | 8 |
| 90 | 87 | 1 | 1 |
| 86 | 77 | 2 | 3 |
| 71 | 73 | 6.5 | 6 |

순위 부여 과정에 비율척도로 구성된 변수 중 극단치가 있어도, 이를 순위로 변환하기 때문에 극단치가 미치는 영향을 최소화할 수 있다.

스피어만 순위상관계수도 ±1에 가까울수록, 두 변수는 강한 양의 관계 또는 음의 관계를 가진다. 스피어만에서 상관계수가 1이라는 것은 한 변수의 순위가 다른 변수의 순위와 일치한다는 것을 나타내고, −1은 한 변수의 순위가 다른 변수의 순위와 완전히 반대라는 것을 의미한다.

### 분석 사례

- 데이터: 성인(n=376)을 대상으로 한 삶의 질 만족도 조사 자료
- 만족도 변수: 5점 서열척도 (매우 불만족 → 매우 만족)
- 산점도 결과: 변수 간에 비선형 단조관계가 확인되어, 스피어만 순위상관분석을 하였다.

> 분석(A) → 상관분석(C) → 이변량 상관계수(B) → 변수(V) 칸에 분석대상 변수 이동 → 상관계수 중 'Spearman' 선택 → 확인

- 경제생활 ↔ 가족생활(r=0.667): 경제생활이 안정적일수록 가족생활 만족도가 높아지는 경향이 있다. 변수들 중 경제생활과 가족생활 간의 관계가 가장 강하다.
- 경제생활 ↔ 여가문화(r=0.490): 경제적으로 여유로울수록 여가문화 활동에 대한 만족도가 높아지는 경향이 있다.

- 여가문화 ↔ 생활안전(r=0.494), 여가문화 ↔ 정부정책(r=0.405): 여가문화 활동이 가능한 환경(치안, 공공시설 등)이 조성될수록 생활안전 및 정책 만족도가 높아질 수 있다.
- 생활안전 ↔ 정부정책(r=0.338): 정부정책이 생활안전에 대한 인식에 영향을 미치는 경향이 있다.

| | | 가족생활 | 경제생활 | 여가문화 | 생활안전 | 정부정책 |
|---|---|---|---|---|---|---|
| 가족생활 | 상관계수 | 1.000 | .667** | .372** | .233** | .139** |
| | 유의확률(양측) | . | <.001 | <.001 | <.001 | .007 |
| | N | 376 | 376 | 376 | 376 | 376 |
| 경제생활 | 상관계수 | .667** | 1.000 | .490** | .302** | .284** |
| | 유의확률(양측) | <.001 | . | <.001 | <.001 | <.001 |
| | N | 376 | 376 | 376 | 376 | 376 |
| 여가문화 | 상관계수 | .372** | .490** | 1.000 | .494** | .405** |
| | 유의확률(양측) | <.001 | <.001 | . | <.001 | <.001 |
| | N | 376 | 376 | 376 | 376 | 376 |
| 생활안전 | 상관계수 | .233** | .302** | .494** | 1.000 | .338** |
| | 유의확률(양측) | <.001 | <.001 | <.001 | . | <.001 |
| | N | 376 | 376 | 376 | 376 | 376 |
| 정부정책 | 상관계수 | .139** | .284** | .405** | .338** | 1.000 |
| | 유의확률(양측) | .007 | <.001 | <.001 | <.001 | . |
| | N | 376 | 376 | 376 | 376 | 376 |

** 상관관계가 0.01 수준에서 유의하다(양측).

### 3) 켄달의 타우 상관계수

켄달의 타우(Kendall's tau)도 변수 간의 순위를 비교해서 상관성을 측정하는 비모수적 방법이며, 피어슨 상관계수보다 데이터가 정규성을 따르지 않을 때 더 적절하다. 스피어만 상관계수와의 차이점을 비교하면 다음과 같다.

첫째, 스피어만은 두 변수의 순위 차이를 측정하는 데 비해, 켄달의 타우는 순서 쌍을 비교하여 일치와 불일치 비율을 산출한다. 즉, 스피어만 순위상관계수는 변수 간 순위가 얼마나 증가 또는 감소하는지를 단조관계로 측정하지만, 켄달의 타우는 두 변수 간에 존재하는 순위 일치성을 평가한다.

둘째, 스피어만은 큰 표본에 적합하지만, 켄달의 타우는 순서쌍 기반이므로 작은 표본에서 신뢰성이 높고 이상치에 덜 민감하다.

두 방법 모두 순위 데이터의 상관관계를 측정하지만, 어느 방법이 더 적합한지는 데이터의 특성에 따라 다르다. 종합적인 해석을 위해, 켄달의 타우와 스피어만을 비교 분석할 필요가 있다.

켄달의 타우는 다른 상관계수와 마찬가지로 ±1 범위 내에 있으며, 1은 두 변수 간의 순서가 완전히 일치하는 양의 관계, −1은 두 변수 간의 순서가 완전히 불일치하는 음의 관계를 나타낸다.

켄달은 타우−b와 타우−c가 있는데, 타우−b는 분석 결과가 행과 열이 동일한 정사각형 표로 나타나고, 타우−c는 직사각형 표로 나타난다는 차이 외에 동일하다. SPSS는 켄달의 타우−b로 설정되어 있다.

### 켄달의 타우−b 분석 사례

분석(A) → 상관분석(C) → 이변량 상관계수(B) → 변수(V) 칸에 분석대상 변수 설정 → 상관계수 중 〈Kendall의 타우−b〉 선택 → 확인

- 데이터: 청소년(n=72)을 대상으로 수집한 자료
- 변수: 자존감, 부모와의 거리감 (5점 서열척도)

① 자존감과 부모와의 거리감

- 자존감과 아버지(r=−0.389) 및 어머니와의 거리감(r=−0.279)은 음의 상관관계가 있다.
- 해석: 부모, 특히 아버지와의 거리감이 클수록 청소년의 자존감이 낮아지는 경향이 있다.

② 부모 간의 거리감

- 아버지와의 거리감 ↔ 어머니와의 거리감(r=0.395)은 양의 상관관계가 있다.
- 해석: 아버지와의 관계가 멀어질 경우, 어머니와의 관계도 멀어질 가능성이 크다. 즉, 부모 관계가 전반적으로 소원할 경우, 부와의 거리감이 모와의 거리감에도 영향을 미칠 수 있다.

③ 시사점

- 청소년의 자존감을 높이기 위해 부모와의 관계 개선이 중요한 요소가 될 수 있다. 특히 아버지와의 관계 개선이 자존감 형성에 중요한 역할을 한다.
- 부모와의 거리감은 한쪽 부모에게서만 나타나는 것이 아니라, 부모 모두와의 관계에서 영향을 받을 수 있으므로, 가족 내 의사소통과 관계 형성을 위한 노력이 중요하다.

| | | 자존감 | 아버지와의 거리감 | 어머니와의 거리감 |
|---|---|---|---|---|
| 자존감 | 상관계수 | 1.000 | −.389** | −.279** |
| | 유의확률(양측) | . | <.001 | <.001 |
| | N | 72 | 72 | 72 |
| 아버지와의 거리감 | 상관계수 | −.389** | 1.000 | .395** |
| | 유의확률(양측) | <.001 | . | <.001 |
| | N | 75 | 75 | 72 |
| 어머니와의 거리감 | 상관계수 | −.279** | .395** | 1.000 |
| | 유의확률(양측) | <.001 | <.001 | . |
| | N | 72 | 72 | 72 |

** 상관관계가 0.01 수준에서 유의하다(양측).

켄달의 타우 상관계수는 다음 요소를 추가적으로 고려하면 해석에 대한 통찰을 얻을 수 있다.

- 데이터 분포: 어떤 데이터 쌍에서 상관관계가 두드러지는 특성이 있는지를 시각적으로 검토한다.
- 다른 상관계수와의 비교: 켄달의 타우 상관계수를 스피어만과 비교하면, 결과를 보완적으로 설명할 요소를 파악할 수 있다.
- 제3의 변수: 추가 변수(성별, 학년 등) 간의 상호작용을 검토하면 결과에 대한 맥락적 이해가 용이해진다.

## 4. 편상관관계

단순히 두 변수 간 연관성을 측정하는 이변량 상관관계와 달리, 편상관관계(partial correlation)는 두 변수 간 상관관계를 제3의 변수의 영향을 통제한 후 측정하는 방법이다. 즉, 두 변수 간의 상관관계를 이해하기 위해, 특정 변수들의 영향을 배제한 상태에서 두 변수 간에 존재하는 순수한 관계를 파악할 수 있다. 이러한 방법은 특정 변수 간의 상관관계를 알고자 할 때, 그 관계가 다른 변수 때문인지 아니면 직접적인 관계가 있는지를 확인하고자 할 때 유용하다.

예를 들어, A와 B라는 두 변수의 상관관계를 알고자 할 때, C라는 변수가 A와 B에 영향을 미친다면, A와 B 간의 순수한 관계를 측정하기 어렵다. 이때, 편상관관계를 통해 C를 통제한 후 두 변수 간의 관계를 측정하면, A와 B 간에 존재하는 순수한 관계를 파악할 수 있다.

### 1) 가정과 조건

편상관관계를 분석하기 위해 충족해야 할 가정과 조건이 있다.

- 변수의 척도: 변수는 등간척도나 비율척도로 측정되어야 한다. 데이터가 서열척도와 같이 순위를 나타낼 경우, 스피어만이나 켄달의 타우 상관분석이 적합하다.
- 선형관계: 변수 간에는 선형관계가 있어야 한다. 만약 변수 간에 비선형 관계가 있다면, 분석 결과가 왜곡될 수 있다. 따라서 산점도를 이용하여 변수 간의 선형성을 검정해야 한다.
- 정규분포: 변수는 정규분포를 이루어야 하므로 각 변수의 분포에 대한 정규성을 확인할 필요가 있다. 정규성은 Kolmogorov-Smirnov(K-S)나 Shapiro-Wilk(S-W)로 확인할 수 있다.
- 독립성: 편상관분석에 포함된 변수들은 독립적이어야 한다. 만약 변수들이 서로 종속적인 관계가 있다면, 분석 결과의 신뢰도가 낮아질 수 있다. 변수 간의 독립성은 다중공선성 검정으로 확인할 수 있다. 필요한 경우, 변수를 제거하거나 주성분 분석

을 통해 변수를 축소할 필요가 있다.

이러한 가정과 조건을 충족하면 편상관분석으로 신뢰할 만한 결과를 얻을 수 있다. 만약 가정이나 조건이 위배되면 비모수적 방법을 검토해야 한다.

## 2) 편상관분석이 필요한 경우

첫째, 제3의 변수의 영향을 통제해야 할 경우이다. 두 변수 간 관계에서 다른 변수(공변량)가 영향을 미칠 수 있다면, 그 변수를 통제하고 분석해야 한다. 예를 들어, 효능감과 우울감 간의 관계에서 회복탄력성이 영향을 미칠 수 있다면, 이를 통제해야 두 변수 간의 순수한 관계를 파악할 수 있다. 이유는 논리적으로 회복탄력성이 높을수록 효능감은 향상되고 우울감은 하락할 수 있기 때문이다. 이러한 회복탄력성의 영향을 통제하지 않고 분석할 경우, 표면적으로는 효능감과 우울감 간에 상관관계가 있는 것처럼 보이지만, 실제로는 회복탄력성이 영향을 미칠 수 있다. 따라서 편상관분석은 변수 간의 직접적인 관계를 파악해야 할 때나 변수 간 관계가 제3의 변수에 의해 간접적으로 형성된 것이 아닌지를 검토할 필요가 있을 때 유용하다.

둘째, 다중공선성 문제를 해결해야 할 경우이다. 다변량 데이터에서 여러 변수 간의 높은 상관관계나 공변량을 고려하지 않고, 특정 변수 간의 관계만을 분석하면 결과가 왜곡될 수 있다. 이럴 때, 편상관분석을 활용하면 특정 변수 간의 관계에서 다른 변수의 영향을 제거한 후 실제 영향을 보다 명확하게 볼 수 있다. 스트레스와 정신건강 간의 관계를 분석할 경우, 수면시간이 미치는 영향을 통제해야 두 변수 간에 존재하는 상관관계를 명확하게 이해하고, 다중공선성 문제도 완화할 수 있다. 따라서 다변량 데이터에서 혼란변수가 우려되는 연구에서는 편상관분석이 중요해진다.

셋째, 실험 데이터를 분석할 경우이다. 실험 환경에서는 다양한 변수들이 상호작용하거나 주요 변수에 영향을 줄 가능성이 크다. 따라서 통제변수의 영향을 제거할 필요가 있는데, 이럴 경우 편상관분석이 효과적이다. 즉, 편상관분석을 통해 통제변수의 영향을 배제하고 주요 변수 간 관계를 평가할 수 있고, 또 여러 변수가 동시에 특정 변수에 영향을 미칠 수 있는 실험 환경에 대한 정보도 얻을 수 있다.

### 3) 통제변수 선택 방법과 기준

편상관분석에서 통제변수를 잘못 선택하면 편상관계수가 왜곡되거나 관계가 명확해지지 않을 수 있다. 따라서 통제변수 선택은 연구결과의 신뢰성 및 타당성과 밀접한 관련이 있다.

#### (1) 통제변수 선택 방법

첫째, 통제변수 선택은 이론적 근거가 기반이 되어야 한다. 이론적 근거는 기존 문헌이나 체계적 가설이 토대가 되어야 하며, 통제변수를 선택할 때 다음과 같은 장점이 있다.

- 객관성 강화: 주관적 판단이나 임의로 변수를 선택하는 것이 아니므로 연구 주제와의 관련성을 객관적으로 파악할 수 있다.
- 주요 변수 선택: 중요한 영향을 미칠 수 있는 변수를 포함한다.
- 가설 검정: 기존 이론을 기반으로 한 가설 검정에 유용하다.

둘째, 변수들의 상관관계를 확인해야 한다. 통제변수는 주요 변수에 영향을 미칠 수 있는 요인을 제어하기 위한 변수이므로, 상관분석을 통해 변수를 이해하고 선택할 필요가 있다. 편상관분석은 정규성을 가정하므로 피어슨 상관분석으로 변수 간의 관계를 파악한다. 분석 결과, 변수 간에 높은 상관관계가 있거나, 주요 변수들 간의 관계를 왜곡할 가능성이 있는 변수를 통제변수로 선택한다.

셋째, 실험설계 과정에서 변수를 확인한다. 실험설계 초기에 주요 변수에 영향을 미칠 수 있는 잠재적 요인이 있다면 이를 파악할 필요가 있다. 예를 들어, 심리검사 실험에서 참가자의 성격 유형이나 기질, 스트레스 수준 등은 중요한 통제변수로 작용할 수 있다.

넷째, 다중회귀분석을 통해 확인한다. 여러 독립변수와 통제변수를 포함한 회귀모형을 구축하고, 모형의 설명력을 높이는 데 기여하는 변수를 통제변수로 선택한다.

#### (2) 통제변수 선택 기준

좋은 통제변수는 분석 결과의 신뢰성과 타당성을 높인다. 따라서 통제변수 선택 기준에 부합하는 변수를 선별하기 위해 다음 기준을 고려할 필요가 있다.

첫째, 변수 간에 독립성이 유지되는 변수를 선택한다. 만약 통제변수가 주요 변수와 강한 상관관계가 있다면 다중공선성 문제가 야기된다. 예를 들어, 학력과 경력이 매우 높은 상관관계가 있다면, 두 변수 중 한 변수를 통제변수로 선택한다.

둘째, 통제변수는 실험이나 데이터 수집 과정에서 신뢰할 수 있는 방식으로 측정해야 한다. 이를 위해 연구 목적에 부합하는 실험 조건과 측정도구를 선택하고, 결과의 신뢰성을 높이기 위해 적절한 검정 방법을 거쳐야 한다.

위의 기준에 맞는 변수를 선별하는 것이 통제변수 선택의 신뢰성을 높이는 방법이다. 편상관분석은 다른 변수의 영향을 제어한 후 두 변수의 순수한 관계를 측정하기 때문에, 보다 정확한 상관관계를 파악할 수 있는 장점이 있다. 하지만 너무 많은 변수를 선택하면 모형이 데이터에 과도하게 맞추어져 일반화가 어려워지고 해석 또한 쉽지 않다. 또한 필요 이상의 변수를 통제하면 유의미한 결과를 얻기도 어려워지므로 과적합을 피하는 것이 중요하다.

### 편상관분석 사례

- 데이터: 중년층(n=103)을 대상으로 수집한 자료
- 분석대상 변수: 효능감, 우울감
- 통제변수: 회복탄력성
- 분석 목적: 효능감과 우울감 간의 상관관계를 분석하는 데 있어서, 회복탄력성이 효능감과 우울감에 영향을 미칠 수 있으므로, 이 변수를 통제한 후 두 변수 간에 존재하는 순수한 관계를 검정한다.

**<SPSS에서 편상관분석을 수행하는 과정>**

분석(A) → 상관분석(C) → 편상관(R) → 변수(V) 칸에 '효능감과 우울감' 설정 → 제어변수(C) 칸에 통제변수(회복탄력성) 설정 → 옵션(O) → 〈평균과 표준편차 M〉 〈0차 상관 Z〉 선택 → 계속 → 확인

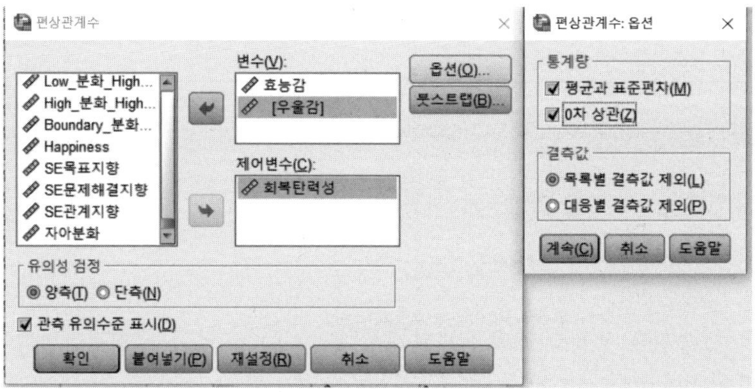

● 분석 결과 해석

편상관분석은 결과를 두 부분으로 나누어 제시한다. 하나는 통제변수를 고려하지 않은 단순 상관관계(0차 상관)이고, 다른 하나는 편상관계수이다.

- 0차 상관계수: 두 변수의 원래 상관관계를 나타내며, 다른 변수의 영향을 통제하지 않은 계수이다. 편상관분석으로 다른 변수의 영향을 통제한 후 두 변수 간의 순수한 관계를 평가할 수 있는데, 0차 상관은 그 이전 단계로, 오직 두 변수 간의 기본적인 연관성만을 나타낸다.
- 편상관계수: 특정 변수의 영향을 통제한 후 두 변수 간의 순수한 관계를 평가한다.

① 0차 상관계수=−0.615 (변수 통제 전)

- 효능감 ↔ 우울감($r=-0.615$, $p<0.001$): 비교적 높은 음의 상관관계가 있다. 이는 효능감이 높을수록 우울감이 낮아진다는 것을 나타낸다.
- 효능감 ↔ 회복탄력성($r=0.656$, $p<0.001$): 높은 양의 상관관계가 있어, 효능감이 높을수록 회복탄력성이 높아진다는 것을 말해 준다.
- 우울감 ↔ 회복탄력성($r=-0.984$, $p<0.001$): 매우 강한 음의 상관관계가 있다. 즉, 우울감과 회복탄력성은 서로 반대 방향으로 상호작용하며, 우울감이 높을수록 회복탄력성이 극도로 낮아지는 경향을 반영한다.

② 편상관계수=−0.229 (변수 통제 후)

- 효능감 ↔ 우울감(회복탄력성 통제 후)($r=-0.229$, $p=0.019$): 통제 전보다 상관계수가 감소(−0.615 → −0.229)하였다. 즉, 회복탄력성의 영향을 제거할 경우 상관관계가 약해졌다.
- 해석: 회복탄력성이 효능감과 우울감 간의 관계를 상당 부분 설명하고 있다. 이는 효능감이 직접적으로 우울감을 낮출 뿐 아니라, 회복탄력성을 높이는 경로를 통해서도 영향을 미친다는 것을 말해 준다.

**상관관계**

| 대조변수 | | | 효능감 | 우울감 | 회복탄력성 |
|---|---|---|---|---|---|
| -지정 않음-[a] | 효능감 | 상관관계 | 1.000 | −.615 | .656 |
| | | 유의확률(양측) | . | <.001 | <.001 |
| | | 자유도 | 0 | 103 | 103 |
| | 우울감 | 상관관계 | −.615 | 1.000 | −.984 |
| | | 유의확률(양측) | <.001 | . | <.001 |
| | | 자유도 | 103 | 0 | 103 |
| | 회복탄력성 | 상관관계 | .656 | −.984 | 1.000 |
| | | 유의확률(양측) | <.001 | <.001 | . |
| | | 자유도 | 103 | 103 | 0 |
| 회복탄력성 | 효능감 | 상관관계 | 1.000 | −.229 | |
| | | 유의확률(양측) | . | .019 | |
| | | 자유도 | 0 | 102 | |
| | 우울감 | 상관관계 | −.229 | 1.000 | |
| | | 유의확률(양측) | .019 | . | |
| | | 자유도 | 102 | 0 | |

a. 셀에 0차(Pearson) 상관이 있다.

③ 분석 결과의 시사점

- 우울감을 낮추기 위해 효능감을 높이는 것도 중요하지만, 회복탄력성을 높이는 것이 더 직접적인 영향을 줄 가능성이 크다.
- 효능감이 우울감을 낮추는 효과는 부분적으로 회복탄력성이 매개하므로, 회복탄력성을 강화하는 프로그램(스트레스 관리, 인지 재구성 등)이 필요할 수 있다.
- 우울감과 회복탄력성의 관계가 매우 강하기 때문에, 우울감을 평가할 때 반드시 회복탄력성을 함께 고려하는 것이 중요하다.

이와 같이 편상관분석을 통해 변수 간의 관계가 실제로 다른 변수의 영향을 받고 있는지, 아니면 독립적인지를 평가할 수 있다. 한 가지 언급할 사항은, 동일한 변수를 통제할 경우 편상관분석과 회귀분석의 유의성(p값)은 동일하다. 이는 회귀계수와 편상관계수는 직접적으로 연결되어 있으므로 동일한 유의성을 갖는다는 것을 말해 준다.

제4장

# 회귀분석의 기본 가정과 회귀모형

## 1. 회귀분석의 목적

회귀분석(regression analysis)은 독립변수와 종속변수 간의 인과관계를 파악하여 독립변수의 변화가 종속변수에 어떤 영향을 미치는지를 예측할 수 있는 검정력이 강한 방법이다. 회귀분석을 통해 달성할 수 있는 목적은 다음과 같다.

첫째, 현상을 예측할 수 있다. 회귀분석의 일반적인 목적은 독립변수 값에 대한 종속변수 값을 예측하는 것이다. 예를 들어, 소득, 자존감, 대인관계 등을 기준으로 행복지수를 예측할 수 있다. 특정 인구의 건강 상태(심장질환 위험도, 혈압수치, 체중 변화 등)를 성별, 연령, 운동 및 식이 습관, 수면시간, 스트레스 등의 데이터를 활용하여 예측할 수 있다. 인플레이션, 경제성장률, 이자율 등으로 환율이나 주가를 예측할 수 있고, 선거에서 누가 당선될 개연성이 높은지를 예측할 수 있다. 이와 같이 회귀분석은 다양한 분야에서 현상을 예측하는 분석 도구로 사용된다.

둘째, 인과관계를 추론할 수 있다. 회귀분석을 통해 독립변수와 종속변수 간의 인과관계를 추론할 수 있다. 이는 특정 변수들이 종속변수에 어떤 영향을 미치는지를 이해하는 데 유용하다. 단순한 상관관계가 아니라 인과관계를 파악하면 현상을 초래한 원인이 무엇인지, 변수의 영향력은 어느 정도 인지를 알 수 있고, 정책이나 제도, 프로그램을 통해 현상을 조절하거나 그에 대한 적합한 조치를 취할 수 있다.

셋째, 추정을 할 수 있다. 회귀분석은 모집단의 변수 간 관계를 추정하는 데 매우 유용한 방법이며, 표본 데이터로 모집단에 대한 통계적 추론을 거쳐 일반화된 결론에 도달할 수 있다. 분석에서 유의도를 중요하게 고려하는 이유도, 표본 데이터를 분석한 결과가 우연에 의한 것인지, 아니면 실제 모집단에 대한 의미 있는 결과인지를 판단하는 지표로 작용하기 때문이다. 이와 같이 표본 결과로 모집단에 대해 추정하는 것이 회귀분석의 목적이므로, 유의도는 추정 결과의 신뢰성을 평가하는 기준이 된다.

넷째, 변수의 중요도를 평가할 수 있다. 다중회귀분석과 같이 독립변수가 다수일 경우, 각 독립변수가 종속변수에 미치는 상대적 영향력을 통계치로 명확히 알 수 있다. 회귀분석에서 변수의 중요도를 평가하는 방법은 다음과 같다.

- 회귀계수: 각 독립변수의 회귀계수는 종속변수에 미치는 영향력을 나타낸다. 즉, 회귀계수가 클수록 관련 독립변수의 중요도가 높다는 것을 시사한다. 하지만 변수들의 단위가 다를 경우에는 비교하기 어렵다.
- 표준화 회귀계수: 각 변수의 단위를 표준화(평균=0, 표준편차=1)한 값이 표준화된 회귀계수이며, 변수의 상대적인 중요도를 동일한 기준으로 비교할 수 있다.
- 유의도(p값): t 검정으로 각 변수의 유의성을 평가한다. p값이 0.05보다 작을수록 해당 독립변수가 종속변수에 유의미한 영향을 미친다는 것을 말해 준다.
- 결정계수($R^2$): 회귀모형의 설명력을 나타내는 결정계수는 독립변수가 추가될 경우 설명력이 얼마나 증가하는지를 통해 변수의 중요도를 평가할 수 있다. 독립변수가 추가될 경우 자연적 증가분을 고려한 조정된 결정계수(Adjusted R2)도 함께 고려해야 한다. 결정계수를 해석할 때 주의할 점은 높은 결정계수가 항상 좋은 것은 아니라는 점이다. 이유는 과적합 위험이 존재하기 때문이다. 따라서 모형의 단순성과 예측력 간의 균형을 고려해야 한다.

다섯째, 모형을 평가하고 개선할 수 있다. 회귀분석으로 모형의 정확성과 예측력을 평가할 수 있다. 회귀분석의 목적은 종속변수와 독립변수 간의 인과관계를 이해하고 예측하는 것인 만큼 모형의 정확성과 예측력을 높이는 것은 매우 중요하다. 모형 검정은 모형이 데이터를 잘 설명하는지, 예측력이 있는지, 회귀분석의 가정들이 충족되는지를 평가하는 과정이다. 모형을 검정하는 방법은 다음과 같다.

- 잔차 분석: 실제 값과 예측값 간의 차이를 나타내는 잔차 분석을 통해 분포의 특성이나 이상치를 파악하고, 회귀분석의 가정이 충족되는지 확인한다. 즉, 잔차가 정규성을 따르는지, 잔차 분산이 일정한지, 잔차가 독립적인지를 평가함으로써 모형을

개선할 수 있다.

- 결정계수($R^2$): 결정계수는 독립변수가 종속변수를 얼마나 설명하는지를 나타내므로 값이 1에 가까울수록 모형이 데이터를 잘 설명한다는 것을 말해 준다. 그리고 조정된 결정계수를 통해 변수 추가에 따른 과적합 여부를 파악할 수 있다.
- F 검정: 전체 회귀모형의 유의성을 평가하는 F값, 모형에 포함된 각 독립변수의 회귀계수에 대한 유의성을 반영하는 t값과 p값을 확인할 수 있다.
- 다중공선성: 모형이 적합하려면, 다중공선성 문제가 없어야 한다. 이러한 문제는 분산팽창지수나 상태지수를 기준으로 독립변수 간에 존재하는 높은 상관관계를 평가할 수 있다.

## 2. 회귀분석의 기본 가정

회귀분석의 기본 가정은 독립변수와 종속변수로 구성된 모형이 데이터를 올바르게 설명하고, 예측하기 위해 갖추어야 할 조건이다. 이 가정들이 충족되지 않으면 회귀계수 추정치가 편향되거나, 검정 통계량의 신뢰성이 떨어진다. 따라서 회귀분석 실행 전에 데이터가 기본 가정과 부합하는지를 검토하는 과정은 필수적이다. 회귀분석에서 중요한 가정은 다음과 같다.

### 1) 선형성

독립변수와 종속변수의 관계는 선형적이어야 한다. 이는 독립변수가 증가하면 종속변수도 일정한 비율로 증가하거나 감소한다는 것을 나타낸다. 이와 같이 독립변수의 변화가 종속변수의 변화에 일관된 방식으로 영향을 미치고, 예측에 적용하는 수식이 선형이기 때문에 선형회귀분석이라 한다. 만약 회귀분석에서 선형성 가정이 충족되지 않으면, 회귀모형 추정치가 편향되기 때문에 분석 결과가 정확하지 않다.

### (1) 선형성이 중요한 이유

회귀분석에서 선형성이 중요한 이유는 다음과 같다.

첫째, 선형모형은 단순해서 확률 계산이 간단하고 해석하기가 쉽다.

둘째, 회귀계수를 추정할 때 통계적으로 안정적이고 편리하게 할 수 있다.

셋째, 회귀계수가 나타내는 독립변수와 종속변수 간의 인과관계를 명확하게 해석할 수 있다.

선형성을 확인하는 방법으로는 잔차 플롯과 산점도가 있다. 잔차는 예측값과 실제 관측값 간의 차이를 나타낸다. 회귀식이 관측값을 완전히 예측해 낼 수 있다면 잔차가 발생하지 않지만, 그렇지 못할 때 발생하는 오차가 잔차이다. 잔차가 발생하는 이유는 데이터 수집을 모집단 전체를 대상으로 하기보다 표본을 대상으로 수집하고, 표본 데이터로 모집단을 예측하기 때문이다. 따라서 잔차는 모형의 적합성과 예측의 정확도를 확인하는 데 적합하다.

회귀모형이 데이터를 얼마나 정확하게 설명하는지를 나타내는 잔차에 대한 예를 들기 위해, 실제값과 예측값이 다음과 같다고 가정하자.

- 실제값: 15, 20, 25, 30, 36, 45
- 예측값: 17, 22, 24, 28, 39, 47

여기서 각 관측값에 대한 잔차는 실제값과 예측값 간의 차이다.

- 잔차=(15−17=−2, 20−22=−2, 25−24=1, 30−28=2, 36−39=−3, 45−47=−2)

만약 데이터가 선형성을 만족한다면, 잔차는 특정 패턴 없이 무작위로 분포되어야 한다. 하지만 잔차가 곡선 형태나 특정 패턴을 보인다면, 이는 모형 설명력이 잔차로 유출되는 것을 막지 못한다는 것을 나타낸다. 따라서 독립변수와 잔차 간 패턴을 반드시 확인할 필요가 있다. 만약 잔차가 무작위로 흩어져 있다면, 모형이 데이터를 잘 설명하여 예측값이 실제값과 별 차이가 없다는 것을 의미하므로, 선형성 가정이 충족된 것이다. 그러나 잔차에 일정한 패턴이 형성되어 있다면, 회귀모형이 데이터 구조를 제대로 포착하지 못한다는 것을 시사한다.

통계분석에서 중요한 정보를 제공하는 잔차를 토대로 파악할 수 있는 사항은 다음과 같다.

- 잔차분포: 잔차는 모형이 설명하지 못한 부분을 나타내므로, 잔차분포를 분석하여 모형이 데이터를 어느 정도 설명하는지를 판단할 수 있다. 잔차 분석은 정규성, 등분산성, 독립성 등의 가정을 위한 기본적인 검토 방법이다.
- 예측 오차: 잔차는 모형의 예측 정확도를 평가하므로, 회귀모형에서 예측값과 관측값 간의 잔차가 작을수록 예측 정확도가 높다고 해석할 수 있다.
- 모형 개선: 잔차 분석으로 모형에 추가 변수가 필요한지, 모형 구조를 개선할 필요가 있는지를 판단할 수 있다.
- 극단치 탐색: 잔차값이 크다는 것은 극단치가 있을 가능성을 시사한다. 극단치는 데이터의 예측 정확도를 떨어뜨릴 수 있으므로, 잔차 분석을 통해 극단치를 확인해야 한다.
- 시각화: 잔차를 그래프로 그려 패턴이나 추세를 확인할 수 있다. 잔차 산점도는 모형이 특정 데이터 구간에서 과소하게 또는 과대하게 적합되었는지를 보여 준다.

### (2) 선형성 검정: 산점도와 정규 도표

**<SPSS에서 선형성을 검정하기 위한 잔차 분석 과정>**

분석(A) → 회귀분석 → 선형(L) → 종속변수(D), 독립변수(I) 지정 → 통계량(S) 클릭 → 추정값(E), 모형 적합(M), Durbin-Watson 선택 → 계속(C) → 메인 창에서 도표(T) 클릭 → Y칸에 (*ZPESID), X칸에 (*ZPRED) 지정 → 〈표준화 잔차 도표〉에서 정규확률도표(R) 선택 → 계속(C) → 확인

주: Y칸에 입력한 *ZPESID는 표준화 잔차; X칸에 입력한 *ZPRED는 예측값

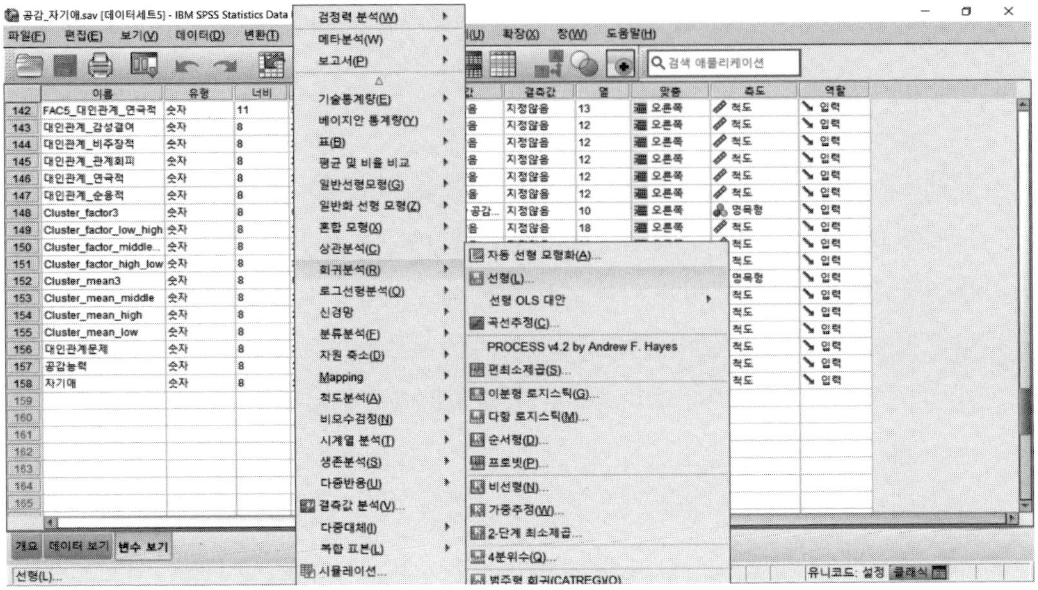
공감_자기애.sav [데이터세트5] - IBM SPSS Statistics Data
파일(F) 편집(E) 보기(V) 데이터(D) 변환(T)
검정력 분석(W)
메타분석(W)
보고서(P)
기술통계량(E)
베이지안 통계량(Y)
표(B)
평균 및 비율 비교
일반선형모형(G)
일반화 선형 모형(Z)
혼합 모형(X)
상관분석(C)
회귀분석(R)
로그선형분석(O)
신경망
분류분석(F)
차원 축소(D)
Mapping
척도분석(A)
비모수검정(N)
시계열 분석(T)
생존분석(S)
다중반응(U)
결측값 분석(V)...
다중대체(I)
복합 표본(L)
시뮬레이션...
자동 선형 모형화(A)...
선형(L)...
선형 OLS 대안
곡선추정(C)...
PROCESS v4.2 by Andrew F. Hayes
편최소제곱(S)...
이분형 로지스틱(G)...
다항 로지스틱(M)...
순서형(D)...
프로빗(P)...
비선형(N)...
가중추정(W)...
2-단계 최소제곱...
4분위수(Q)...
범주형 회귀(CATREG)(O)...
개요 데이터 보기 변수 보기
선형(L)...
유니코드: 설정 클래식

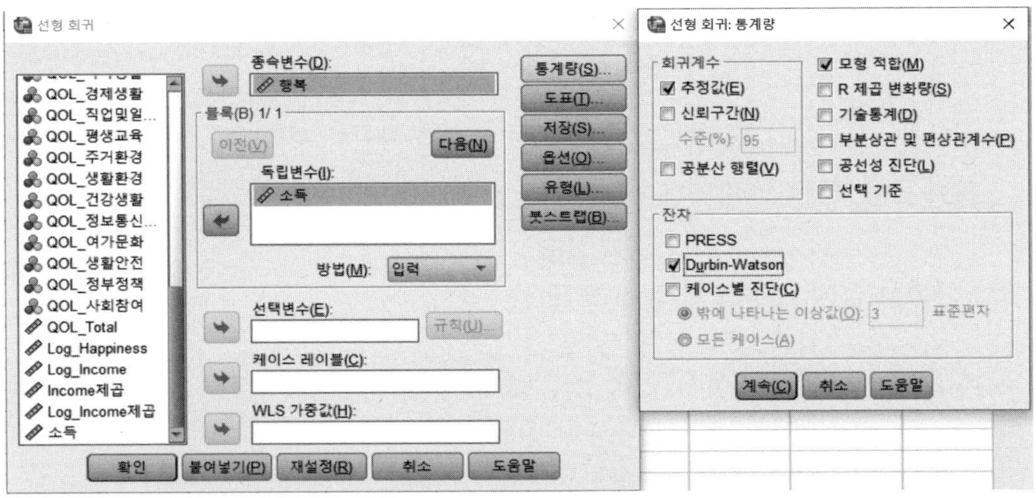
선형 회귀
종속변수(D):
행복
블록(B) 1/1
이전(V)
다음(N)
독립변수(I):
소득
방법(M): 입력
선택변수(E):
규칙(U)...
케이스 레이블(C):
WLS 가중값(H):
QOL_경제생활
QOL_직업및일...
QOL_평생교육
QOL_주거환경
QOL_생활환경
QOL_건강생활
QOL_정보통신...
QOL_여가문화
QOL_생활안전
QOL_정부정책
QOL_사회참여
QOL_Total
Log_Happiness
Log_Income
Income제곱
Log_Income제곱
소득
통계량(S)...
도표(T)...
저장(S)...
옵션(O)...
유형(L)...
붓스트랩(B)...
확인
붙여넣기(P)
재설정(R)
취소
도움말
선형 회귀: 통계량
회귀계수
추정값(E)
신뢰구간(N)
수준(%): 95
공분산 행렬(V)
모형 적합(M)
R 제곱 변화량(S)
기술통계(D)
부분상관 및 편상관계수(P)
공선성 진단(L)
선택 기준
잔차
PRESS
Durbin-Watson
케이스별 진단(C)
밖에 나타나는 이상값(O): 3 표준편차
모든 케이스(A)
계속(C)
취소
도움말

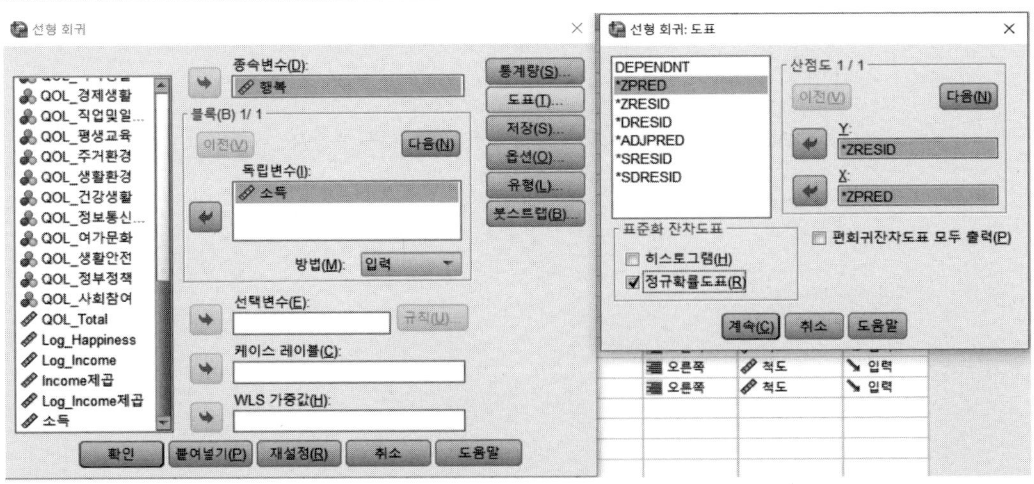
선형 회귀
종속변수(D):
행복
블록(B) 1/1
이전(V)
다음(N)
독립변수(I):
소득
방법(M): 입력
선택변수(E):
규칙(U)...
케이스 레이블(C):
WLS 가중값(H):
QOL_경제생활
QOL_직업및일...
QOL_평생교육
QOL_주거환경
QOL_생활환경
QOL_건강생활
QOL_정보통신...
QOL_여가문화
QOL_생활안전
QOL_정부정책
QOL_사회참여
QOL_Total
Log_Happiness
Log_Income
Income제곱
Log_Income제곱
소득
통계량(S)...
도표(T)...
저장(S)...
옵션(O)...
유형(L)...
붓스트랩(B)...
확인
붙여넣기(P)
재설정(R)
취소
도움말
선형 회귀: 도표
DEPENDNT
*ZPRED
*ZRESID
*DRESID
*ADJPRED
*SRESID
*SDRESID
산점도 1/1
이전(V)
다음(N)
Y:
*ZRESID
X:
*ZPRED
표준화 잔차도표
히스토그램(H)
정규확률도표(R)
편회귀잔차도표 모두 출력(P)
계속(C)
취소
도움말

SPSS는 산점도와 표준화 잔차의 정규 P-P 도표(normal probability-probability plot)를 생성한다. 이 두 도표는 회귀분석의 가정을 시각적으로 확인하는 데 유용한 도구이다.

### ① 산점도

잔차와 예측값의 관계를 확인하여 선형성과 등분산성 가정을 점검한다. 만약 점들이 무작위로 분포하지 않고 특정 패턴(V자형, 곡선 등)을 형성한다면 선형성 가정이 위배되었다고 보아야 한다. 이런 경우, 변수 값을 로그나 제곱근으로 변환하거나 회귀모형을 수정해야 한다.

### ② 정규 P-P 도표

데이터가 정규분포와 잘 맞는지를 평가한다. 즉, 실제 데이터의 누적확률이 정규분포의 누적확률과 얼마나 일치하는지를 비교한다. 잔차가 정규분포를 따르면 데이터의 점들이 대각선을 따라 분포하지만, 정규분포를 따르지 않으면 데이터의 점들이 대각선에서 크게 벗어나 휘거나 특정 패턴을 나타낸다. 이는 잔차가 정규성을 위반하고 있다는 것을 말해 준다. 데이터의 전체적인 적합성을 반영하는 P-P 도표의 특징은, 꼬리 부분의 극단값보다 중간 분위수에 좀 더 민감하다.

[그림 4-1] 산점도

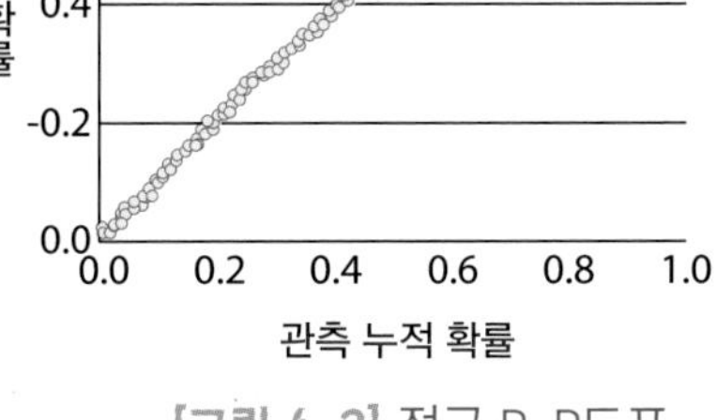


[그림 4-2] 정규 P-P도표

실제 데이터로 부와 행복지수 간의 관계를 시각적으로 분석한 결과를 살펴보자.

- 잔차 산점도([그림 4-1]): 부와 행복지수의 분산이 흩어진 정도를 보여 주는 산점도는 예측값과 잔차 간에 특정한 패턴 없이 무작위로 분포되어 있다. 이는 선형성 가정을 만족한다는 것을 나타낸다. 즉, 잔차들이 독립변수 값에 관계없이 무작위로 분포되어 있으므로 분산의 동질성이 충족된 것이다.
- 잔차의 정규 P-P 도표([그림 4-2]): 잔차가 대각선을 중심으로 분포되어 정규성을 따른다는 것을 알 수 있다. 만약 몇몇 사례가 대각선으로부터 많이 떨어진 거리에 있다면, 떨어진 거리만큼 잔차가 발생한 것이므로 그런 사례를 삭제하고 다시 분석해야 한다.

선형성은 회귀모형에서 가장 중요한 가정이므로 이를 검정하고, 필요한 경우 적합한 조치를 해야 한다. 만약 두 변수에 비선형 관계가 있는데, 선형회귀분석을 하면 검정력이 떨어져 정확한 결과를 얻을 수 없다. 데이터가 선형성을 만족하지 못할 경우, 몇 가지 조치할 방법이 있다.

첫째, 독립변수나 종속변수를 로그나 제곱근으로 변환하여 선형성을 확보한다. 둘째, 비선형회귀 모형을 적용하여 데이터의 비선형 관계를 검정한다. 셋째, 독립변수의 다항식을 포함하여 모형을 확장한다. 이는 선형회귀 모형을 확장하여 보다 복잡한 패턴을 학습하도록 하는 기능이 있다.

## 2) 독립성

회귀분석에서 독립성 가정은 오차(잔차)들이 서로 독립적이어야 한다는 것을 의미한다. 즉, 한 관측치의 오차가 다른 관측치의 오차에 영향을 미쳐서는 안 되며, 서로 독립적이어야 한다. 이를 위반할 경우 자기상관 문제가 발생하고, 회귀계수의 추정치가 편향될 수 있다. 따라서 독립성 가정은 회귀모형의 신뢰성과 정확성을 유지하는 중요한 조건이다.

### (1) 공간적 의존성과 시간적 의존성

회귀분석에서 독립성 가정이 충족되지 않으면 회귀모형의 추정값이 왜곡되고, t값이나 신뢰구간도 같은 맥락에서 잘못된 결론에 이를 수 있다. 따라서 이를 검정하고 가정이 위배된 경우 적합한 방법으로 수정하거나 다른 모형으로 대체해야 한다. 독립성 가정이 위배되는 이유는 공간적 의존성과 시간적 의존성이 존재하기 때문이다.

#### ① 공간적 의존성

공간적 의존성(spatial autocorrelation)은 가까운 지역의 데이터들이 서로 영향을 미치게 될 경우에 나타난다. 한 지역의 문화나 인프라가 다른 지역과 상호작용을 한다면, 오차항이 독립적이지 않을 수 있다. 예를 들어, COVID-19와 같은 전염병이 공간적으로 확산되는 경향, 오염 물질이나 기후 변화의 영향, 특정 지역의 소득 수준이나 문화적 인프라 등에는 공간적 의존성이 존재할 가능성이 크다. 이와 같이 공간적 의존성이 있는 데이터를 분석할 때는 공간적 관계를 반영하는 회귀모형을 구성할 필요가 있다.

이러한 회귀모형은 변수 간에 공간적 상관관계가 있다는 가정하에 공간적 자기상관과 관련된 문제를 해결할 수 있다. 어떤 지역의 소득 수준이나 전염병 확산 패턴이 주변 지역들과 유사하다면, 공간적 자기상관이 존재할 가능성이 높다고 보아야 한다.

SPSS는 공간적 회귀분석을 직접 수행하는 기능은 없으므로 외부 소프트웨어(예: R)로 분석한 결과를 SPSS에 접목해서 분석할 수 있다. SPSS로 할 수 있는 방식은 다음 두 가지이다.

첫째, SPSS로 회귀분석을 먼저 수행한 후 R에서 공간적 자기상관 및 공간적 회귀분석을 하여 결과를 비교한다. 만약 SPSS와 R의 분석 결과가 차이가 크다면 공간적 의존성을 시사하는 것이므로 공간적 관계를 명확하게 반영하는 회귀모형을 사용하는 것이 좋다.

둘째, SPSS의 회귀모형에 공간적 변수(예: 인접 지역과 거리, 그 지역의 평균 값)를 추가하여 공간적 상관관계를 간접적으로 모형화할 수 있다. 회귀모형에 공간적 변수를 추가하면, 이들 변수가 통제변수로 작용하므로 주요 변수 간의 관계에서 공간적 의존성이 미치는 영향을 배제할 수 있다.

② 시간적 의존성

시간적 의존성(autocorrelation)은 시계열 데이터와 같이 시간에 따른 의존성을 나타낸다. 일정한 간격(매월, 매분기, 매년 등)을 두고 수집한 시계열 데이터처럼 시간적 순서가 있는 경우, 잔차들이 서로 독립성을 유지하지 않으면 자기상관 문제가 발생한다. 자기상관(autocorrelation)이란 시계열 데이터에서 연속적으로 관찰된 값들 간에 서로 상관성을 가진 정도를 의미한다. 즉, 시간의 흐름에 따라 한 시점의 잔차가 이전 시점의 잔차와 연관이 있다면, 독립성 가정은 충족되지 않는다.

시계열 데이터는 변수들이 시간에 따라 변화하는 경향을 추적하고, 패턴을 식별하며, 예측을 가능하게 하므로 다양한 분야에서 활용된다.

- 심리학: 우울증 증상 변화 추세, 스트레스 수준 변화, 심리치료 전후의 정서적-행동적 변화, 심리 상태에 따른 수면 패턴 변화 등
- 사회복지: 사회지원 네트워크 변화, 가정폭력 및 아동보호 사례 변화, 정신건강 치료 서비스를 이용하는 빈도와 효과 추적, 지역사회의 범죄 발생률 변화 등

이와 같이 시계열 분석은 데이터를 통해 정신적 · 정서적 변화를 추적하고, 치료 효과를 평가하며, 시간의 흐름에 따른 증상의 변화, 치료 반응 등을 분석하여 치료 방안을 도출할 수 있다. 또한 사회적 서비스나 지원이 미치는 영향을 시간에 따라 추적하고, 정책 효과를 평가함으로써 관련 현상에 대한 통찰과 장기적인 변화를 이해할 수 있다.

하지만 데이터에 자기상관이 존재하면, 잔차들이 서로 독립적이지 않기 때문에 회귀분석의 기본 가정이 위배될 수 있다. 회귀분석이나 시계열 분석에서 잔차의 독립성과 자기상관은 중요한 개념이므로, 이를 이해하는 것은 분석 결과의 신뢰성과 예측력을 높이는 데 필수적이다. SPSS는 자기상관 검정 기능이 있으므로 이를 이용하여 잔차의 독립성을 확인할 수 있다.

### (2) 잔차의 자기상관: 더빈-왓슨 테스트

자기상관을 검정하는 보편적인 방법은 더빈-왓슨(Durbin-Watson)이다. 더빈-왓슨 통계량은 잔차의 자기상관(독립성)을 나타내는 지표이며, 시계열 데이터나 패널 데이터를 분석할 때 중요하다. 만약 데이터에 자기상관이 존재한다면, 회귀모형의 결과를 신뢰할

수 없게 된다.

더빈-왓슨 통계량의 범위는 0과 4이며, 2에 가까울수록(1.5~2.5) 잔차 간에 자기상관이 없고 독립적 오차라는 것을 나타낸다. 그리고 2보다 작고 0에 가까울수록 양의 자기상관, 2보다 크고 4에 가까울수록 음의 자기상관이 존재한다는 것을 나타낸다(Hair et al., 2010).

DW≈2: 잔차가 독립적이다.

DW<1: 잔차 간에 양의 자기상관이 존재하며 독립성이 위반된다.

DW>3: 잔차 간에 음의 자기상관이 존재하며 독립성이 위반된다.

만약 통계량이 0이나 4와 가까울 경우, 잔차의 독립성과 자기상관 문제를 해결하기 위해 회귀모형을 조정하거나, 새로운 변수를 추가하거나, 시계열 분석을 해야 한다.

## SPSS로 분석한 더빈-왓슨 검정 과정과 결과

분석(A) → 회귀분석(R) → 선형(L) → 종속변수(D)와 독립변수(I) 지정 → 통계량(S) 클릭 → 잔차 칸에서 Durbin-Watson 옵션 선택 → 계속(C) → 확인

- 데이터: 매년 150명 정도의 성인을 대상으로 3년 동안 수집한 시계열 자료(전체 표본수=376)
- 변수: 소득, 행복지수

### 더빈-왓슨 값(1.782)

- 통계치가 2보다 작아 잔차 간에 양의 자기상관이 존재하는 경향이 있으나, 2에 근접한 값이므로 잔차 간의 자기상관 문제가 심각하지는 않다.
- 따라서 회귀분석의 가정인 잔차의 독립성이 비교적 잘 충족된 것으로 평가할 수 있다.
- 추가적으로 다중공선성(VIF)이나 잔차 분석을 하면 더 정확한 검정이 가능하다.

**모형 요약[a]**

| 모형 | R | R 제곱 | 수정된 R 제곱 | 추정값의 표준오차 | Durbin-Watson |
|---|---|---|---|---|---|
| 1 | .548[b] | .301 | .297 | .987 | 1.782 |

a. 종속변수: 행복지수
b. 예측자: (상수), 소득

만약 1보다 작고 0에 가까운 양의 자기상관이 존재한다면, 회귀모형이 잔차의 독립성 가정을 위반하는 것이므로 해결 방안을 모색해야 한다.

잔차의 자기상관 해결 방안은 다음과 같다.

첫째, 변수 변환을 통해 잔차 분산과 자기상관 문제를 줄일 수 있다. 변수 변환은 잔차의 자기상관 문제를 줄이고 정규성을 확보하는 유용한 방법이다. 변환에는 로그 변환과 제곱근 변환이 있다. 로그 변환은 데이터 분포가 오른쪽으로 치우쳐 있거나 분산이 큰 경우에 효과적이다. 제곱근 변환은 데이터 분포가 다소 비대칭이거나 이상치가 있는 때 왜도를 줄이면서 원래 값과 비슷한 형태를 유지함으로써 자기상관 문제를 완화할 수 있다.

둘째, 가중 최소제곱법(Weighted Least Squares: WLS)으로 자기상관 문제를 해결할 수 있다. WLS는 잔차의 자기상관을 고려한 가중치를 부여하여 회귀분석을 수행하므로, 자기상관뿐 아니라 분산을 균등하게 만들어 이분산성 문제도 효율적으로 해결할 수 있다. 단, 이 방법을 적용하기 위해서는 적절한 가중치를 찾아야 하고, 데이터에 따라 가중치를 다르게 설정해야 한다.

### 3) 정규성

회귀분석에서 정규성이란 잔차(오차항)가 정규분포를 따라야 한다는 가정이다. 즉, 회귀모형을 통해 예측된 값과 실제 값 간의 차이(잔차)가 정규분포를 이루어야 한다. 이 가정은 회귀계수의 신뢰구간과 가설을 정확하게 검정하기 위해 필요하다. 만약 데이터가 정규성 가정을 충족하지 못하면, 신뢰구간과 가설 검정 결과가 왜곡될 수 있다. 정규성이 중요한 이유를 간략하게 열거하면 다음과 같다.

첫째, 가설을 정확하게 검정할 수 있다. 회귀계수의 유의성을 나타내는 t-검정과 F-검정이 정규성을 가정하므로, 오차가 정규분포를 따라야 유의미한 결과를 얻을 수 있다.

둘째, 신뢰구간과 예측 구간이 정확해진다. 따라서 정규성이 깨지면 신뢰구간과 예측값이 왜곡되어 결과가 부정확해진다.

셋째, 잔차 패턴이 예측을 방해하지 않는다. 하지만 정규성이 위반되면, 특정 변수로부터 파생되는 오류가 개입할 가능성이 있다. 따라서 회귀분석에서 정확한 결과를 얻기 위해 정규성 여부를 검정해야 한다.

정규성 검정 방법에는 시각적 검정과 통계적 검정이 있다.

### (1) 시각적 검정

시각적 검정은 히스토그램, 정규 Q-Q 플롯, 정규 P-P 플롯 등으로 데이터 분포를 시각적으로 확인하는 방법이다. 정규 Q-Q 플롯(Quantile-Quantile Plot)은 데이터의 실제 분포와 이론적 분포를 비교하여 잔차가 정규분포를 따르는지 평가하는 도구이다. 따라서 실제 데이터의 각 분위수가 정규분포의 대응 분위수와 어느 정도 일치하는지를 파악할 수 있다.

정규 Q-Q 플롯에서 데이터가 대각선 직선에 가까울수록 정규성이 충족된다고 볼 수 있다. 이 플롯은 데이터 분포의 꼬리 부분(극단값)에 민감하므로 왜도와 첨도를 평가하는 데도 유용하다. 만약 데이터의 점들이 직선에서 벗어나 u자형이나 n자형으로 나타나면 꼬리 부분이 더 두껍거나 얇은 분포를 이루는 것이고, S자형으로 나타나면 대칭적인 분포를 이룬다는 것을 시사한다. 이러한 유형은 정규분포가 아닐 가능성이 크다.

#### ● 정규 Q-Q 플롯 생성 과정

〈검정과 함께 정규성 도표(O)〉를 선택하면 시각적 검정뿐 아니라 통계적 검정 결과도 확인할 수 있다.

> 분석(A) → 기술통계량(E) → 데이터 탐색(E) → 종속변수(D) 설정 → 도표(T) → 〈검정과 함께 정규성 도표(O)〉 선택 → 계속 → 확인

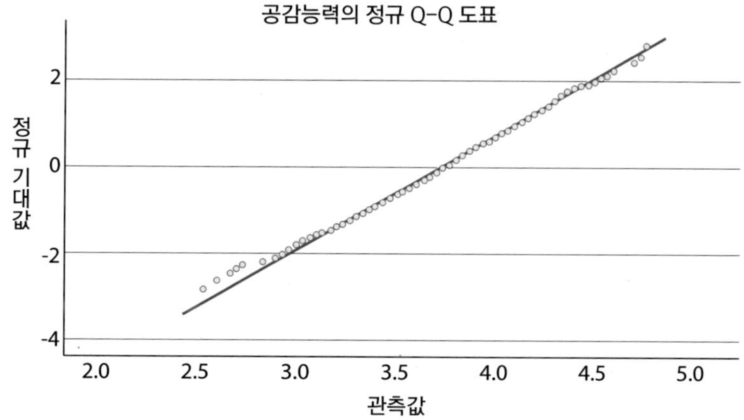


[그림 4-3] 정규 Q-Q 플롯

생성된 Q-Q 플롯은 [그림 4-3]과 같다. 전반적으로 공감능력을 반영하는 데이터의 점들이 대각선을 따라 분포하는 경향이 있어 정규성을 만족한다고 평가할 수 있다. Q-Q 플롯은 정규성 여부를 확인하는 시각적 도구로 유용하지만, 통계적 검정과 함께 고려하면 좀 더 완전한 정보를 얻을 수 있다.

### (2) 통계적 검정

통계 수치로 확인하는 방법은 Kolmogorov-Smirnov(K-S)와 Shapiro-Wilk(S-W)가 있다. 일반적으로 K-S 검정은 큰 표본($n>50$)에 적합하며, 표본크기가 클수록 검정의 민감도 역시 높아진다. S-W는 작은 표본($n<50$)에 적합하며, 표본크기가 클수록 오히려 검정의 민감도가 낮아진다. 따라서 표본크기에 따라 적합한 방법을 선택해서 정규성을 평가해야 한다.

정규성 여부는 유의확률(p)이 0.05보다 큰지 작은지에 달려 있다. 즉, p가 0.05보다 크면 정규성 가정이 만족된다는 것을 나타낸다.

- $p \geq 0.05$: 정규성을 만족한다.
- $p < 0.05$: 정규성에 위배된다.

#### K-S와 S-W로 데이터의 정규성 검정 과정

분석(A) → 기술통계량(E) → 데이터 탐색(E) → 종속변수(D) 설정 → 도표(T) → 〈검정과 함께 정규성 도표(O)〉 선택 → 계속 → 확인

**① 공감능력**

- K-S 검정: 통계량=0.041, p=0.091(>0.05) → 정규성 만족
- S-W 검정: 통계량=0.996, p=0.491(>0.05) → 정규성 만족
- 공감능력은 K-S와 S-W 검정 모두에서 정규성을 만족한다.

**② 자기중심성**

- K-S 검정: 통계량=0.054, p=0.005 (<0.05) → 정규성 불만족

- S−W 검정: 통계량=0.995, p=0.209(>0.05) → 정규성 만족
- 자기중심성은 검정 방법에 따라 결과가 다르게 나타났다.

**정규성 검정**

| | Kolmogorov-Smirnov[a] | Shapiro-Wilk | | | | |
|---|---|---|---|---|---|---|
| | 통계 | 자유도 | CTT[b] 유의확률 | 통계 | 자유도 | CTT 유의확률 |
| 공감능력 | .041 | 415 | .091 | .996 | 415 | .491 |
| 자기중심성 | .054 | 415 | .005 | .995 | 415 | .209 |

a. Lilliefors 유의확률 수정

b. 고전적 테스트 이론(Classical Test Theory)의 약자; 심리학에서 사용되는 이론; 측정도구의 신뢰도와 타당도 확인에 활용

### ③ 해석에 대한 논점

- 공감능력은 두 검정에서 모두 유의확률이 0.05보다 크므로 정규성을 만족한다.
- 자기중심성은 K−S에서는 정규성에 위배되지만, S−W에서는 정규성을 충족하는 것으로 나타났다. 이러한 결과는 같은 변수라도 표본크기에 따라 정규성을 반영하는 K−S와 S−W의 유의확률은 큰 차이가 있다는 것을 말해 준다.
- 일반적으로 S−W 검정은 작은 표본(≤50)에 적합하고, K−S 검정은 큰 표본(>50)에 적합하므로, 여기서 표본크기(415)를 고려할 때 K−S 검정 결과를 따르는 것이 더 적절하다. 따라서 자기중심성은 정규성을 완전히 충족하지 못한다고 봐야 한다.

정규성 가정을 충족하지 못할 경우, 변수 값을 로그나 제곱근으로 변환해서 데이터 분포를 정규화할 수 있다. 그리고 정규분포가 아닌 분포를 가정하는 일반화 선형모형을 적용하는 방법도 있다. 일반화 선형모형(generalized linear model)은 선형회귀모형을 확장한 형태로, 종속변수의 분포가 정규분포가 아닐 때도 적용할 수 있는 방법이다.

## 4) 분산의 동질성

### (1) 분산의 동질성이 중요한 이유

분산의 동질성이란 잔차의 분산이 모든 독립변수 값에서 일정하게 동일한 분포를 가져야 한다는 가정이다. 예를 들어, 임상심리에서 적용한 두 가지 치료요법을 비교할 때, 두 조건에서 관측된 데이터의 분산이 유사하다면 동질성이 인정되며, 분석 결과를 신뢰할 수 있다. 하지만 이질적이라면 분석 결과가 왜곡될 수 있고 모집단에 일반화하기 어려워진다. 개념적으로 분산의 동질성은 정규성과 맥락을 같이한다. 분산이 동질적이지 않으면 한 집단의 분포가 어느 한쪽으로 치우쳐 정규분포를 이루는 다른 집단과 유사하지 않기 때문에 객관적인 비교가 불가능해진다. 따라서 분산의 동질성은 반드시 확인해야 할 가정 중 하나이다. 분산의 동질성이 왜 중요한지를 살펴보자.

#### ① 집단 간 평균 차이의 신뢰도

평균 차이를 비교하는 분산분석은 집단 간 분산이 동일하다는 가정을 전제한다. 분산의 동질성은 타당성과 밀접한 관련이 있으므로 데이터가 이러한 가정을 충족하지 못할 경우, 분석 결과가 제1종 오류를 범할 수 있다. 제1종 오류는 영가설이 참(수용)인데 기각하는 경우에 발생한다. 즉, 집단 간에 평균 차이가 없는데도 차이가 있다는 결론을 내릴 수 있는데, 이런 오류는 주로 분산의 동질성 가정이 위배될 때 발생한다.

#### ② 회귀계수 추정의 신뢰도

회귀분석은 잔차가 동일한 분산을 가진다고 가정한다. 만약 분산의 동질성 가정이 충족되지 않으면 회귀계수 추정의 신뢰도가 낮아지고, t와 p값이 왜곡될 가능성이 높으며, 예측력이 떨어진다. 또한 분산의 동질성 가정이 위배되면 검정력이 약화되어 집단 간에 유의미한 차이가 있어도 이를 감지해 내지 못하는 경향이 있다. 따라서 분산의 동질성과 데이터의 일관성을 확인하는 것은 검정력을 높이는 중요한 과정이므로 이를 확인해야 한다.

분산의 동질성을 이해하는 것은 잘못된 결론이나 오류를 피하고 데이터를 정확하게 분석하는 데 매우 중요하므로 정확한 결과를 얻기 위해 분산의 동질성을 검정해야 한다. 동질성과 관련된 타당성을 높이기 위해 표본크기도 고려해야 한다. 표본이 클수록 분산이 좀 더 균일해져 동질화 되기 때문에 적정 수의 표본을 확보하는 것도 분산의 동질성 가정을 충족하는 방법이다.

분산의 동질성을 검정하는 방법은 시각적으로 확인할 수 있는 잔차 플롯과 통계적 수치로 확인하는 Levene 검정이 있다. 잔차 플롯은 잔차가 고른 분포를 보이면 분산의 동질성이 충족된 것이다. 하지만 잔차가 특정 패턴(곡선, 부채꼴 모양 등)을 형성하고, 예측값에 따라 분포가 다르면 분산의 이질성을 의심해야 한다. Levene는 가장 일반적으로 사용되는 검정 방법이며, 각 집단의 분산이 동질적인지를 수치로 보여 준다. 분산의 동질성은 유의확률(p)을 기준으로 판단한다.

- $p > 0.05$: 집단 간 분산은 동질적이다 → 등분산성 가정 충족
- $P < 0.05$: 집단 간 분산은 동질적이지 않다 → 등분산성 가정 미충족

### (2) 분산의 동질성 검정: Levene 검정

Levene 검정은 t-검정과 분산분석(ANOVA) 실행 시 자동으로 확인할 수 있다. 독립표본 t-검정은 두 집단 간, 분산분석은 여러 집단 간의 동질성을 검정한다.

#### ① 분산의 동질성 검정: t-검정

분석(A) → 평균 및 비율 비교 → 독립표본 T-검정 → 검정변수(T) 설정 → 집단변수(G) 설정 → 집단 정의(D) 클릭 후 집단 1=1, 집단 2=2 입력 → 계속 → 확인

- Levene 검정: 남녀 간의 사회적 자아 비교
- 영가설: 두 집단(남성과 여성)의 분산이 동일하다. (등분산성 있음)
- 대립가설: 두 집단의 분산이 다르다. (등분산성 없음)
- 결과 해석: 유의확률($p=0.289$) $>0.05$이므로 영가설을 채택한다. 즉, 남성과 여성 간의 사회적 자아 분산이 동일한 분포를 이루어 등분산 가정을 만족한다.

| Levene의 등분산 검정 | F | 유의확률 |
|---|---|---|
| 등분산 가정 | 1.126 | 0.289 |

### ② 분산의 동질성 검정: 분산분석(ANOVA)

분석(A) → 평균 및 비율 비교 → 일원배치 분산분석(O) → 종속변수(E) 설정 → 요인(F)에 집단변수 설정 → 옵션(O) 클릭 → 통계량 박스에서 〈분산 동질성 검정(H)〉 선택 → 계속 → 확인

Levene 검정은 평균을, 중위수와 절삭평균 기준은 분산의 동질성(등분산성)을 평가할 때 중심값을 어떻게 정의할 것인지에 따라 달라진다.

- 평균을 기준으로 한 Levene 검정
  - 각 집단의 평균을 기준으로 분산의 동질성을 검정한다.
  - 데이터가 정규분포에 가까울 경우에 평균 기준이 적합하다.
  - 단점: 정규성이 약할 때(극단값이 존재하거나 왜도가 있는 경우) 평균이 영향을 받기 때문에 검정력이 낮아진다.
- 중위수를 기준으로 한 Levene 검정
  - 각 집단의 중위수를 기준으로 편차를 계산하여 분산의 동질성을 검정한다.
  - 중위수는 이상치의 영향을 덜 받으므로 데이터가 정규성을 충족하지 못하고 비정규분포를 이룰 때 더 적절한 방법이다. 따라서 다수의 극단값을 고려해야 할 경우, 중위수 기준이 더 신뢰성이 있다.
- 절삭평균을 기준으로 한 Levene 검정
  - 절삭평균이란 양쪽 끝의 일정 비율(일반적으로 상위 및 하위 10~25%)을 제거한 후 평균을 계산하는 방법이다. 즉, 극단값을 배제한 후 평균을 계산하여 등분산성을 검정한다.
  - 이 기준은 극단값의 영향을 줄일 수 있으므로 중위수보다 더 많은 정보를 유지할 수 있는 절충적인 방법이다.
- 적절한 기준 선택 방법
  - 데이터가 정규성을 따를 가능성이 높은 경우 → 평균 기준(일반적으로 가장 널리 사용)
  - 극단값이 다수이거나 정규성이 약할 경우 → 중위수 기준
  - 극단값의 영향을 줄이면서도 평균을 활용하고 싶은 경우 → 절삭평균 기준

### Levene 검정 결과

- 평균, 중위수, 절삭평균 등 모든 기준에서 p값이 0.05보다 크다.
- 해석: 학업 성취도 분산은 동질적이며, 등분산 가정을 만족한다. 즉, 학업 성취도에 대한 세 집단 간의 분산이 통계적으로 유의하게 다르지 않다.
- 시사점: 따라서 t-검정이나 분산분석에서 등분산을 가정한 분석을 사용할 수 있다.

**분산의 동질성 검정**

| | | Levene 통계량 | df1 | df2 | CTT 유의확률 |
|---|---|---|---|---|---|
| 학업 성취도 | 평균 기준 | .673 | 2 | 1373 | .510 |
| | 중위수 기준 | .601 | 2 | 1373 | .548 |
| | 자유도 수정 후 중위수 기준 | .601 | 2 | 1353.634 | .548 |
| | 절삭평균 기준 | .660 | 2 | 1373 | .517 |

## 5) 다중공선성

회귀분석에서 종속변수와 독립변수는 높은 상관관계를 유지하는 것이 좋지만, 독립변수 간에는 상호 독립적이어야 안정적인 회귀계수를 추정할 수 있다. 그러나 독립변수 간에 높은 상관관계가 존재하면, 다중공선성(multicollinearity)이 발생한다. 다중공선성의 특징과 영향은 〈표 4-1〉에 요약되어 있다.

〈표 4-1〉 다중공선성의 특징과 영향

| 특징 | 영향 |
|---|---|
| **회귀계수의 불안정성** | 회귀계수의 변동성이 크고, 모형 예측력이 저하된다. |
| **신뢰구간 증가** | 회귀계수의 신뢰구간이 넓어져 추정의 정확성이 낮아진다. |
| **통계적 유의성 저하** | 주요 독립변수들의 p값이 0.05보다 높아져, 유의하지 않게 나타날 수 있다. |
| **결정계수와 F-통계량의 불일치** | 모형의 설명력을 나타내는 결정계수(R 제곱)가 높게 나와도 개별 독립변수의 t-검정 결과가 유의하지 않을 수 있다. |

다중공선성에 대한 이해를 돕기 위해 시각적으로 살펴보자. 종속변수 Y와 독립변수 X1, X2가 있다고 가정하자. 회귀계수 b1, b2는 X1, X2값이 변할 때 Y값이 얼마나 변하는지를 나타낸다. [그림 4-4A]는 X1과 X2가 겹치는 부분 없이, 상호 독립적이므로 b1, b2는 두 변수가 Y에 미치는 순수한 영향력을 반영한다. [그림 4-4B]는 X1, X2가 겹치는 부분이 있다. 이는 두 변수가 부분적으로 유사한 정보를 담고 있다는 것을 시사한다. 즉, 겹치는 부분은 두 변수 간의 상관관계를 나타내므로 다중공선성 문제가 있다는 것을 말해 준다.

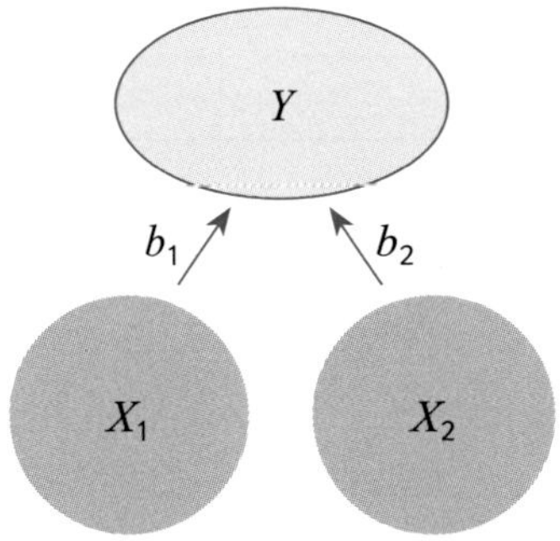


**[그림 4-4A]** 다중공선성 없음

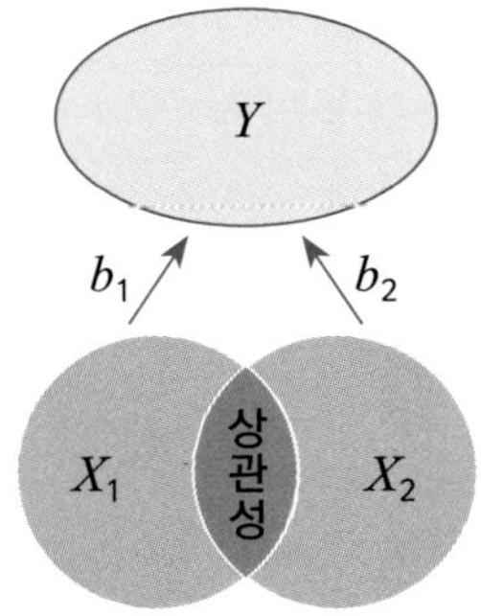


**[그림 4-4B]** 다중공선성 있음

회귀분석은 기본적으로 독립성을 가정하지만, 현실적으로 [그림 4-4A]와 같이 완벽한 독립성을 유지하는 데 한계가 있다. 다중공선성 측정 지표도 수용 가능한 범위가 주어진다. 하지만 그 범위를 넘어서면 변수 간의 순수한 영향력을 알기 어렵고, 통계적 유의성을 확보하는 것도 불확실해진다. 따라서 회귀분석 실행 전에 다중공선성을 확인하고, 문제가 있다면 해결 방안을 모색해야 한다.

### (1) 다중공선성의 발생 원인

첫째, 독립변수 간의 높은 상관관계 때문이다. 회귀모형에 유사한 정보를 담고 있는 독립변수가 여러 개 있을 경우, 변수명은 달라도 속성이 유사하면 회귀모형 내에서 상관성이 높을 수밖에 없다. 특히 한 독립변수가 다른 독립변수와 선형 조합으로 표현될 경우, 이들 변수는 서로 높은 종속성을 가진다. 예를 들어, 우울, 불안, 스트레스 등과 같은 심리 상태는 정신적 고통이라는 공통된 기저 요인을 공유하므로 서로 밀접한 연관성이 있다. 이러한 변수들을 독립변수로 포함할 경우, 다중공선성을 유발하여 종속변수에 미치는 영향을 구별하기가 어렵다. 따라서 연구결과의 신뢰성과 해석력을 높이고 변수 관계를 명확히 규명하기 위해, 다중공선성을 확인하고 적합한 방법으로 해결해야 한다.

둘째, 표본크기와 데이터의 특성으로 인해 발생할 수 있다. 회귀분석에서는 표본크기가 작을수록 다중공선성의 가능성은 커진다. 왜냐하면 작은 표본에서는 독립변수들의 변동성이 제한적이고, 변수 간 상관관계가 더 명확하게 나타나기 때문에 회귀계수의 추정치가 불안정해지고, 표준오차가 증가하여 모형의 신뢰성이 낮아진다. 따라서 충분한 표본크기를 확보하여 변수 간 관계를 더 명확히 파악할 필요가 있다. 데이터의 특성도 다중공선성에 영향을 미친다. 우울, 불안, 트라우마 등과 같이 심리적, 정신적 외상을 측정하는 변수들 간에는 공유하는 정보가 비슷하고 상관성이 높기 때문에 다중공선성이 유발된다. 그리고 데이터 수집 방법도 다중공선성 문제와 관련 있다. 설문조사에서 유사한 문항을 여러 번 반복해서 물으면 데이터가 특정 패턴으로 이어지기 때문에 자연스럽게 독립변수들이 높은 상관관계를 유지하게 된다. 범주형 변수를 더미 변수로 변환하거나, 회귀모형에 더미 변수들이 과도하게 포함되면, 이 역시 다중공선성을 유발할 수 있다.

셋째, 회귀모형에 불필요한 변수들이 포함될수록 다중공선성이 심화된다. 불필요한 변수란 종속변수에 중요한 영향을 미치지 않거나 변수 관계에 혼란을 증가시키는 변수이다. 이러한 변수가 많을수록 모형이 복잡해지고 해석이 어려워지며 다중공선성을 유발한다. 불필요한 변수를 제거하는 것은 모형의 단순성과 안정적인 예측 결과를 얻기 위해 필수적이다. 따라서 상관계수가 높은 변수들 중, 중요도가 낮은 변수를 선택적으로 제거하거나, 주성분 분석으로 상관성이 높은 변수들을 요인으로 추출함으로써 상관관계를 완화할 필요가 있다.

### (2) 다중공선성이 초래하는 문제

첫째, 회귀계수가 불안정해진다. 독립변수 간의 높은 상관성으로 인해 회귀계수의 부호 예측이 어려워지고, 회귀계수가 실제 값과 많이 다를 수 있다. 이러한 문제는 회귀계수의 예측력과 해석 가능성을 떨어뜨린다.

둘째, 표준오차가 증가하고 모형 해석이 어려워진다. 다중공선성 문제가 심할수록 회귀계수의 표준오차가 증가하여, 신뢰구간이 넓어지고, 통계적 유의성이 낮아져 회귀모형의 신뢰성을 저하한다. 그리고 각각의 독립변수가 종속변수에 미치는 개별적인 영향을 명확하게 해석하기 어렵다.

셋째, 회귀모형에서 과적합 문제가 발생한다. 다중공선성이 높으면 모형이 데이터의 세부적인 패턴까지 학습하는 과적합이 발생할 수 있다. 즉, 회귀모형이 데이터에 과도하게 적합하여, 새로운 데이터에 대한 예측력이 떨어지는 현상이 생길 수 있다. 모형의 예측력이 저하되면, 낮은 정확도와 높은 오류를 내포하게 된다. 따라서 회귀분석 실행 전에 다중공선성 여부를 진단해야 한다.

### (3) 다중공선성의 진단 방법

첫째, 독립변수 간의 상관관계를 확인한다. 일반적으로 두 변수 간의 상관계수가 0.8 이상이면 다중공선성을 의심해야 한다. 이 방법은 변수 간의 상관성 정도를 간단히 확인할 수 있는 장점은 있으나 다변량 관계를 반영하지 못하는 한계가 있다.

둘째, 분산팽창지수(Variance Inflation Factor: VIF)를 확인한다. VIF는 각 독립변수가 다른 독립변수와 얼마나 상관성이 높은지를 개별적으로 측정하는 지표이므로 개별 변수의 영향을 평가할 수 있다. VIF 계산 공식을 보면 개념을 쉽게 이해할 수 있다.

$$\mathrm{VIF}(X^i) = \frac{1}{1 - \mathrm{R}_i^2}$$

변수 $X_i$에 대한 결정계수($R^2$)가 0.95라면, 분모는 1−0.95이고 이를 1로 나누면 VIF는 20이다. $R^2$가 0.90이면 VIF는 10이 된다. 여기서 알 수 있는 것은 $R^2$는 독립변수 간의 연관성이 높을수록 커지고, 그로 인해 VIF도 커진다. VIF가 10이상이면 하나의 독립적인 변수로서의 역할을 하기 어렵다는 것을 나타낸다. VIF 해석에 대한 기준은 다음과 같다 (Montgomery et al., 2021).

- $\mathrm{VIF} < 1$: 독립변수 간에 상관관계가 거의 없음.
- $1 \leq \mathrm{VIF} < 5$: 다중공선성이 어느 정도 있으나 허용 가능한 수준
- $5 \leq \mathrm{VIF} < 10$: 다중공선성 가능성이 있으므로 변수 간 관계를 신중하게 재검토할 필요가 있음.
- $\mathrm{VIF} \geq 10$: 다중공선성이 심각하므로 회귀모형을 재구성해야 함.

셋째, 상태지수(Condition Index: CI)를 확인한다. CI는 전체 변수의 구조적 관계를 분석하므로, 모형 전체의 다중공선성을 확인하는 지표이다. VIF와 CI는 회귀분석에서 〈공선성 진단〉을 선택하면 산출되는데, 이를 통해 다중공선성을 평가할 수 있다. 상태지수의 일반적인 해석 기준은 다음과 같다(Montgomery et al., 2021).

- CI < 10: 다중공선성이 거의 없는 상태
- 10≤CI < 30: 다중공선성이 의심되는 상태
- CI≥30: 다중공선성이 심각하게 존재하는 상태

CI가 30을 초과하면, 다중공선성을 해결하기 위해 독립변수 중 일부를 제거하거나 주성분분석과 같은 차원 축소 기법을 적용하는 방법을 고려해야 한다.

### (4) 분석 사례: 분산팽창지수와 상태지수

분산팽창지수(VIF)는 측정이 간단하고 직관적이나 개별 독립변수에 대해서만 평가하므로 모형 전체의 다중공선성을 평가할 수 없는 한계가 있다. 반면에 상태지수(CI)는 모형 전체를 평가할 수는 있으나 개별 변수의 영향은 평가하기 어려운 점이 있다. 따라서 두 지수 모두 확인할 필요가 있다. VIF와 CI에 대한 분석 사례를 살펴보자.

#### 분산팽창지수(VIF)

- 데이터: 성인(n=376)을 대상으로 수집한 자료
- 종속변수: 행복지수
- 독립변수: 가족생활 만족도, 경제적 안정성, 소득, 상대적 박탈감

**<분산팽창지수(VIF)와 상태지수(CI) 확인 과정>**

분석(A) → 회귀분석(R) → 선형(L) → 종속변수(D)와 독립변수(I) 지정 → 통계량(S) 클릭 → 공선성 진단(L) 클릭 → 계속(C) → 확인

- 모든 독립변수의 VIF가 5 미만(1.327~1.929)이므로 다중공선성 문제는 없는 것으로 보인다.

• 공차 한계(tolerance)가 0.1 이하이면 다중공선성의 심각성을 나타내는데, 여기서는 모든 값이 0.5 이상이므로 다중공선성의 문제가 낮은 것으로 판단된다.

**계수**[a]

| 모형 | | 비표준화 계수 | | 표준화 계수 | t | 유의확률 | 공선성 통계량 | |
|---|---|---|---|---|---|---|---|---|
| | | B | 표준화 오류 | 베타 | | | 공차 | VIF |
| 1 | (상수) | 1.871 | .508 | | 3.683 | <.001 | | |
| | 가족생활 만족도 | .444 | .055 | .381 | 8.054 | <.001 | .754 | 1.327 |
| | 경제적 안정성 | .349 | .061 | .328 | 5.752 | <.001 | .518 | 1.929 |
| | 소득 | .007 | .097 | .004 | .075 | .940 | .620 | 1.612 |
| | 상대적 박탈감 | −.010 | .053 | −.009 | −.185 | .854 | .720 | 1.389 |

a. 종속변수: 행복지수

## 상태지수(CI)와 분산 비율

이번에는 다중공선성 여부를 평가해 보기 위해 모형 전체를 검정하는 상태지수와 분산 비율을 살펴보자.

① 상태지수(CI)

• 1차원(고유값=4.725) CI=1.000 → 기준 차원
• 2~3차원 CI=10 미만 → 다중공선성 문제는 없다.
• 4차원 CI=13.098 → 다중공선성이 다소 의심되는 상태이다.
• 5차원 CI=30.514 → 다중공선성 문제가 심각할 가능성이 크다.

② 분산 비율

• 분산 비율은 특정 차원에서 각 독립변수의 분산이 얼마나 집중되어 있는지를 나타낸다.
• 일반적으로 특정 차원에서 두 개 이상의 독립변수가 0.50 이상이면 다중공선성 문제를 의심해야 한다.
• 5차원(상태지수=30.514)에서 상수(0.92)와 소득(0.88)이 높은 분산 비율을 보인다.
• 해석: 소득과 상수항의 높은 분산 비율은 다중공선성 유발 가능성을 시사한다. 상대적 박탈감도 일부 영향을 받을 가능성이 있다.

공선성 진단[a]

| 모형 | 차원 | 고유값 | 상태지수 | 분산 비율 | | | | |
|---|---|---|---|---|---|---|---|---|
| | | | | (상수) | 가족생활 만족도 | 경제적 안정성 | 소득 | 상대적 박탈감 |
| 1 | 1 | 4.725 | 1.000 | .00 | .00 | .00 | .00 | .00 |
| | 2 | .195 | 4.927 | .00 | .02 | .11 | .00 | .25 |
| | 3 | .048 | 9.897 | .00 | .79 | .44 | .00 | .04 |
| | 4 | .028 | 13.098 | .08 | .18 | .38 | .12 | .53 |
| | 5 | .005 | 30.514 | .92 | .01 | .07 | .88 | .18 |

a. 종속변수: 행복지수

③ 시사점과 해결 방법

- 시사점: 이러한 분석 결과는 다중공선성 진단이 VIF만으로 부족하고 상태지수까지 확인해야 한다는 것을 분명히 말해 준다.
- 해결 방법: 소득이 다른 변수들과 강한 다중공선성을 가질 가능성이 크다. 소득은 행복지수에 유의한 영향을 미치지 않으므로(p=0.940), 소득 변수를 제거하거나 로그 변환(log) 및 표준화(Z-score) 등을 거쳐야 할 필요가 있다.

### ● 변수 제거 후의 공선성 검정과 회귀분석 결과

소득과 상대적 박탈감 간에 존재하는 다중공선성을 해결하기 위해, 소득 변수를 빼고 다시 분석한 결과는 다음과 같다.

① 상태지수(CI)

- 상태지수는 30.514 → 10.357(4차원)로 대폭 감소하였다.
- 일반적으로 10을 초과하면 다중공선성 가능성이 있으나, 30을 넘지 않으므로 심각한 수준은 아니다.

② 분산 비율

- 가족생활 만족도(0.23), 경제적 안정성(0.24), 상대적 박탈감(0.39)이 같은 차원에서 다소 높은 경향이 있다.
- 이들 변수 간에 다중공선성이 존재할 가능성은 있으나, 분산 비율에 대한 해석 기준(0.50 이하)을 참조하면 심각한 수준은 아니다.

**공선성 진단[a]**

| 모형 | 차원 | 고유값 | 상태지수 | 분산비율 | | | |
|---|---|---|---|---|---|---|---|
| | | | | (상수) | 가족생활 만족도 | 경제적 안정성 | 상대적 박탈감 |
| 1 | 1 | 3.740 | 1.000 | .00 | .00 | .01 | .01 |
| | 2 | .194 | 4.391 | .00 | .02 | .14 | .25 |
| | 3 | .048 | 8.829 | .00 | .34 | .31 | .06 |
| | 4 | .018 | 10.357 | 1.00 | .23 | .24 | .39 |

a. 종속변수: 행복지수

③ 변수 제거 후의 회귀분석 결과

- 변수 제거 후 다중공선성이 완화됨으로 인해 회귀계수의 예측력과 독립변수가 종속변수에 미치는 개별적인 영향도 확연히 다르게 나타났다.
- 네 변수 모두 포함한 경우에는 소득과 상대적 박탈감이 유의하지 않았으나, 변수(소득) 제거 후에는, 상대적 박탈감이 $p<0.001$ 수준에서 매우 유의한 영향을 미치는 것으로 나타났다.
- 이러한 결과는 다중공선성 문제가 존재하면 변수의 영향력을 정확하게 추정하기 어렵고, 그로 인해 모형 예측력이 떨어진다는 것을 시사한다.

**계수[a]**

| 모형 | | 비표준화 계수 | | 표준화 계수 | t | 유의확률 | 공선성 통계량 | |
|---|---|---|---|---|---|---|---|---|
| | | B | 표준화 오류 | 베타 | | | 공차 | VIF |
| 1 | (상수) | −1.746 | .228 | | −7.643 | <.001 | | |
| | 가족생활 만족도 | .468 | .041 | .466 | 11.308 | <.001 | .762 | 1.312 |
| | 경제적 안정성 | .226 | .041 | .247 | 5.499 | <.001 | .640 | 1.563 |
| | 상대적 박탈감 | −.172 | .039 | −.184 | −4.385 | <.001 | .738 | 1.354 |

a. 종속변수: 행복지수

### (5) 다중공선성의 해결 방안

다중공선성 문제를 해결할 수 있는 몇 가지 방안이 있다. 이러한 방안을 적절히 활용하면 관련 문제를 완화할 수 있다.

첫째, 다중공선성을 유발하는 변수를 모형에서 제거한다. 상관계수, VIF, 상태지수 등을 기준으로 상관관계를 확인하고, 중복되는 정보를 제공하는 변수를 제거한다. 높은 상관관계가 있는 독립변수를 모형에서 제거할 때, 연구 목적이나 종속변수와의 관계, 변수의 중요도 등을 고려해야 한다. 만약 관련 변수를 모형에서 제외하는 것이 연구 목적에 부담을 줄 경우, 상관성이 높은 변수를 로그나 제곱근으로 변환하면 다중공선성을 완화할 수 있다.

둘째, 주성분 분석으로 상관관계가 높은 변수들을 요인으로 결합하여 새로운 통합변수를 생성한다. 이는 변수 차원을 축소함으로써 다중공선성을 줄일 수 있다. 주성분 분석은 다수의 상호 관련된 변수들을 하나의 요인(factor)으로 묶는 방법이다. 이 방법은 변수들 간에 공통적 특성이 있다고 전제하는데, 수렴적 타당성이 있고 상관관계가 높은 유사한 성향이 있는 항목들을 한 요인으로 묶는다.

셋째, 변수들을 결합하거나 변수 선택 기준을 강화한다. 서로 밀접한 관계를 가진 변수들을 하나로 합쳐 새로운 변수를 구성하면, 해석하기 쉽고 다중공선성을 줄일 수 있다. 예를 들어, 소셜 미디어 콘텐츠의 인기와 참여도는 '좋아요'와 '댓글' 수를 결합하여 평가할 수 있다. BMI 지수는 키와 몸무게가 상관관계가 높기 때문에 이를 결합해서 단일 변수로 지표화한 것이다. 자기조절능력과 대인관계능력을 합친 변수가 회복탄력성이다. 이와 같이 상관관계가 높은 변수들을 결합함으로써 다중공선성을 완화할 수 있다. 또한 변수 선택 기준을 강화할 필요가 있다. 변수 선택 시 상관계수나 VIF, 상태지수 등의 지표를 기준으로 다중공선성을 진단한다. 진단 결과 VIF가 10 이상이거나 상태지수가 30에 가까우면, 두 변수 중 하나를 분석에서 제외하거나 변수 값을 로그나 제곱근으로 변환하거나 비모수 모형을 구성해야 한다.

## 3. 회귀모형

### 1) 회귀모형의 개념과 구성 요소

회귀모형(regression model)은 이론적 개념으로 독립변수와 종속변수의 관계를 예측하기 위한 통계적 틀(frame)이다. 이 틀은 데이터 분석과 예측의 핵심 도구로, 변수 간 관계를 수량적으로 측정하고 이해하는 데 중요한 역할을 한다. 회귀모형을 구성하기 위해 필요한 요소는 다음과 같다.

- 독립변수(설명변수, 예측변수): 종속변수에 영향을 미치는 변수이며, 여러 개일 수 있다.
- 종속변수(반응변수, 결과변수): 설명하거나 예측하고자 하는 변수이며, 독립변수에 의해 영향을 받는다.
- 회귀계수: 독립변수들이 종속변수에 미치는 영향을 나타내는 계수이며, 데이터를 통해 추정된다. 회귀계수는 기울기(slope)와 절편(intercept, 상수)으로 나타난다.
- 오차항: 회귀모형이 설명하지 못하는 부분이며, 관측값과 예측값의 차이를 반영한다.

이러한 구성 요소를 포함한 회귀모형의 일반적인 형태는 다음과 같다.

$$\mathrm{Y} = \beta_0 + \beta_1 \mathrm{X} + e$$

Y = 종속변수
X = 독립변수
$\beta_0$ = 절편(X가 0일 때의 Y의 값)
$\beta_1$ = 기울기(X가 Y에 미치는 영향을 나타내는 회귀계수)
$e$ = 오차항(회귀모형이 설명하지 못하는 부분)

만약 독립변수가 여러 개이면 $X_1$, $X_2$, ⋯ $X_n$이 되고, 이에 상응하는 회귀계수는 $\beta_1$, $\beta_2$, $\beta_n$이다. 기울기($\beta_1$)는 독립변수와 종속변수 간의 관계를 설명하는 회귀계수이며, 이를 토대로 예측 모형을 구축할 수 있다. 오차($e$)는 실제 관측값과 회귀모형에 의해 예측된 값 간의 차이를 나타내는데, 회귀모형은 데이터에서 설명되지 않는 부분을 오차로 처리한다.

회귀모형에서 충족되어야 할 추가적인 구성 요소가 있다.

- 잔차: 관측값에서 예측값을 뺀 차이이며 모형 적합도를 평가한다.
- 결정계수: 독립변수가 종속변수의 변동을 얼마나 설명하는지를 나타낸다.
- 기본 가정: 회귀모형이 성립되려면, 기본 가정들이 충족되어야 한다.

## 2) 회귀모형의 형태에 따른 분류

회귀모형은 분석 목적, 데이터의 특성, 변수의 수와 변수 관계에 따라 다양한 형태로 분류된다.

- 독립변수의 수에 따른 분류
  - 단순회귀: 하나의 독립변수와 하나의 종속변수 간의 관계를 설명
  - 다중회귀: 두 개 이상의 독립변수와 하나의 종속변수 간의 관계를 설명
- 종속변수의 형태에 따른 분류
  - 선형회귀: 종속변수가 연속형 변수인 경우
  - 로지스틱 회귀: 종속변수가 이산형(범주형) 척도일 경우
- 독립변수와 종속변수의 관계에 따른 분류
  - 선형회귀: 독립변수와 종속변수 간 관계가 선형(직선)인 경우
  - 비선형 회귀: 독립변수와 종속변수 간 관계가 비선형(곡선)인 경우
- 모형 형태 및 기법에 따른 분류
  - 일반 선형모형: 선형회귀, 분산분석, 공분산분석
  - 일반화 선형모형: 종속변수가 정규분포를 따르지 않을 경우(로지스틱 회귀, 포아송 회귀 등)

- 혼합 모형: 고정 효과와 랜덤 효과를 함께 고려할 경우
- 리지 및 라소(Ridge & Lasso)회귀: 변수 선택 및 과적합 방지를 위한 정규화 기법

• 데이터 수집 기간 및 구조에 따른 분류
- 시계열 회귀: 동일한 하나의 집단에 대해, 시간의 흐름에 따른 변화를 규명하기 위해 수집한 데이터를 분석하는 모형이다. 데이터는 일정한 간격(예: 매월, 매분기, 매년 등)으로 수집되므로, 트렌드(추세), 계절성, 자기상관성이 중요한 분석 요소이다(예: 한국의 삶의 질 변화 추세를 연도별로 수집한 데이터).
- 패널데이터 회귀: 여러 집단에 대해, 시간의 흐름에 따른 변화를 비교하기 위해 반복 수집한 데이터를 분석하는 모형이다. 이 모형은 집단 간 차이(횡단적 데이터)와 시간에 따른 변화(시계열 데이터)를 모두 포함한다. 시계열 데이터보다 복잡한 면이 있으나, 집단별 특성이나 이질성, 추세 변화를 모두 분석할 수 있다(예: OECD 국가의 10년간 연도별 삶의 질 추세).

이상과 같이 회귀모형은 다양하게 분류되므로 데이터와 변수의 특성에 맞는 적합한 모형을 선택하는 것이 중요하다.

### 3) 회귀모형과 회귀식의 차이점

회귀분석에서 회귀모형과 회귀식은 밀접하게 연관되어 있으나 의미와 역할은 다르다. 회귀모형은 이론적으로 독립변수와 종속변수의 관계를 예측하기 위한 통계적 구조이며, 기본 가정(선형성, 독립성, 정규성, 분산의 동질성)을 포함한다.

회귀식(regression equation)은 회귀모형에서 추정된 계수를 기반으로 한 수식으로, 독립변수와 종속변수 간의 관계를 설명하고 예측한다. 따라서 회귀식은 분석 결과에서 주어진 값으로 구성된다.

〈표 4-1〉 회귀모형과 회귀식의 차이점

| 구분 | 회귀모형 | 회귀식 |
|---|---|---|
| 정의 | 변수 관계를 나타내는 이론적 프레임 | 데이터로 분석한 결과물 |
| 형태 | 수학적 표현이며 절편, 기울기, 오차항 포함<br>$Y=\beta_0 + \beta_1 X + e$ | 실질적 수식이며 추정된 값을 대입<br>Y=1.678 + (0.239*X) |
| 사용 목적 | 이론적으로 모형을 정의 | 설명 및 예측에 사용 |
| 가변성 | 추정 전까지는 미지수 | 고정된 수식으로 표현 |

소득(독립변수 X)과 행복지수(종속변수 Y)의 관계를 나타내는 회귀모형과, 분석 결과를 토대로 한 회귀식을 비교해 보자.

회귀모형: $Y=\beta_0 + \beta_1 X + e$
회귀식: Y=1.678 + (0.239*X)
절편($\beta_0$)=소득이 0일 때의 행복지수=1.678
기울기($\beta_1$) =소득이 행복지수에 미치는 영향을 나타내는 회귀계수=0.239
$e$=오차항(회귀모형이 설명하지 못한 변동)

회귀식에 소득과 추정된 모수(절편과 기울기)를 대입하면 행복지수를 예측할 수 있다. 이와 같이 회귀식을 통해 변수 간 관계를 이해하고 종속변수를 추론할 수 있다.

한 가지 언급할 필요가 있는 것은, 회귀모형에는 오차항($e$)이 있으나 회귀식에는 오차항을 생략하는 경우가 있다는 것이다. 그 이유는 다음과 같다.

첫째, 회귀모형에는 오차항이 실제 값과 회귀식으로 예측한 값의 차이를 나타낸다. 그러나 회귀식을 예측 모형으로 사용할 때는 예측된 값을 제시하기 위해 오차항을 생략할 수 있다.

둘째, 오차항은 회귀모형의 잔차 분석이나 적합도를 평가할 때는 중요한 역할을 하지만, 모형의 구조나 주요 변수 간 관계를 논의할 때는 직관적 이해를 돕기 위해 생략해도 무방하다.

셋째, 회귀분석에서 계수를 추정하는 과정에 오차항은 이미 반영되어 있으므로, 회귀식에는 변수 간 관계와 예측에 초점을 두고 단순하게 표현할 수 있다.

# 제5장
# 단순회귀분석

## 1. 단순회귀분석의 필요성

회귀분석은 독립변수의 수에 따라 단순회귀와 다중회귀로 구분한다. 단순회귀분석은 하나의 독립변수와 종속변수 간 관계를 추정한다. 다중회귀분석은 둘 이상의 독립변수와 종속변수 간 관계를 설명하고 예측한다. 대부분의 회귀분석은 다중회귀모형을 검정하는데, 그 이유는 현상이 다수 원인이 작용하여 나타난 결과이기 때문이다. 하지만 실용적인 모형을 개발하거나 변수 간 선형 관계를 시각적, 직관적으로 확인할 필요가 있을 때는 단순회귀모형이 유용하다.

### 1) 실용적인 모형 개발

단순회귀는 하나의 독립변수로 종속변수를 예측하기 때문에 간단한 모형을 가지고 있어, 분석 결과를 직관적으로 이해하고 쉽게 활용할 수 있다. 따라서 복잡한 변수 관계를 단순화하여 예측 가능한 실용 모형을 개발할 때 단순회귀분석이 적합하다. 단순회귀분석의 실용적인 필요성을 좀 더 자세히 살펴보면 다음과 같다.

- 경향성 파악: 데이터에 포함된 다수의 변수 중 논리적으로 중요한 하나의 독립변수를 선택하여 종속변수에 미치는 경향성(양의 관계 또는 음의 관계)을 파악하거나 가설검정이 필요한 경우에 단순회귀분석을 한다.
- 현상에 대한 이해: 단순회귀분석은 변수 간 관계와 상관성을 이해하는 데 도움을 준다. 이는 특정 현상을 이해하거나 미래를 예측하는 기반으로 작용하며, 다양한 분야

에서 의사결정을 할 때 데이터를 기반으로 한 근거를 제공한다.

- 데이터의 기본 패턴 이해: 단순하고 실용적인 모형은 간단한 실험 결과를 해석하거나, 연구 초기 단계에 여러 변수를 포함한 회귀모형을 분석하기 전에 간단한 모형으로 데이터의 기본 패턴을 이해하고 예측력을 개선할 때 적합하다.

단순회귀분석은 두 변수 간의 관계를 분석하는 것을 넘어, 결과를 현상에 적용하는 방안을 모색하는 데 중점을 둔다. 방안 모색은 변수 선택과 데이터 탐색을 비롯하여 모형의 적합성 평가와 개선 방향 등의 단계를 거쳐서 달성할 수 있다.

- 변수 정의: 연구 목적에 맞는 독립변수와 종속변수를 명확히 정의한다.
- 데이터 탐색 및 시각화: 데이터 분포와 결측치, 이상값 존재 여부, 선형성 등을 확인한다. 데이터 분포와 특성을 이해하기 위해 산점도를 통해 두 변수 간 관계를 시각적으로 확인할 필요가 있다.
- 모형화: 독립변수와 종속변수 간 관계를 회귀모형으로 구성한다.
- 모형의 적합성 평가: 모형이 데이터를 얼마나 설명하는지를 나타내는 결정계수와 모형의 가정(선형성, 독립성, 정규성, 분산의 동질성)이 충족되는지를 확인하다.
- 결과 해석 및 적용: 회귀계수의 의미를 해석하고 독립변수가 종속변수에 미치는 영향력을 평가한다. 분석 결과를 토대로 현상을 예측하거나 데이터의 일반화 가능성을 점검하고, 연구 문제와 관련된 인사이트를 도출한다.
- 모형 개선: 실제 현상에 적용 가능하도록 모형을 조정하거나 개선한다. 데이터를 좀 더 확보하거나, 독립변수를 추가하여 다중회귀모형으로 확장하거나, 비선형 관계가 있다면 변수를 로그로 변환하거나 다항회귀분석을 고려한다.

### 2) 선형 관계 확인 및 종속변수 예측

단순회귀분석은 변수 간 선형 관계를 모형화하는 가장 기본적인 방법이며, 데이터 분석과 예측에 필요한 도구이다. 단순회귀분석을 효과적으로 이용하기 위해, 독립변수와 종속변수 간에 선형 관계가 존재해야 한다. 선형 관계는 두 변수의 변화가 직선 형태로 움직이는 관계이므로 한 변수의 변화가 다른 변수에 일정한 비율로 영향을 미친다. 이러한 관계를 회귀모형으로 구성하고, 분석 결과를 토대로 회귀식을 만들면 변수 간 관계를 예측할 수 있다.

현장에서 독립변수의 값으로 종속변수의 값을 예측하는 경우에도 단순회귀분석이 유용하다. 예를 들어, 임상심리 치료가 심리적 반응(불안, 우울증 등)에 미치는 영향을 알고 싶을 경우, 회귀모형과 회귀식을 기반으로 치료가 3회 진행되면 심리적 반응이 몇 점 일지를 빠르게 예측할 수 있다. 그리고 임상심리 치료가 지속될수록 심리적 반응도 일관되게 같은 정도로 좋아지는지, 효율적인 치료효과는 몇 회까지 지속되는지도 추론할 수 있다.

이와 같이 단순회귀분석은 독립변수와 종속변수의 관계를 검정하는 간단하고 직관적인 방법이며, 데이터의 경향성과 구조를 파악하거나 두 변수의 변동성을 예측하는 실용적인 모형을 설계할 필요가 있을 때 유용하다. 하지만 현상을 반영하는 종속변수는 현실적으로 다양한 변수의 영향을 받는 경향이 있으므로 단순회귀분석만으로 현상을 규명하는 것은 한계가 있을 수 있다. 따라서 보다 정교한 분석이 필요할 경우에는 다중회귀분석을 활용해야 한다.

## 2. 단순회귀모형과 분석 사례

단순회귀모형으로는 독립변수가 종속변수에 미치는 영향을 정량적으로 측정하고 예측할 수 있다.

$$Y = \beta_0 + \beta_1 X + e$$

Y＝종속변수
X＝독립변수
$\beta_0$＝절편(X가 0일 때의 Y의 값)
$\beta_1$＝기울기(회귀계수; X가 한 단위 증가할 때 Y가 변하는 값)
$e$＝오차(실제값과 예측값의 차이)

회귀모형에서 회귀계수($\beta_1$)는 독립변수가 한 단위 증가 또는 감소할 때 종속변수가 얼마나 변화하는지를 나타낸다. 회귀계수가 양수인지 음수인지에 따라 독립변수와 종속변수가 변화하는 방향이 달라진다. 회귀계수의 크기를 기준으로 독립변수가 종속변수에 미치는 영향을 해석할 수 있고, 독립변수 간의 영향을 비교할 수 있으며, 새로운 데이터에 대한 예측 모형을 구축할 수 있다.

## SPSS 분석 과정과 분석 결과

분석(A) → 회귀분석(R) → 선형(L) → 종속변수(D)와 독립변수(I) 지정 → 확인

단순회귀모형으로 소득과 행복지수 간의 관계를 분석해 보자. 여기서 종속변수는 행복지수이고, 독립변수는 부의 수준을 반영하는 소득이다.

$$행복지수 = \beta_0 + \beta_1(소득) + e$$

① 회귀계수 해석

- 상수(절편): $B = 1.678$, $p < 0.001$
- 소득이 0일 때의 예상 행복지수는 1.678이며, p값(0.001)은 통계적으로 유의미하다.

② 소득의 회귀계수($B = 0.239$, $p = 0.007$)

- 회귀계수 0.239는 소득이 1단위(1만 원) 증가할 때 행복지수가 평균적으로 0.239만큼 증가한다는 것을 나타낸다.
- 소득의 회귀계수에 대한 p값도 일반적 유의수준($p < 0.05$)보다 작아 소득이 행복지수에 유의미한 영향을 미친다고 볼 수 있다.

③ 회귀식

분석 결과를 토대로 회귀식을 구성하면 다음과 같다.

- 행복지수 = 1.678 + (0.239 × 소득) + 0.092
- 회귀식에 소득을 대입하면 행복지수가 어느 정도인지를 예측할 수 있다. 이와 같이 회귀식을 통해 변수 관계를 이해하고 종속변수를 추론할 수 있다.

계수[a]

| 모형 | | 비표준화 계수 | | 표준화 계수 | t | 유의확률 |
|---|---|---|---|---|---|---|
| | | B | 표준화 오류 | 베타 | | |
| 1 | (상수) | 1.678 | .415 | | 4.046 | <.001 |
| | 소득 | .239 | .092 | .141 | 2.734 | .007 |

a. 종속변수: 행복지수

* 데이터: 성인 376명을 대상으로 수집

④ 시사점

- 소득이 행복지수에 긍정적인 영향을 미친다.
- 하지만 표준화 계수($\beta$=0.141)가 크지 않으므로 영향력이 매우 강하다고 보기는 어렵다.
- 이는 소득 증가와 더불어 행복지수도 높아지지만, 영향력은 제한적이라는 것을 의미한다.

## 3. 회귀모형의 적합성

회귀모형의 적합성(goodness of fit)은 모형이 데이터를 얼마나 설명하는지, 예측력이 어느 정도인지를 평가한다. 적합성 지표로는 결정계수($R^2$), F값, 잔차 등 세 가지가 있다.

### 1) 결정계수와 추정 표준오차

회귀모형에서 가장 널리 사용되는 적합성 지표는 결정계수($R^2$)이며, 모형이 종속변수의 전체 변동성을 어느 정도 설명하는지를 나타낸다. 값의 범위는 0에서 1이며, 1에 가까울수록 독립변수가 종속변수의 변동성을 더 잘 설명하고, 예측력이 높다는 것을 의미한다. 결정계수는 설명된 분산 비율이므로, 남은 비율($1-R^2$)은 회귀모형이 예측하지 못한 분산이다. 예를 들어, 결정계수가 0.5라면, 회귀모형이 종속변수의 전체 변동성을 50% 설명하고, 나머지 50%는 설명하지 못한 부분이다.

결정계수의 크기를 해석하는 데 있어서 경험적 법칙에 기반한 보편적 해석 기준(Frost, 2020; Montgomery et al., 2021)은 다음과 같다.

- 낮은 설명력: 0.1~0.3
- 보통의 설명력: 0.3~0.5
- 높은 설명력: 0.5~0.7
- 매우 높은 설명력: 0.7 이상

이러한 기준도 학문 분야나 연구 맥락, 데이터 유형(빅데이터 vs 서베이; 미시 vs 거시 데이터) 등에 따라 차이가 있다. 인간행동과 사회현상이 중심인 사회과학 분야에서는 결정계수가 낮아도 개별 독립변수의 유의성이 크다면 연구 가치가 있을 수 있다(Cameron & Trivedi, 2005; Gujarati & Porter, 2009). 그리고 거시 데이터를 주로 분석하는 사회정책이나 경제학 분야는 기본적으로 0.5 이상의 높은 값이 요구되기도 한다. 회귀모형이 현상을 예측해야 할 경우에는 결정계수가 높은 것이 바람직하고, 탐색 연구나 초기 연구일 경우에는 낮은 결정계수도 유의미할 수 있다. 자연과학이나 공학, 생명과학은 사회과학보다 더 높은 결정계수가 요구된다.

이처럼 분야마다 해석 기준이 다른 것은 모든 현상에 적용할 수 있는 단일한 기준이 없기 때문이다. 따라서 결정계수를 절대적인 기준으로 삼지 않고, 연구 목적과 데이터의 특성에 따라 평가할 필요가 있다(Wooldridge, 2020).

SPSS에서 회귀분석을 실행하면, 모형 요약에 결정계수와 추정 표준오차를 볼 수 있다. 이 지표들은 회귀모형의 적합성을 평가하므로 종합적으로 고려해야 한다. 추정 표준오차는 종속변수의 실제값과 예측값 간의 차이를 반영하는 지표이다. 따라서 추정 표준오차값이 작을수록 회귀모형의 예측이 정확하다는 것을 나타낸다. 이는 여러 모형이 있을 경우, 추정 표준오차 값이 낮은 모형을 선택해야 정확한 결과를 얻을 수 있다는 것을 시사한다. 예를 들어, 모형 A와 B가 있다고 가정하자. 추정 표준오차가 모형 A는 3.5, 모형 B는 2.4라면, 모형 B가 모형 A보다 예측 오차가 적고 더 신뢰할 수 있는 모형이라는 것을 말해 준다.

**모형 요약**

| 모형 | R | R 제곱 | 수정된 R 제곱 | 추정값의 표준오차 |
|---|---|---|---|---|
| 1 | .548[a] | .301 | .297 | .987 |

a. 예측자: (상수), 소득

b. 종속변수: 행복지수

- R 제곱=0.301
  - 소득이 행복지수의 변동성(변량)을 30.1% 설명한다.
  - 사회과학에서 결정계수가 0.3 이상이면 유의미한 것으로 간주되는 경향이 있다.
- 추정 표준오차=0.987
  - 실제값이 회귀식으로 예측한 값에서 평균적으로 ±0.987 정도의 오차가 있다.
  - 만약 평균 행복지수가 10이라면, 실제 행복지수는 9.013~10.987 범위 내에 있다.

## 2) F값과 잔차

F값은 종속변수와 독립변수로 구성된 회귀모형이 유의한지를 검정하는 통계량이다. 이 통계량은 회귀모형이 설명하는 종속변수의 변동(회귀 제곱합)과 회귀모형이 설명하지 못하는 종속변수의 변동(잔차 제곱합), 그리고 자유도를 기준으로 산출된다. F값은 클수록 회귀모형의 설명력이 크고, 유의확률이 0.05보다 작으면, 회귀모형이 종속변수의 변동성을 설명하는 유의미한 독립변수를 포함하고 있다는 것을 의미한다.

잔차 분석은 모형의 적합성을 평가하고, 모형이 데이터를 잘 설명하는지 여부를 판단할 수 있다. 잔차 평균이 0에 가까우면, 모형의 예측값이 실제 관측값을 잘 반영한다는 것을 나타낸다. 그리고 잔차는 정규분포를 따르는 것이 이상적이며, 분산은 일정해야 하고, 특정한 패턴이 없어야 한다. 잔차 분산이 일정하지 않으면(분산의 동질성이 위배되면), 예측값에서 오차가 더 크거나 더 작아질 수 있는데, 이는 모형의 신뢰성을 떨어뜨리는 요인으로 작용한다. 따라서 잔차 플롯으로 패턴을 확인하고, 더빈-왓슨 검정으로 잔차의 독립성을 평가하며, Levene 검정으로 잔차의 등분산성을 확인할 필요가 있다.

### (1) 분석 사례와 해석

회귀분석 결과에서 분산분석(ANOVA) 표는 제곱합을 회귀와 잔차로 분리해서 제시한다. 여기서 F값은 회귀모형의 적합성을 검정하고, 잔차는 모형이 데이터를 잘 설명하는지를 나타낸다.

ANOVA[a]

| 모형 | | 제곱합 | 자유도 | 평균제곱 | F | 유의확률 |
|---|---|---|---|---|---|---|
| 1 | 회귀 | 114.511 | 1 | 57.255 | 53.556 | <.001[b] |
| | 잔차 | 387.006 | 362 | 1.069 | | |
| | 전체 | 501.516 | 364 | | | |

a. 종속변수: 행복지수
b. 예측자: (상수), 소득

- F값: 53.556
  - 회귀모형의 유의성을 나타내는 통계량이며, F값이 클수록 독립변수가 종속변수를 더 잘 설명한다.
  - F값이 $p<0.001$ 수준에서 유의하므로, 독립변수(소득)와 종속변수(행복지수) 간의 관계를 추론하는 회귀모형은 적합하다.
- 회귀 제곱합: 114.511
  - 소득(독립변수)이 행복지수(종속변수)를 설명하는 정도를 나타낸다.
  - 전체 변동량(501.516) 중 소득이 행복지수의 변동을 114.511만큼 설명한다.
- 잔차 제곱합: 387.006
  - 회귀모형이 설명하지 못한 변동량을 나타낸다.
  - 즉, 소득만으로 설명할 수 없는 행복지수의 변동이 387.006만큼 존재한다.
  - 잔차 제곱합이 회귀 제곱합보다 큰데, 이는 모형의 설명력에 문제가 있다는 것을 반영한다.

### (2) 잔차 문제와 해결 방안

회귀 제곱합보다 잔차 제곱합이 더 크다는 것은 독립변수가 종속변수(예: 행복지수)의 변동을 충분히 설명하지 못하고, 그로 인해 모형이 적절하지 않을 수 있다는 것을 나타낸다. 이런 경우, 내재된 문제는 다음과 같다.

#### ① 잔차 제곱합이 큰 이유

첫째, 모형의 부적합성을 나타낼 수 있다. 모형이 데이터 패턴을 잘 설명하지 못하거나, 예측값과 실제값 간의 차이가 크기 때문에 잔차 제곱합이 증가할 수 있다.

둘째, 종속변수 예측에 다른 중요한 변수가 누락되었을 수 있다. 독립변수로 포함되지 않은 중요한 변수(건강, 사회적 관계 등)가 있을 수 있고, 그런 변수가 모형에 포함되지 않아 설명력이 떨어진 것이다.

셋째, 종속변수와 독립변수 간의 관계가 선형이 아닐 수도 있다. 즉, 선형회귀모형이 비선형 관계를 잘 설명하지 못해서 잔차가 증가했을 수 있다. 예를 들어, 행복지수와 소득의 관계가 선형이 아니라 소득이 일정 수준 이상일 때 행복 증가율이 낮아지는 곡선형 관계라면 두 변수 간의 관계는 비선형이라고 보아야 한다.

넷째, 데이터에 포함된 극단치가 잔차를 확대해서 제곱합을 증가시켰을 수 있다. 데이터에 극단치가 존재하면, 모형의 적합도가 저하되고 예측력 또한 떨어지는 경향이 있다.

### ② 해결 방안

- 독립변수 추가
  - 설명력이 높은 독립변수를 모형에 추가한다.
  - 예를 들어, 행복지수를 예측하는 데 소득만으로는 한계가 있으므로 건강, 인간관계, 직업 만족도 등을 모형에 추가하면 설명력을 높일 수 있다.
  - 이런 경우, 다중회귀분석을 수행하여 보다 적절한 독립변수를 찾을 수 있다.
- 변수 변환(비선형 관계 고려)
  - 독립변수와 종속변수 간의 관계가 선형이 아닐 수도 있으므로 이를 고려해야 한다.
  - 변수를 로그나 제곱근으로 변환하거나 다항 회귀, 상호작용항 추가 등으로 비선형성을 반영한다.
  - 예를 들어, 행복지수와 소득의 관계가 선형이 아니라면 로그로 변환해서 분석한다.
- 이상치 확인
  - 데이터에 이상치 또는 극단치가 있는지를 확인한다.
  - 잔차 플롯을 통해 시각적으로 확인하고 이상치를 제거하거나 통계적 방법으로 조정한다.
- 다른 회귀 기법 사용
  - 단순선형회귀가 적절하지 않을 경우, 라소(LASSO) 회귀, 릿지(Ridge) 회귀 등의 기법을 적용하여 결과를 비교하고 최적의 모형을 찾는 과정이 필요하다.

## 4. 원점을 지나는 회귀모형

원점을 지나는 회귀모형은 회귀분석에서 절편(상수)을 0으로 고정한 모형이다. 이는 회귀선에서 독립변수(X)와 종속변수(Y)가 (0,0)을 지난다는 것을 의미한다. 즉, 두 변수의 관계를 예측하는 데 가장 적합한 선이 그래프의 원점을 통과하는 것이다. 여기서 절편이 0이라는 것은 X가 0일 때, Y의 고정된 시작 값, 즉 상수항이 없다는 것을 나타낸다. 따라서 원점을 지나도록 설정된 회귀모형은 Y값이 X값에 비례하여 증가하는 경향을 더 명확하게 반영할 수 있다.

일반 모형(모형 1)은 Y의 절편인 $\beta_0$(상수항)를 포함한다. 이 모형의 특징은 독립변수(X)가 0일 때, 종속변수(Y) 값은 $\beta_0$라는 점이다. 그리고 일반 모형에서 상수항은 데이터의 중심(평균)을 맞추고, 모형의 예측력을 높이는 중요한 역할을 한다. 반면, 원점을 지나는 모형(모형 2)은 절편이 0으로 고정되어 X가 0일 때 Y도 0이라는 것을 전제하므로 회귀선은 반드시 원점을 지나게 된다.

모형 1(일반 모형): $Y=\beta_0 + \beta_1 X$
모형 2(원점을 지나는 모형): $Y=\beta X$

회귀계수($\beta$)는 회귀선의 기울기이며, 독립변수가 0일 때 종속변수도 0으로 예측한다. 그리고 회귀계수는 독립변수가 한 단위 변할 때 종속변수가 얼마나 변하는지를 나타낸다. 예를 들어, $\beta=2$라면, 독립변수가 1단위 증가할 때 종속변수는 2단위 증가한다는 것을 말해 준다.

원점을 지나는 회귀모형은 특정 상황이나 조건에서 현상을 더 자연스럽게 반영하는 경향이 있고, 데이터가 원점 근처에 있거나 데이터 분포가 원점을 포함할 경우에 적합하다. 하지만 상수항이 없기 때문에 데이터의 중심을 정확히 표현하는 데 한계가 있다. 또한 원점을 지나는 회귀분석은 일반 회귀분석과 유사하게 최소자승법을 적용할 수 있지만, 절편이 0이라는 제약 조건이 있다. 구체적으로 원점을 지나는 회귀선이 어떤 경우에 적합한지를 살펴보자.

## 1) 이론적으로 원점을 지나는 경우

원점을 지나는 회귀모형은 독립변수가 0일 때 종속변수도 반드시 0이 되어야 하는 논리적 필연성이 있을 경우에 적합하다. 이론적 근거가 중요한 이유는 잘못된 결론이나 왜곡된 해석을 방지하고 데이터의 적합성과 신뢰성을 확보하기 위해서이다. 즉, 원점을 지나는 회귀모형은 절편(상수항)을 0으로 강제하는데, 만약 데이터가 0을 지나는 가정이 이론적 근거가 없다면, 실제 데이터와 모형 간에 불일치가 발생하여 예측력이 떨어지고 결정계수와 같은 적합도 지표가 낮아진다. 따라서 원점을 지나는 회귀모형을 적용하려면 이론적, 논리적 근거를 명확히 제시해야 한다. 그렇지 않으면 절편을 포함하는 일반 모형이 더 적합하다.

이론적 근거가 뒷받침된다면 절편이 없는 모형이 계산과 해석이 더 간단하고, 모형의 파라미터 수가 줄어 과적합 문제를 완화할 수 있다. 사회과학 분야에서 원점을 지나는 회귀모형이 논리적으로 적합한 경우를 예로 들면 다음과 같다.

**예 1 동기와 성과**

- 내적 동기가 존재하지 않을 때 행동 수행에 대한 성과도 0이 되는 경우에 적합하다. 내적 동기가 전혀 없는 상태가 0이라면 성과를 내고자 하는 행동도 따르지 않는다고 가정할 수 있으므로 절편이 필요하지 않다.
- 이런 경우, 내적 동기가 존재하지 않는 상태를 기준으로 성과를 설명하기 위해서는 원점에 대한 가정이 논리적이다.

**예 2 심리적 자극과 생리적 반응**

- 심리적 자극이 전혀 없는 상태에서 생리적 반응이 0이 되는 상황을 가정하면, 원점을 지나는 관계가 합리적일 수 있다.
- 실제로 자극 강도와 반응 시간 간의 인과관계를 검정한 연구에서 절편 없는 회귀모형으로 분석한 사례들이 있다.

**예 3 심리 측정과 문항 점수**

- 심리적 특성을 측정하는 문항 점수의 합이 총점과 비례하는 경우, 측정 문항의 점수가 0이면 총점도 0이어야 한다.
- 따라서 절편 없이 기울기만을 고려하는 모형이 논리적으로 타당하다.

하나의 사례를 살펴보자. 부와 행복 간의 관계를 원점을 지나는 회귀선으로 검정하기 위해, 소득이 0일 때 행복지수가 0이라고 가정한다. 실제 데이터로 부와 행복지수 간 관계를 원점을 지나는 회귀선으로 분석한 결과, 저소득층의 경우 소득이 없을 때는 행복지수가 0에 가까운 것으로 나타났다. 이러한 결과는 원점을 지나는 관계가 논리성을 지닌다는 것을 시사한다. 따라서 저소득층을 대상으로, 소득과 행복지수의 관계를 분석할 때는 원점을 지나는 회귀선이 아닌 경우는 의미가 없다고 보아야 한다.

소득과 행복지수 간 관계를 원점을 지나는 모형과 일반 모형으로 분석한 결과를 비교하면, 동일한 데이터도 소득에 대한 회귀계수($\beta$) 추정치가 다르다. 사례 분석에서, 절편을 포함한 일반 모형의 $\beta$값은 0.593이고, 원점을 지나는 모형은 0.893으로 나타났다. 이러한 차이는 회귀분석에서 절편을 포함한 모형과 포함하지 않은 모형이 각기 다른 방식으로 데이터의 중심을 잡고 예측하기 때문이다.

| 일반 회귀모형 | $Y = \beta_0 + \beta_1 X$ | 행복지수 = 1.498 + (0.593 × 소득) |
|---|---|---|
| 원점을 지나는 회귀모형 | $Y = \beta X$ | 행복지수 = 0.893 × 소득 |

일반 모형은 절편($\beta_0$)이 데이터의 평균을 조정해 주므로 $\beta_1$이 독립변수와 종속변수의 순수한 관계를 더 정확하게 반영할 수 있다. 반면, 절편을 포함하지 않은 모형은 회귀계수($\beta$)가 데이터의 중심에 맞추어 조정되면서 회귀계수가 기존보다 더 커지는 경향이 있다. 따라서 절편이 없는 모형은 데이터가 원점을 포함하는 상황에만 적절하므로 이러한 모형을 적용할 때는 이론적 근거가 토대가 되어야 한다.

### 2) 데이터의 특성상 원점을 지나는 경우

데이터의 특성상, 회귀선이 원점을 지나는 조건을 가진 경우에는 원점 통과 모형이 설득력이 있다. 즉, 두 변수가 완전한 비례 관계가 있거나, 데이터에 포함된 독립변수의 값이 0일 때 논리적으로 종속변수도 0이라면, 원점을 지나는 회귀모형이 적합하다. 몇 가지 예를 살펴보자.

- 임상치료 시간이 0일 때, 프로그램 효과도 0이라고 가정할 경우
- 감각 자극과 반응 강도에서 완전히 조용한 상태에서 지각된 소리 크기도 0이라고 가정할 경우
- 과제 수행 시간이 0일 때 학업 성과도 0이라고 가정할 경우
- 은행 예금이 없을 때 이자 수입도 0인 경우
- 급여 계산에서 기본급은 없고, 시간당 임금이 일정한 경우
- 정책 분석에서 비용 함수나 제약 조건의 절편이 0인 모형을 요구할 경우
- 데이터 척도가 절편이 필요 없는 형태로 표준화되어 원점을 지나는 경우
- 선형 관계를 단순화하여 두 변수 간 관계를 비례적 상수로써 직관적인 해석이 필요한 경우

이와 같은 사례도 데이터가 실제로 원점을 지나는지, 절편이 0으로 고정된 회귀모형이 적절한지를 검정하여 원점 조건에 대한 부합 여부를 확인해야 한다. 왜냐하면 현상에는 늘 현실적인 예외가 존재할 수 있고, 변수가 완전한 비례 관계가 아닐 수 있기 때문이다.

## 5. 일반 회귀모형과 원점을 지나는 회귀모형 분석 사례

실제 데이터로 일반 회귀모형과 원점을 지나는 회귀모형을 분석해서 결과를 비교하면 다음과 같다.

- 데이터: 20~30대 성인을 대상으로 수집한 자료
- 독립변수: 공감능력
- 종속변수: 대인관계

원점을 지나는 회귀모형을 분석할 때, 기본 설정인 '방정식에 상수항 포함' 옵션을 해제하면 자동으로 절편이 0으로 설정된다.

**<일반 회귀분석>**
분석(A) → 회귀분석(R) → 선형(L) → 종속변수(D)와 독립변수(I) 지정 → 확인

**<원점을 지나는 회귀분석>**
분석(A) → 회귀분석(R) → 선형(L) → 종속변수(D)와 독립변수(I) 지정 → 옵션(O) → 방정식에 상수항 포함(I) 옵션 해제 클릭 → 계속(C) → 확인

분석 결과에 대한 해석은 일반 회귀모형과 비슷하지만, 절편이 0인 점을 고려하여 회귀계수가 시사하는 바를 이해해야 한다. 두 모형의 차이를 결정계수, 잔차, 회귀계수를 중심으로 비교해 보자.

### 1) 결정계수의 차이

**① 일반 회귀모형 해석**

- R값(0.107): 공감능력과 종속변수는 매우 약한 상관관계가 있다.
- R 제곱(0.011): 공감능력이 종속변수의 변동을 1.1%만 설명할 수 있다.
- 추정값의 표준오차(0.58984): 예측값의 평균 오차는 상당히 크다.
- 결론: 일반 회귀모형에서는 공감능력이 종속변수에 거의 영향을 주지 않는 것으로 나타났다. 이러한 결과는 회귀모형을 개선할 필요가 있다는 점을 분명히 시사한다.

**② 원점을 지나는 회귀모형 해석**

- R값(0.964): 공감능력과 종속변수 간에 매우 높은 상관관계가 있다.
- R 제곱(0.929): 공감능력이 종속변수의 변동을 92.9%까지 설명하며, 나머지 7.1%의 변동성은 공감능력 외의 다른 변수가 설명한다.
- 추정값의 표준오차(0.66416): 예측값의 평균 오차도 일반 회귀모형과 유사한 수준이다.
- 결론: 원점을 지나는 회귀모형에서는 공감능력이 종속변수와 강한 관계가 있다. 이는 공감능력이 0일 때 대인관계도 0에 가까울 수 있다는 가정이 논리적 타당성을 지니는 면이 있다.

**모형 요약(일반 회귀선)**

| 모형 | R | R 제곱 | 수정된 R 제곱 | 추정값의 표준오차 |
|---|---|---|---|---|
| 1 | .107[a] | .011 | .009 | .58984 |

a. 예측자: (상수), 공감능력

**모형 요약(원점을 지나는 회귀선)**

| 모형 | R | R 제곱[b] | 수정된 R 제곱 | 추정값의 표준오차 |
|---|---|---|---|---|
| 1 | .964[a] | .929 | .929 | .66416 |

a. 예측자: 공감능력

b. measures the propotionality

#### ③ 일반 회귀모형 vs. 원점을 지나는 회귀모형

- 일반 회귀모형에서는 공감능력의 설명력이 거의 없는 반면, 원점을 지나는 회귀모형에서는 설명력이 매우 높은 극단적인 차이가 있다. 이는 원점을 지나는 모형이 강제로 절편을 0으로 설정하기 때문에 발생할 수 있다.
- 만약 실제 데이터에서 절편이 존재해야 하는데 이를 무시하고 원점을 지나는 모형을 적용하면, 모형이 과적합될 가능성이 크다.
- 따라서 원점을 지나는 회귀모형을 사용할 논리적인 근거(예: 원점에서 반드시 0이 되어야 하는 속성)가 없다면, 일반 회귀모형이 더 타당할 수 있다.
- 결론: 원점을 지나는 회귀모형의 R 제곱이 매우 높은 경우, 독립변수와 종속변수 간의 관계는 원점을 지나는 회귀모형이 상대적으로 더 적합하다는 것을 시사할 수 있다. 하지만 원점을 지나는 회귀모형이 설명력이 높아 보여도 절편이 없는 모형을 사용할 때는 신중하게 논리적 타당성을 검토해야 한다.

두 모형의 결정계수는 기준점 자체가 다르기 때문에 이를 동일한 척도로 해석하기는 어렵다. 원점을 지나는 회귀모형의 R 제곱은 일반 모형보다 더 낮거나, 더 높을 수 있다. 왜냐하면 회귀선이 원점을 기준으로 종속변수의 변동을 설명하므로 R 제곱이 수정되기 때문이다. 따라서 원점을 지나는 회귀모형에서 R 제곱을 해석할 때는 데이터의 특성을 고려할 필요가 있으며, 다른 모형과의 객관적 크기를 비교하는 것은 한계가 있다.

## 2) 잔차 비중의 차이

회귀분석에서 실제값과 예측값 간의 차이를 반영하는 잔차 비중은 모형이 데이터를 얼마나 잘 설명하는지를 나타낸다.

- 비중이 큰 잔차: 실제값과 예측값 간의 차이가 크고, 회귀모형이 데이터를 잘 설명하지 못한다. 이런 경우 결정계수 값이 낮아질 가능성이 크고, 모형의 예측력이 떨어질 수 있다.
- 비중이 작은 잔차: 실제값과 예측값 간의 차이가 작고, 회귀모형이 데이터를 잘 설명하므로 결정계수 값과 모형의 적합도가 높아진다.

### (1) 일반 회귀모형과 원점을 지나는 회귀모형의 비교

**① 일반 회귀모형**

- 전체에서 잔차가 차지하는 비중(143.685)이 매우 크다.
- 회귀 제곱합(1.659): 독립변수(공감능력)가 설명하는 종속변수(대인관계)의 변동량
- 잔차 제곱합(143.685): 회귀모형이 설명하지 못한 변동량
- 전체 제곱합(145.345): 종속변수의 총 변동량
- F값(4.769, p=0.030): 공감능력이 대인관계에 미치는 영향은 유의미하지만 효과는 크지 않다.
- 잔차 비중: 잔차 제곱합 / 전체 제곱합=143.685 / 145.345 ≈ 98.9% → 모형이 대인관계의 변동을 거의 설명하지 못한다(1.1%만 설명).

**② 원점을 지나는 회귀모형**

- 전체에서 잔차가 차지하는 비중(182.617)이 상대적으로 작은 경향이 있다.
- 회귀 제곱합(2377.724): 공감능력이 설명하는 대인관계의 변동량이다.
- 잔차 제곱합(182.617): 설명되지 않은 변동량이며, 잔차가 상대적으로 작다.
- 전체 제곱합(2560.341): 일반 모형에 비해 크다.
- F값(5390.401, p<0.001): 공감능력이 대인관계에 매우 강한 영향을 미친다.

- 잔차 비중: 잔차 제곱합 / 전체 제곱합 = 182.617 / 2560.341 ≈ 7.1% → 모형이 대인관계의 변동을 92.9% 설명한다.

ANOVA[a](일반 회귀선)

| 모형 | | 제곱합 | 자유도 | 평균제곱 | F | 유의확률 |
|---|---|---|---|---|---|---|
| 1 | 회귀 | 1.659 | 1 | 1.659 | 4.769 | .030[b] |
| | 잔차 | 143.685 | 413 | .348 | | |
| | 전체 | 145.345 | 414 | | | |

a. 종속변수: 대인관계
b. 예측자: (상수), 공감능력

ANOVA[a,b](원점을 지나는 회귀선)

| 모형 | | 제곱합 | 자유도 | 평균제곱 | F | 유의확률 |
|---|---|---|---|---|---|---|
| 1 | 회귀 | 2377.724 | 1 | 2377.724 | 5390.401 | <.001[c] |
| | 잔차 | 182.617 | 414 | .441 | | |
| | 전체 | 2560.341[d] | 415 | | | |

a. 종속변수: 대인관계
b. 원점을 통한 선형 회귀
c. 예측자: 공감능력
d. 해당 상수가 원점으로부터의 회귀에 대해 0이므로 이 전체 제곱합은 상수에 대해 수정되지 않는다.

### ③ 일반 회귀모형 vs. 원점을 지나는 회귀모형

- 일반 회귀모형에서는 잔차가 98.9%를 차지하여 모형의 설명력이 거의 없으며, 회귀와 잔차 비중의 절대치는 원점을 지나는 회귀모형이 더 크다. 그리고 원점을 지나는 회귀모형에서는 잔차 비중이 7.1%로 감소하여, 설명력이 상승하는 경향이 있다.
- 하지만 원점을 지나는 회귀모형이 실제로 더 나은 모형이라고 확신하기 위해서는 충분한 검정을 거칠 필요가 있다. 이유는 실제로 절편이 존재할 수도 있는데, 이를 간과하면 결과가 왜곡될 가능성이 있기 때문이다.
- 결론: 어느 모형이 현실적으로 더 적합한지를 평가할 때 '공감능력이 0일 때 대인관계가 정말 0이어야 하는가?' 하는 질문에 대한 논리적 근거가 뒷받침되어야 한다.

#### (2) 잔차 비중이 큰 이유와 시사점

원점을 지나야 하는 회귀모형의 잔차 비중이 크다면, 다음 사항을 의심할 필요가 있다.

- 원점을 지나야 하는 제약으로 인해 데이터 분포가 원점에서 멀어질 경우, 회귀선이 최적의 적합성을 가지지 못할 가능성이 있다.
- 특정 사례들이 편향되어 실제 데이터와의 적합성이 낮아지고 잔차 비중이 증가할 수 있다.
- 데이터가 원점 부근에 모여 있지 않고 전반적으로 일정한 값을 가진다면, 원점을 지나는 회귀선이 데이터 패턴을 반영하지 못하기 때문에 오차가 커질 수 있다.

회귀분석 결과에서 잔차 비중이 시사하는 바는 다음과 같다.

- 모형의 부적합성을 나타낼 수 있으므로 원점을 지나는 모형이 적합하지 않을 수 있다.
- 결과의 왜곡 가능성이 있다. 즉, 원점을 지나는 모형은 변수 관계를 단순 비례로 가정하므로, 절편이 중요한 역할을 할 경우 결과가 왜곡될 가능성이 있다.

잔차 비중의 차이는 회귀모형의 적합성을 평가하는 중요한 지표이므로, 원점을 지나는 회귀모형을 적용할 때는 사전에 변수 간 관계에 대한 논리적 타당성을 검토해야 한다.

### 3) 회귀계수의 차이

#### (1) 일반 회귀모형

- 상수항(절편, $B = 3.036$, $p < 0.001$)
  - 공감능력이 0일 때, 대인관계의 예상값은 3.036이다.
  - 절편이 유의미하므로, 공감능력이 0이라도 일정 수준의 대인관계를 유지할 가능성이 높다.

- 공감능력의 회귀 계수(B=0.167, p=0.030)
  - 공감능력이 1 증가할 때, 대인관계 점수는 0.167만큼 증가하지만 효과는 크지 않다.
  - P=0.030으로 공감능력이 대인관계에 유의미한 영향을 미친다.

### (2) 원점을 지나는 회귀모형

- 절편이 없는 이유는 0으로 설정했기 때문이며, 공감능력이 0이면 대인관계도 0으로 가정한다.
- 공감능력의 회귀계수(B=0.639, $p<0.001$): 공감능력이 1 증가할 때, 대인관계는 0.639만큼 증가한다.
- 표준화 회귀계수(베타=0.964): 공감능력의 상대적 영향력이 매우 크며, 거의 완벽한 선형 관계를 이룬다.

### (3) 두 모형 간 비교의 시사점

- 일반 회귀모형: 상수가 $p<0.001$ 수준에서 유의한 것은 공감능력이 0이라도 대인관계가 존재할 가능성이 있다는 것을 나타낸다. 이는 공감능력과 대인관계 간의 관계에서는 현실적으로 일반 모형이 더 적합하다고 볼 수 있다. 하지만 R 제곱이 매우 낮아 공감능력이 종속변수의 변동을 1% 정도만 설명하는 한계가 있다.
- 원점을 지나는 회귀모형: 공감능력이 거의 완벽하게 대인관계를 설명하는데, 이는 다소 비현실적일 수 있으므로 과적합 가능성이 크다고 볼 수 있다.
- 모형 선택 시 고려 사항: 공감능력이 없을 때 대인관계가 완전히 0이라고 가정할 수 있는가? 만약 그렇지 않다면 설명력이 낮아도 일반 회귀모형이 더 적합하다고 보아야 한다.

**계수[a](일반 회귀선)**

| 모형 | | 비표준화 계수 | | 표준화 계수 | t | 유의확률 |
|---|---|---|---|---|---|---|
| | | B | 표준화 오류 | 베타 | | |
| 1 | (상수) | 3.036 | .287 | | 10.578 | <.001 |
| | 공감능력 | .167 | .077 | .107 | 2.184 | .030 |

a. 종속변수: 대인관계

계수[a,b](원점을 지나는 회귀선)

| 모형 | | 비표준화 계수 | | 표준화 계수 | t | 유의확률 |
|---|---|---|---|---|---|---|
| | | B | 표준화 오류 | 베타 | | |
| 1 | 공감능력 | .639 | .009 | .964 | 73.419 | <.001 |

a. 종속변수: 대인관계
b. 원점을 통한 선형 회귀

원점을 지나는 회귀모형은 논리적 근거가 명확하고, 데이터가 원점을 지나는 조건을 가진 경우에는 강한 설득력을 가진다. 하지만 이 모형을 사용할 때 유의할 점이 있다. 먼저 데이터가 원점을 지나는 모형이 적합한지, 이론적 근거가 있는지를 확인해야 한다. 데이터가 원점을 포함하지 않거나 원점 근처에 충분히 분포되어 있지 않다면, 상수항이 없는 모형은 회귀선의 기울기가 부정확해져서 데이터 분포를 적절히 설명하지 못한다. 따라서 상수항이 중요한 역할을 하는 경우에는 원점을 지나는 회귀모형은 적합하지 않다.

모형의 적합도를 평가할 때, 절편 유무에 따라 자유도와 제곱합이 다르다는 점과 원점을 지나는 회귀모형은 자유도가 하나 줄어 통계적 검정 결과에 영향을 미칠 수 있다는 점을 이해하고, 이론적 근거와 데이터의 특성을 충분히 고려한 후에 적합한 회귀모형을 선택하는 것이 중요하다.

제6장

# 다중회귀분석

## 1. 다중회귀분석의 목적과 모형

### 1) 다중회귀분석의 목적과 기능

다중회귀분석은 여러 개의 독립변수와 하나의 종속변수 간의 인과관계를 설명하고 예측한다. 대부분의 현상은 다수 원인이 작용한 결과일 가능성이 크므로 다중회귀분석으로 검정한다. 연구에서 'X면 Y이다.'라는 진술은 두 변수의 관계를 나타내는 가설이다. 하지만 이러한 가설은 현상을 객관적으로 이해하는 데 한계가 있으므로 다변수적 특성을 고려해야 한다. 따라서 'X면 Y이다.'라는 진술보다 $X_1$, $X_2$, $\cdots X_n$이면 Y이다.' 또는 'A, B, C라는 조건하에서 X면 Y이다.'와 같은 가설이 더 적합하다. 이는 현상에 영향을 미치는 변수가 다수라는 점과 독립변수 이외의 변수들이 영향을 미칠 수 있으므로 이를 통제해야 한다는 것을 말해 준다. 다중회귀분석의 목적과 기능을 구체적으로 살펴보면 다음과 같다.

첫째, 다차원적 현상을 이해할 수 있다. 현실적으로 종속변수는 여러 독립변수의 영향을 받는다. 예를 들어, 질병 발생에 영향을 미치는 요인은 성별, 연령, 체중, 혈압, 생활습관, 유전 등 다양하다. 이처럼 다중회귀분석은 다차원적 데이터를 분석하는 데 적합하다. 다양한 변수가 어떻게 상호작용하여 종속변수에 영향을 미치는지, 변수들 조합이 종속변수와 어떤 관계를 가지는지를 규명함으로써 현실 세계에 대한 이해의 폭을 넓힐 수 있다.

둘째, 예측 정확도를 높일 수 있다. 다양한 독립변수를 포함함으로써 예측 모형의 정확도를 높일 수 있다. 현상에 대해 다수 변수를 고려하면 단일변수만을 분석하는 것보다 잔차가 줄고 예측 오차가 감소된다. 또한 각 개별 변수의 기여도를 비교하여 최적의 예측 모형을 개발할 수 있다. 예측 정확도를 높이기 위해, 회귀분석 실행 전에 데이터 전처리가 이루어져야 한다. 즉, 데이터에 결측치가 있다면, 이를 평균이나 중앙값으로 대체하거나 분석에서 제외한다. 과대표집 여부와 극단치를 탐지하고 처리하는 것도 중요하다. 데이터 분포가 비선형이면 로그나 제곱근으로 변환하여 선형성을 보완함으로써 다중회귀모형의 예측 정확도를 높일 수 있다.

셋째, 변수의 상대적 영향력 및 중요도를 평가할 수 있다. 각 독립변수가 종속변수에 미치는 영향력과 중요도를 객관적 수치로 비교할 수 있다. 이러한 비교는 의사결정에 관한 주요 요인을 식별하고, 그에 따른 계획이나 전략을 수립하는 데 유용하다. 그래서 다중회귀분석은 다양한 분야에서, 다양한 목적으로, 중요한 분석 도구로 널리 활용되고 있다. 객관적인 데이터 분석에 기반한 의사결정은 보다 합리적이고 근거 있는 선택을 가능하게 한다.

넷째, 모형의 편향성을 줄일 수 있다. 모형에 종속변수와 관련이 있는 주요 변수들만 포함함으로써 모형의 편향성을 줄일 수 있다. 그러기 위해 독립변수 선정은 변수선택기법(전진 선택법, 단계적 선택법 등)을 활용하여 불필요한 변수를 제거함으로써 모형의 복잡성을 줄일 수 있다. 또한 독립변수 간의 높은 상관관계는 편향성을 증가시키므로 분산팽창지수 및 상태지수를 토대로 다중공선성을 야기하는 변수를 제거해야 한다. 이러한 방법들은 예측의 정확성과 신뢰성을 높인다는 점에서 중요하다.

## 2) 다중회귀모형

종속변수를 설명하고 예측하는 다중회귀모형의 구조는 다음과 같다.

$$Y = \beta_0 + \beta_1 X_1 + \beta_2 X_2 + \cdots\cdots + \beta_n X_n + e$$

$Y$ = 종속변수(결과변수)
$X_1, X_2, \cdots X_n$ = 독립변수들(예측하고자 하는 변수)
$\beta_0$ = 절편; X가 0일 때 Y의 예상 값
$\beta_1, \beta_2, \beta_n = X_1, X_2, \cdots X_n$의 회귀계수로 Y에 미치는 영향력을 반영
$e$ = 오차항, 회귀모형이 설명하지 못한 변동

인간관계(종속변수)를 예측하는 변수를 중심으로 회귀모형을 구성한다고 가정하자. 독립변수로는 자존감, 우울감, 사회적 지지 등을 지정할 경우, 다중회귀모형은 다음과 같다.

$$인간관계 = \beta_0 + \beta_1(자존감) + \beta_2(우울감) + \beta_3(사회적\ 지지)$$

이 모형으로 자존감, 우울감, 사회적 지지가 인간관계에 어떤 영향을 미치는지를 파악할 수 있다. 예를 들어, 자존감이 낮은 사람이 인간관계에 문제가 있는지, 가족이나 주변으로부터 사회적 지지를 많이 받을수록 원만한 인간관계를 유지할 수 있는지, 우울감이 어느 정도 인간관계에 부정적인 영향을 미치는지 등을 살펴볼 수 있다. 각 변수가 인간관계에 미치는 영향력의 크기와 방향은 회귀계수를 토대로 평가할 수 있다.

## 2. 회귀계수

### 1) 회귀계수와 관련 개념

회귀계수는 독립변수가 종속변수에 미치는 영향과 방향을 수치로 나타낸 것이다. 회귀계수와 관련된 개념 중 다중회귀계수의 핵심적인 개념을 살펴보자.

- 비표준화 회귀계수: 회귀분석의 기본 계수로, 독립변수와 종속변수의 원래 단위가 유지된 상태로 추정한 값이다. 예를 들어, 소득(원)과 행복지수는 서로 단위가 다르기 때문에 변수 크기를 객관적으로 비교하기 어렵다. 하지만 독립변수가 종속변수에 미치는 영향력을 절대적 크기로 알고 싶다면, 각 변수의 실제 단위를 유지한 해석이 필요하므로 비표준화 계수가 유용하다. 그리고 회귀식은 실제 데이터로 예측하므로 비표준화 계수로 만든다.
- 표준화 회귀계수: 다중회귀분석에서 특히 중요한 개념이며, 변수들이 표준화(평균 0,

표준편차 1)된 후 추정된 계수이므로 단위의 영향을 받지 않고 독립변수가 종속변수에 미치는 상대적 중요도를 비교할 수 있다. 즉, 데이터가 표준화되었으므로 모든 독립변수의 변동성을 동일한 기준으로 평가할 수 있다. 하지만 실제 데이터 값을 예측하기에는 적합하지 않다.

- 결정계수와 수정결정계수(Adjusted R2): 결정계수는 1에 가까울수록 모형이 데이터를 잘 설명하여 모든 실제값이 회귀선에 위치한다는 것을 나타낸다. 하지만 결정계수는 독립변수의 수가 늘어날수록 자연스럽게 증가하는 경향이 있다. 이러한 단점을 보정하여 과대적합 문제를 방지한 지표가 수정결정계수이다. 이 계수의 특징은 독립변수 추가가 실제로 모형의 설명력을 높이는 경우에만 증가하고, 불필요한 변수가 추가되면 오히려 감소한다. 따라서 수정결정계수는 모형이 과도하게 복잡해지는 것을 방지하는 데 유용하며, 무리한 변수 추가를 억제할 수 있다.

이러한 개념들은 회귀계수를 해석하는 데 필수적인 요소이며, 각기 목적에 맞게 사용할 수 있다. 회귀계수는 부호와 크기도 중요한 의미를 지닌다.

- 회귀계수의 부호: 회귀계수가 0보다 크면, 독립변수가 1단위 증가할 때, 종속변수도 평균적으로 회귀계수만큼 증가한다. 하지만 0보다 작은 음수일 때는 독립변수가 1단위 증가할 때, 종속변수는 회귀계수만큼 감소한다는 것을 나타낸다.
- 회귀계수의 크기: 회귀계수의 절대값이 클수록 독립변수가 종속변수에 미치는 영향력이 크다는 것을 의미한다. 예를 들어, 회귀계수가 2라면 독립변수가 1단위 증가할 때 종속변수가 2단위 증가한다는 것을 나타낸다.

## 2) 분석 사례와 회귀계수 해석

#### 다중회귀분석과 단순회귀분석 과정의 차이점

첫째, 여러 개의 독립변수를 지정한다.

둘째, 공선성 진단 옵션으로 다중공선성을 확인한다.

분석(A) → 회귀분석(R) → 선형(L) → 종속변수(D)와 독립변수(I) 지정 → 통계량(S) 클릭 → 공선성 진단(L) 선택 → 계속(C) → 확인

- 데이터: 남녀 성인(n=376)을 대상으로 수집한 자료
- 종속변수: 행복지수
- 독립변수: 소득(1단위=1만 원); 상대적 비교, 인간관계, 자아실현

① 모형 요약

- R 제곱(0.493): 설명력을 나타내는 지표로, 종속변수(행복지수) 변동의 49.3%를 독립변수(소득, 상대적 비교, 인간관계, 자아실현)가 설명한다.
- 수정된 R 제곱(Adjusted $R^2=0.486$): 수정된 R 제곱과 R 제곱은 별 차이가 없는데, 이는 모형에 포함된 독립변수들이 적합하다는 것을 시사한다.
- 추정값의 표준오차(0 .923): 예측값과 실제값 간의 오차 크기를 나타내며, 값이 작을수록 예측이 더 정밀하다. 0.923은 비교적 적절한 수준의 예측 오차라고 해석할 수 있다.

**모형 요약**

| 모형 | R | R 제곱 | 수정된 R 제곱 | 추정값의 표준오차 |
|---|---|---|---|---|
| 1 | .627[a] | .493 | .486 | .923 |

a. 예측자: (상수), 소득, 상대적 비교, 인간관계, 자아실현
b. 종속변수: 행복지수

② 회귀모형의 적합성(F-검정)

- F값(57.843)의 유의확률($p<0.001$)은 독립변수(소득, 상대적 비교, 인간관계, 자아실현)와 종속변수(행복지수)의 관계를 추론하는 회귀모형이 적합하다는 것을 나타낸다.
- 높은 유의확률은 최소한 하나 이상의 독립변수가 행복지수에 유의한 영향을 미친다는 것을 시사한다. 개별 독립변수의 영향력은 회귀계수 표로 확인한다.

ANOVA[a]

| 모형 | | 제곱합 | 자유도 | 평균제곱 | F | 유의확률 |
|---|---|---|---|---|---|---|
| 1 | 회귀 | 197.102 | 4 | 49.276 | 57.843 | <.001[b] |
| | 잔차 | 304.974 | 358 | .852 | | |
| | 전체 | 502.076 | 362 | | | |

a. 종속변수: 행복지수

b. 예측자: (상수), 소득, 상대적 비교, 인간관계, 자아실현

③ 각 독립변수가 종속변수에 미치는 영향

- 상수 1.765(p=0.002): 독립변수들의 값이 0일 때, 기본적인 행복지수는 1.765라는 것을 나타낸다. 즉, 일정 수준의 행복은 다른 외부 요인에 의해 영향을 받는다.
- 소득(p=0.004): 행복지수에 긍정적인 영향을 미치는 유의미한 변수이다. 즉, 소득이 1단위 증가하면 행복지수가 0.288만큼 증가한다. 다른 변수들을 통제했을 때 소득의 상대적 영향력(베타)은 15.3% 정도이다.
- 상대적 비교(p=0.013): 상대적 비교가 1단위 증가할 때, 행복지수는 0.142만큼 감소한다. 이는 상대와 비교를 많이 할수록 행복지수가 낮아지는 경향이 있다는 것을 반영한다. 변수의 상대적 영향력은 12.6%이다.
- 인간관계(p=0.069): 통계적으로 유의미하지 않다. 즉, 인간관계가 행복지수에 미치는 영향이 뚜렷하지 않다. 여기에 하나의 시사점이 있다. 행복지수와 인간관계만을 중심으로 단순회귀분석을 했을 때는 유의미했으나 다른 변수를 포함한 다중회귀분석에서는 유의미하지 않다. 이는 다중회귀분석이 행복과 관련된 현실 세계를 더 잘 반영한다는 것을 나타낸다.
- 자아실현(p<0.001): 자아실현이 1단위 증가할 때, 행복지수는 0.454 증가한다. 표준화 계수로 볼 때, 자아실현의 영향력은 31.4%로 행복지수에 가장 큰 영향을 미치는 변수이다.

④ 다중공선성 검토(VIF, 공차한계)

- 다중회귀분석에서 반드시 확인해야 할 통계량은 VIF(분산팽창지수)와 공차한계이다.
- 독립변수들 모두 공차는 0.1 이하, VIF는 2이하이므로 허용 범위(1≤VIF<5) 내에 있어, 다중공선성 문제는 없는 것으로 나타났다.

계수[a]

| 모형 | | 비표준화 계수 | | 표준화 계수 | t | 유의확률 | 공선성 통계량 | |
|---|---|---|---|---|---|---|---|---|
| | | B | 표준화 오류 | 베타 | | | 공차 | VIF |
| 1 | (상수) | 1.765 | .570 | | 3.097 | .002 | | |
| | 소득 | .288 | .098 | .153 | 2.928 | .004 | .763 | 1.311 |
| | 상대적 비교 | −.142 | .057 | −.126 | −2.488 | .013 | .811 | 1.234 |
| | 인간관계 | .131 | .072 | .090 | 1.827 | .069 | .862 | 1.161 |
| | 자아실현 | .454 | .075 | .314 | 6.071 | <.001 | .785 | 1.274 |

a. 종속변수: 행복지수

⑤ **회귀식**

- 행복지수＝1.765＋(0.288×소득)−(0.142×상대적 비교)＋(0.131×인간관계)＋(0.454×자아실현)
- 회귀식에 독립변수 값을 대입하면 행복지수가 어느 정도인지를 추론할 수 있다.
- 회귀식은 데이터를 기반으로 새로운 값을 예측하는 중요한 도구이다. 그래서 정부나 공공기관에서 데이터에 기반한 의사결정을 할 때 주로 회귀식을 활용한다.

## 3. 최소제곱법

최소제곱법(least squares method)은 관측값과 예측값 간의 차이(잔차)를 최소화하여 가장 적합한 회귀선을 찾는 것이다. 이 방법은 데이터가 분산적으로 흩어져 있을 때 데이터에 맞는 직선이나 곡선 형태의 회귀식을 평가하는 데 유용하다.

### 1) 잔차의 최소화

최소제곱법의 기본 원리는 잔차 최소화이다. 즉, 최소제곱법의 목표는 데이터와 회귀선 간의 차이인 잔차를 최소화하는 데 있다. 따라서 예측값이 관측값에 최대한 근접하도록 잔차를 최소화하여 데이터를 가장 잘 설명하는 모형을 찾는다는 점에서, 회귀분석의 핵심 개념이다. 잔차 통계량의 주요 지표와 해석 방법을 살펴보자.

① **잔차**

- 크기와 분포를 토대로 모형이 데이터를 얼마나 잘 설명하는지 평가할 수 있다.
- 잔차는 작을수록 모형 예측력이 정확하다는 것을 나타낸다.

② **표준화 잔차**

- 표준화 잔차가 ±2 범위 내에 있으면, 예측값이 크게 벗어나지 않는다는 것을 나타낸다. 이 범위를 벗어나는 값이 많으면, 이상치나 모형의 적합성을 의심할 필요가 있다.
- 표준화 잔차가 −1.5라면, 예측값보다 실제값이 낮으나 통계적으로 큰 차이는 아니다. 그러나 ±3 이상의 값들이 있으면 극단치로 볼 수 있으며 모형에 의해 잘 설명되지 않는다는 것을 시사한다.

③ **예측값과 잔차 그래프**

- 예측값에 대한 잔차를 그래프로 나타내면 모형 적합도를 시각적으로 평가할 수 있다. 그래프에서 잔차가 무작위로 분포되어 있으면, 모형의 예측이 편향되지 않은 것이다.
- 그러나 분포에 특정 패턴이 존재하면, 모형이 데이터를 충분히 설명하지 못한다는 것을 시사한다. 즉, 예측값이 증가함에 따라 잔차도 증가하는 패턴을 보인다면, 종속변수의 값이 증가할수록 예측도 부정확해진다는 것을 의미한다. 이런 경우, 독립변수를 추가하거나 다른 회귀모형을 시도해 볼 수 있다.

④ **히스토그램**

- 잔차분포를 히스토그램으로 나타내어 잔차가 정규분포와 가깝다면 모형이 데이터에 적합하다고 볼 수 있다.
- 비대칭적 분포나 이상치는 모형에 문제가 있다는 것을 시사한다. 만약 히스토그램이 오른쪽 또는 왼쪽으로 치우쳐 있다면, 이는 종속변수의 값이 낮거나 높은 경우에 모형이 예측에 실패하고 있다는 것을 말해 준다.

⑤ Q-Q 플롯과 정규 P-P 도표

- 잔차가 정규분포를 따르는지 확인하기 위해 누적분포를 시각적으로 비교할 수 있는 도구이다.
- Q-Q 플롯과 P-P 도표에서 점들이 대각선에 가깝게 분포하면 잔차가 정규성을 따른다고 볼 수 있으나, 편차가 크면 잔차의 정규성 가정이 어긋났을 가능성이 있다.
- 즉, 다수의 점들이 대각선에 가깝게 있으나 끝부분에서 벗어나 있다면, 이는 이상치나 비정규성을 시사하므로 로그 변환 등의 방법으로 데이터의 정규성을 개선할 필요가 있다.

## 2) 최소제곱법의 분석 사례

- 데이터: 3년 동안, 매년 125명(전체 376명)의 성인을 대상으로 수집한 패널 자료
- 종속변수: 삶의 질
- 독립변수: 소득, 소득안정성, 소득적정도

**<SPSS에서 최소제곱법과 잔차 및 예측값을 분석하는 방법>**

분석(A) → 회귀분석 → 선형(L) → 종속변수(D), 독립변수(I) 지정 → 통계량(S) 클릭 → 추정값(E), 모형 적합(M), Durbin-Watson 선택 → 계속(C) → 메인 창에서 도표(T) 클릭 → Y칸에 (*ZPESID), X칸에 (*ZPRED) 입력 → 〈표준화 잔차 도표〉에서 히스토그램(H), 정규확률도표(R) 선택 → 계속(C) → 확인

주: Y칸에 입력한 *ZPESID=표준화 잔차; X칸에 입력한 *ZPRED=예측값

### (1) 모형의 적합성과 회귀계수

① 모형의 설명력과 적합성

- R 값(0.647): 다중 상관계수로, 독립변수(소득안정성, 소득, 소득적정도)와 종속변수(삶의 질) 간의 상관관계를 나타낸다.
- R 제곱(0.419): 독립변수들이 삶의 질 변동을 41.9% 설명한다.
- 추정값의 표준오차(0.411): 예측값과 실제값 간의 오차이므로 값이 작을수록 예측이

정밀하다.

- Durbin-Watson(1.764): 패널 데이터를 분석할 때 검정하는 통계량이며, 2에 가까울수록 잔차 간에 자기상관이 없고 독립성이 유지된다는 것을 의미한다. 1.764는 양의 상관이 존재하지만 2와 가까운 편이므로 약간의 자기상관 가능성은 있으나 심각하지 않은 수준이다.

**모형 요약**[a]

| 모형 | R | R 제곱 | 수정된 R 제곱 | 추정값의 표준오차 | Durbin-Watson |
|---|---|---|---|---|---|
| 1 | .647[b] | .419 | .414 | .411 | 1.764 |

a. 종속변수: 삶의 질
b. 예측자: (상수), 소득안정성, 소득, 소득적정도

회귀모형의 적합성: F값(88.440)의 유의확률은 p<0.001이다. 이는 삶의 질 모형이 적합하다는 것을 나타낸다.

**ANOVA**[a]

| 모형 | | 제곱합 | 자유도 | 평균제곱 | F | 유의확률 |
|---|---|---|---|---|---|---|
| 1 | 회귀 | 44.893 | 3 | 14.964 | 88.440 | <.001[b] |
| | 잔차 | 62.267 | 368 | .169 | | |
| | 전체 | 107.160 | 371 | | | |

a. 종속변수: 삶의 질
b. 예측자: (상수), 소득, 소득안정성, 소득적정도

② 회귀계수 해석

- 소득(p=0.280): 통계적으로 유의미하지 않다. 이는 단순히 소득 증가가 삶의 질을 높인다고 보기 어렵다는 것을 반영한다.
- 소득적정도(p<0.001): 소득적정도가 1단위 증가하면 삶의 질이 0.203 증가한다. 이는 소득이 적절하다고 느낄수록 삶의 질이 높아진다는 것을 말해 준다. 표준화 계수 기준으로 가장 영향력(41.8%)이 큰 변수이다.
- 소득안정성(p<0.001): 소득안정성이 1단위 증가하면 삶의 질이 0.123 증가하며, 상

대적 영향력은 25.0%이다.

③ **결론 및 시사점**

- 소득 자체(총액)는 삶의 질에 직접적인 영향을 미치지 않는다.
- 소득이 얼마나 적절하다고 느끼는지가 가장 중요한 요인이며, 소득 수준이 안정적으로 유지되는 것도 삶의 질 향상에 중요한 역할을 한다.
- 시사점: 소득 수준보다 적정한 소득이 안정적으로 들어오는 것이 삶의 질을 높이는 경향이 있다.

**계수**[a]

| 모형 | | 비표준화 계수 | | 표준화 계수 | t | 유의확률 |
|---|---|---|---|---|---|---|
| | | B | 표준화 오류 | 베타 | | |
| 1 | (상수) | 1.755 | .064 | | 27.346 | <.001 |
| | 소득 | .000 | .000 | .053 | 1.082 | .280 |
| | 소득적정도 | .203 | .027 | .418 | 7.510 | <.001 |
| | 소득안정성 | .123 | .028 | .250 | 4.417 | <.001 |

a. 종속변수: 삶의 질

## (2) 잔차 통계량

분석 결과에서, 평균과 표준화 편차에 대한 해석 기준은 〈표 6-1〉과 〈표 6-2〉에 요약되어 있다.

**잔차 통계량**[a]

| | 최소값 | 최대값 | 평균 | 표준화 편차 | N |
|---|---|---|---|---|---|
| 예측값 | 2.09 | 3.50 | 2.73 | .348 | 372 |
| 잔차 | −1.221 | 1.516 | .000 | .410 | 372 |
| 표준화 예측값 | −1.839 | 2.199 | .000 | 1.000 | 372 |
| 표준화 잔차 | −2.967 | 3.685 | .000 | .996 | 372 |

a. 종속변수: 삶의 질

〈표 6-1〉 잔차 통계량: 평균의 해석 기준

| 항목 | 평균 | 해석 |
|---|---|---|
| **예측값** | 2.73 | • 종속변수(삶의 질)의 실제 평균은 2.73, 예측값 평균도 2.73 이므로 두 값이 일치한다.<br>• 이는 모형이 정확하게 예측한다는 것을 나타낸다. |
| **잔차** | .000 | • 잔차 평균 0은 가장 이상적인 값이다.<br>• 이는 실제값과 예측값 간에 차이가 없다는 의미이다. |
| **표준화 예측값** | .000 | • 표준화된 데이터이므로 값이 0이 정상이다.<br>• 값이 0과 다르면 예측값이 특정 방향으로 편향될 가능성이 있다. |
| **표준화 잔차** | .000 | • 0에 가까우면 모형이 균형을 유지한다.<br>• 0에서 벗어나면 편향 가능성이 있으나 0.02 이내는 이상적인 범위이다.<br>• 0에서 많이 벗어나면 잔차가 특정 방향으로 치우치므로 모형을 개선할 필요가 있다. |

〈표 6-2〉 잔차 통계량: 표준화 편차의 해석 기준

| 항목 | 표준화 편차 | 해석 |
|---|---|---|
| **예측값: 예측의 변동성 평가** | 0.348 | • 예측값은 평균적으로 0.348 정도의 변동성이 있다.<br>• 이 값이 작을수록 예측값이 일정한 범위 내에서 변동한다. |
| **잔차: 모형 예측의 신뢰성 평가** | 0.410 | • 잔차의 변동성이 0.410 수준이다.<br>• 이 값은 모형이 얼마나 일관되게 예측하는지를 평가한다.<br>• 값이 작을수록 모형이 실제 데이터를 더 잘 설명한다. |
| **표준화 예측값** | 1.000 | • 1 → 정상적인 표준화 데이터<br>• 1이 아닐 경우 → 데이터가 특정 패턴을 가지고 있을 가능성이 크므로 추가 분석이 필요하다. |
| **표준화 잔차** | 0.996 | • 표준화 데이터의 특성상 1에 가까워야 한다.<br>• 0.996은 거의1에 가까워서 정상적이라고 간주할 수 있다.<br>• 표준화 잔차=1 → 정상적인 표준화 데이터<br>• 표준화 잔차>1 → 잔차분포가 넓다; 이상치 존재 가능성<br>• 표준화 잔차<1 → 잔차분포가 좁다; 모형의 과적합 가능성 |

### (3) 잔차분포의 시각화

#### ① 히스토그램

전체 모양으로 잔차분포를 확인한다. 히스토그램이 좌우 대칭인지, 왼쪽 또는 오른쪽으로 치우쳐 있는지, 중앙에 집중되어 있는지에 따라 분포가 시사하는 바가 다르다.

- 좌우 대칭: 데이터가 평균을 중심으로 좌우 고르게 분포되어 있으며, 모형이 데이터에 적합하다.
- 좌우 비대칭: 데이터가 오른쪽으로 치우치면, 높은 점수 구간으로 갈수록 빈도가 줄어드는데, 이는 다수의 삶의 질이 낮다는 것을 의미한다. 왼쪽으로 치우치면 낮은 점수 구간으로 갈수록 빈도가 줄어들며, 이는 다수의 삶의 질이 높다는 것을 나타낸다. 비대칭적 분포는 모형이 종속변수의 값을 일관되게 예측하지 못하고 실패하고 있다는 것을 시사한다.
- 집중 경향: 히스토그램의 중앙이 가장 높다면, 데이터가 중앙값이나 평균 근처에 밀집해 있다는 것을 말해 준다.

삶의 질 모형의 히스토그램([그림 6-1])은 이론적인 종모양의 좌우 대칭 분포를 이루지는 않으나, 비대칭은 아니며, 전반적으로 종 모양(데이터가 분포의 중간에 많고 꼬리 부분은 적음)을 이룬다. 이와 같이 히스토그램을 통해 잔차분포를 시각적으로 확인하면 모형의 가정(정규성)을 확인할 수 있다.

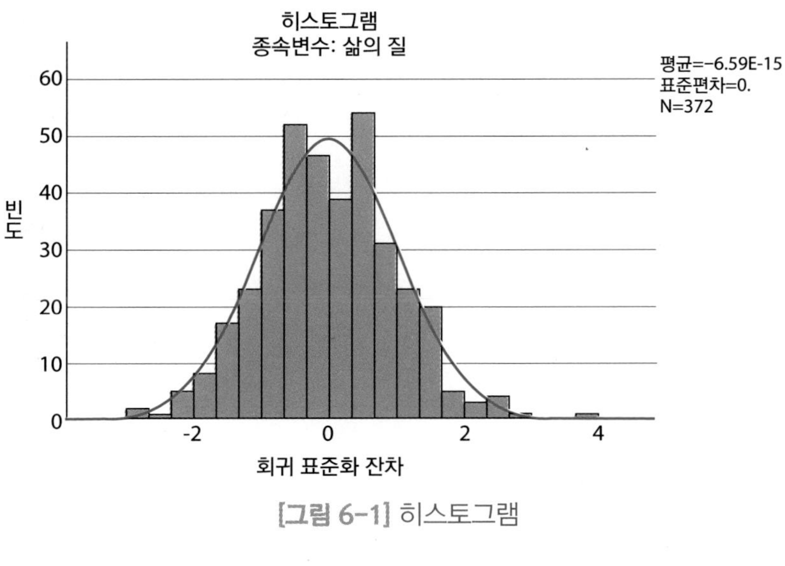


[그림 6-1] 히스토그램

### ② 잔차의 정규 P-P 도표

정규 P-P 도표로 잔차의 정규성을 확인할 수 있다. P-P 도표는 데이터 분포와 정규분포의 누적 확률을 비교하여 정규성을 평가한다. 시각화는 이론적인 누적 확률과 실제 데이터의 누적 확률을 그래프로 나타내는데, 이때 점들이 직선에 근접하면 데이터가 정규분포를 따른다고 판단할 수 있다. 삶의 질 데이터는 기대 누적 확률과 실제 누적 확률을 나타내는 점들이 직선에 근접해 있다([그림 6-2]).

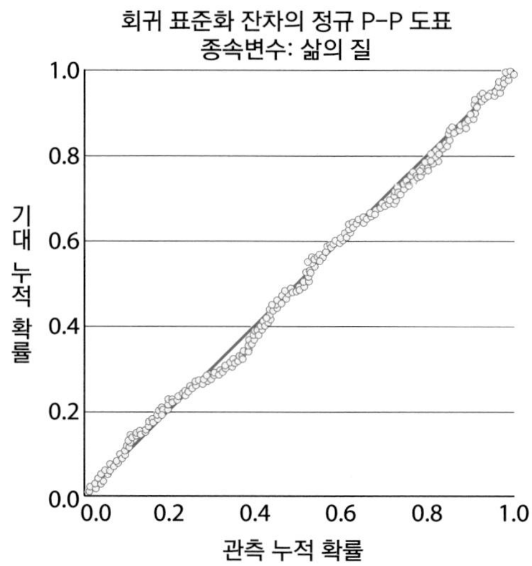


[그림 6-2] 잔차의 정규 P-P 도표

### ③ 산점도

모형 적합도를 시각적으로 평가할 수 있다. 예측값과 잔차가 특정한 패턴 없이 무작위로 고르게 분포되어 있으면, 분산의 동질성과 선형성 가정이 충족된 것이다. 삶의 질 산점도([그림 6-3])는 잔차들이 특정 패턴을 이루지 않고 무작위로 분포되어 분산이 동질적이며, 모형의 예측이 편향되지 않는 것으로 나타낸다. 이는 삶의 질 모형이 적합하다는 것을 시사한다.

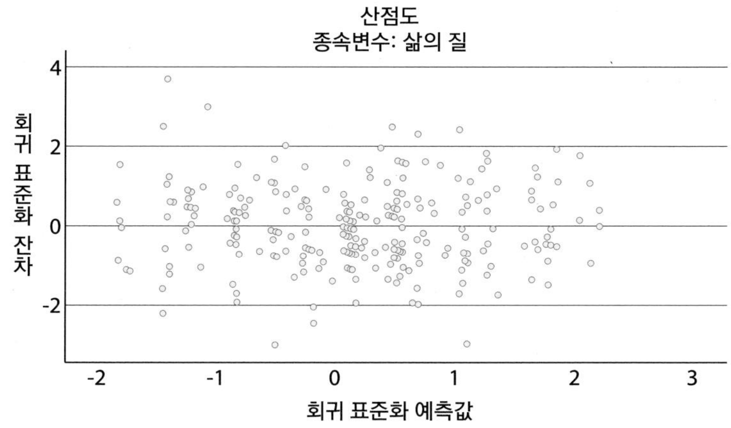


[그림 6-3] 산점도

## 4. 집단 간 평균비교를 위한 회귀분석

집단 간 평균비교를 위한 회귀분석은 독립변수가 명목형 척도일 때 적합하다. 분산분석이나 t-검정과 유사한 방식으로 이해할 수 있으나, 회귀분석은 추가 변수(공변량)를 모형에 포함시킨다는 점에서 차이가 있다. 두 방법의 차이를 비교해 보자.

**① 분석 방법**

- t-검정과 분산분석: 집단 간에 유의미한 평균 차이가 있는지를 나타낸다.
- 회귀분석: 종속변수와 독립변수 간의 관계를 중심으로 다른 변수의 영향을 통제한 상태에서 집단 간 차이를 알 수 있고, 회귀식으로 종속변수를 예측할 수 있다.

**② 통제변수**

- t-검정과 분산분석: 단순히 집단 간 평균 차이만을 비교하므로 다른 변수의 영향이 개입될 개연성이 크다.
- 회귀분석: 변수 통제가 가능하므로 다른 변수의 영향을 받지 않고 순수하게 집단 간 차이를 파악할 수 있다.

③ 결과 해석

- t−검정과 분산분석: 독립변수들의 영향을 통제하지 않기 때문에 집단 간 차이가 발생하는 이유를 인과적으로 설명하기 어렵다.
- 회귀분석: 독립변수가 종속변수에 미치는 영향력과 집단 변수의 효과를 동시에 알 수 있다. 즉, 다른 변수를 고려한 후에도 집단 간 차이가 있는지 확인할 수 있다.

④ 설명력

- t−검정과 분산분석: 집단간 평균 차이와 유의도는 알 수 있으나, 두 변수의 설명력이 어느 정도인지는 알기 어렵다.
- 회귀분석: 더미변수 만을 포함하여 분석해도 설명력($R^2$)을 알 수 있다.

⑤ 적용 가능성

- t−검정과 분산분석: 변수 간 상호작용 및 인과관계는 고려하지 않고 단순 비교만 할 수 있다.
- 회귀분석: 종속변수를 설명하는 다수의 독립변수가 존재하고, 변수 간 인과관계를 알고자 할 때 유용하다.

회귀모형에 범주형 독립변수가 있을 경우, 더미변수(dummy variable)로 변환해야 한다. 이유는 범주형 변수는 양적 개념을 포함한 숫자로 표현되지 않기 때문이다. 성별, 종교 유무, 집단(통제집단 vs 실험집단) 등은 두 개의 범주만 있으므로 변환 작업이 필요하지 않지만, 학력, 종교, 직업, 지역 등과 같이 세 개 이상의 범주가 있을 경우, 더미변수로 만들어야 한다.

## 1) 비교집단 설정 기준

더미변수를 만들 때 먼저 비교집단을 정해야 하는데, 이때 염두에 두어야 할 점은 분석 목적과 데이터 특성에 따라 기준이 다를 수 있고 결과의 해석 방향도 달라진다는 것이다. 비교집단을 정할 때 고려할 기준은 다음과 같다.

- 의미 있는 기준 또는 기본값: 일반적으로 가장 기본이 되거나 표준이 되는 집단을 비교집단으로 정한다.
- 정책적 및 연구적 관심: 가설이 정책적 또는 연구적으로 특정 집단에 관심을 두고 다른 집단과 비교하는 것이라면, 그 집단을 비교집단으로 정한다.
- 균형적인 기준: 데이터 분포가 균형을 이루지 않을 경우, 불균형을 줄이기 위해 비교집단을 정할 수 있다. 데이터에 다양한 소수 집단이 있다면, 가장 대표적인 집단을 비교집단으로 정한다.
- 이론적 또는 경험적 근거: 이론적 가설이나 선행연구에서 특정 집단이 비교집단으로 되어 있다면, 이를 고려하여 동일한 기준을 적용할 수 있다.

연구 목적에 따라 비교집단을 정하지 않고 모든 범주를 더미변수화하는 방법도 있다. 비교집단의 설정 여부에 따라 더미변수에 대한 해석 방향이 달라지므로, 연구 목적이나 이론적 배경, 데이터 특성 등을 충분히 고려한 후 결정하는 것이 바람직하다.

## 2) 더미변수를 만드는 방법

더미변수를 만들 때 비교집단을 설정하는 방법과 비교집단 없이 자동으로 생성하는 방법이 있다.

### (1) 비교집단을 설정할 경우: 재코딩

더미변수는 집단 수보다 하나 적게 생성된다. 성별이나 실험집단 및 통제집단처럼 두 집단으로 구성된 경우, 더미변수는 한 개이다. 두 집단으로 분류된 명목변수는 회귀분석에 그대로 투입한다. 하지만 집단이 세 개 이상일 경우에는 n−1만큼의 더미변수를 만들어야 한다.

세 지역(A, B, C)으로 구성된 변수가 있다면, 더미변수는 두 개가 되는데, 먼저 비교집단을 정해야 한다. 만약 A가 표준 지역일 경우, 이 지역을 비교집단으로 정하면, 다음과 같이 B와 C에 대한 더미변수가 생성된다.

- 지역 B → B는 1, 그 외 지역은 0

• 지역 C → C는 1, 그 외 지역은 0

이 경우, A 지역은 별도의 더미변수를 갖지 않으며, 더미변수 B와 C가 회귀분석에 포함된다. 분석 결과를 해석할 때는 A와 B, A와 C의 차이에 중점을 둔다.

## 재코딩 방법

비교집단을 설정할 때는 변수 값을 재코딩(recode)한다. 이때 기존 변수는 유지되도록 〈다른 변수로 코딩변경(R)〉을 선택한다. 만약 〈같은 변수로 코딩변경(S)〉을 하면, 기존 변수 위에 덮어 씌워져 원래의 값을 복원할 수 없게 되므로 이 점을 주의해야 한다.

**<재코딩 과정>**

변환(T) → 다른 변수로 코딩변경(R) 클릭 → 〈다른 변수로 코딩변경〉 창에서 변수(학교생활)를 〈입력변수 → 출력변수〉 박스로 이동

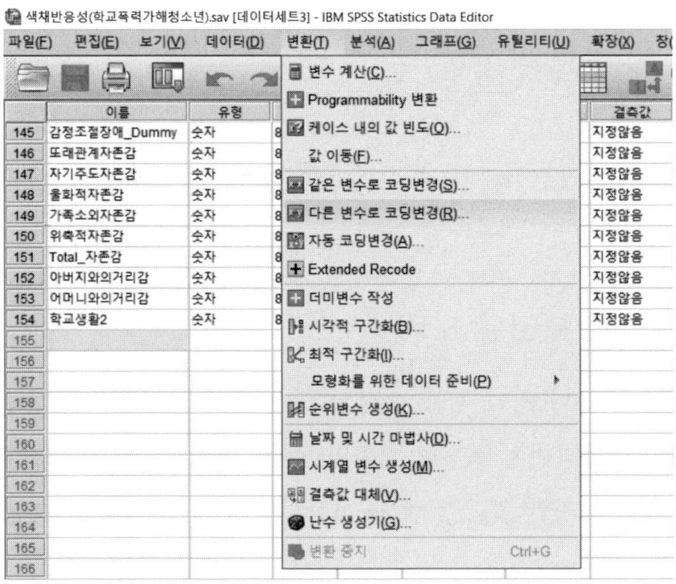

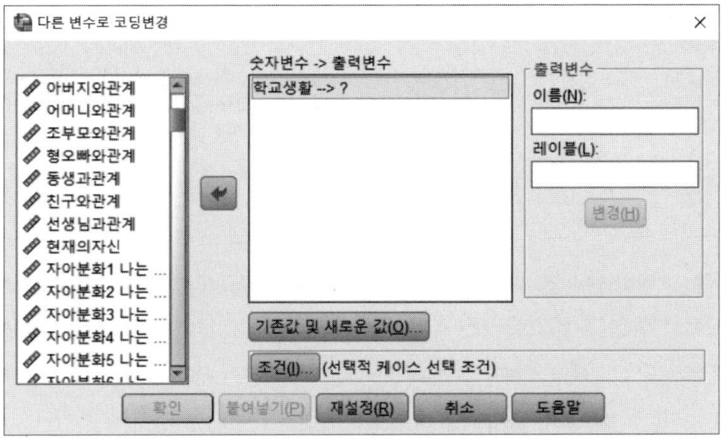


〈출력변수〉 이름(N) 칸에 더미변수명(학교생활D3긍정) 입력 → 변경(H) 클릭 → 아래의 〈기존값 및 새로운 값(O)〉 클릭 → 〈다른 변수로 코딩변경: 기존값 및 새로운 값〉 창으로 이동

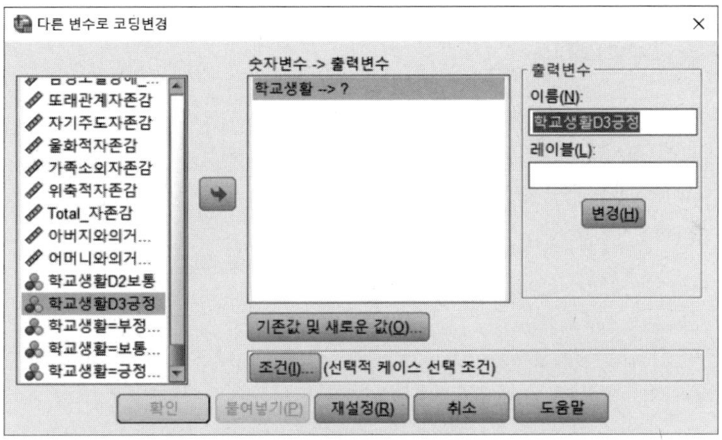


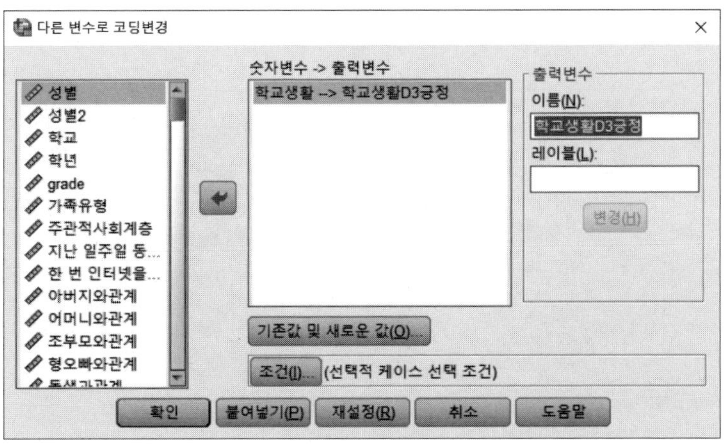

〈다른 변수로 코딩변경〉 창에서 〈기존값〉 아래의 값(V) 클릭 → 값을 입력한 후 〈새로운 값〉 아래의 값(L) 클릭 → 값 입력 → 〈추가(A)〉 버튼 활성화 → 〈추가(A)〉 버튼 클릭 → 〈계속〉 클릭 → 1개의 더미변수 생성

*이상의 과정을 더미변수 수만큼 반복

**예시** 명목형 변수인 '학교생활에 대한 인식'을 세 집단(① 부정적, ② 보통, ③ 긍정적)으로 분류한다. 비교집단은 '부정적' 인식을 가진 집단이며, 두 개의 더미변수를 생성한다.

- 보통 → 학교생활을 보통이라고 인식한 집단은 1, 그 외는 0
- 긍정적 → 학교생활을 긍정적으로 인식한 집단은 1, 그 외는 0

어기서 긍정적 집단 ③을 더미변수화 하는 과정을 살펴보자.

- 기존 값(V)에 3 입력 → 새로운 값(L)에 1 입력 → <추가A> 버튼 클릭
- 기존 값 박스 아래 <기타 모든 값(O)> 클릭 → 새로운 값(L)에 0 입력 → <추가A> 클릭 → 계속(C) 클릭

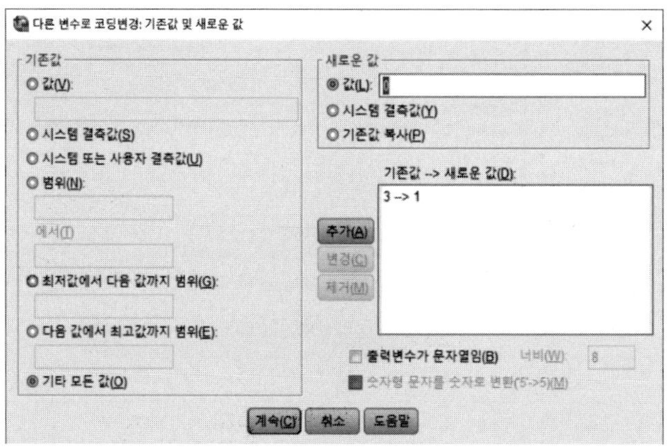


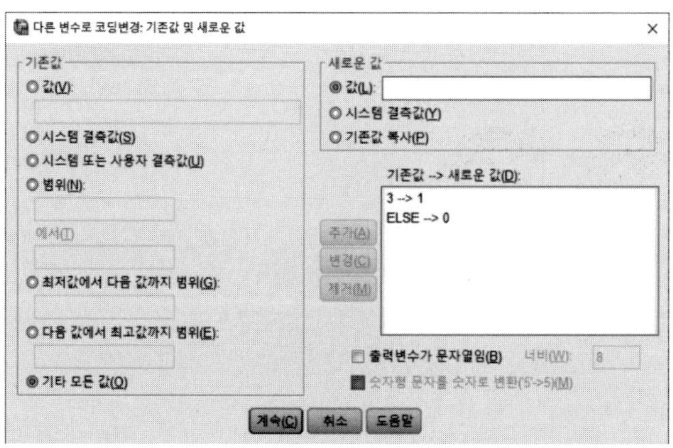

보통 집단(②)을 더미변수로 만들기 위해 이 과정을 반복한다. 그러면 세 범주로 구성된 '학교생활에 대한 인식' 변수가 두 개의 더미변수로 생성된다. 이 경우 학교생활을 부정적으로 인식한 ① 집단은 별도의 더미변수를 갖지 않으며, 회귀분석에는 더미변수 ②와 ③만이 포함된다.

### (2) 비교집단을 설정하지 않을 경우: 자동 생성 기능

더미변수를 비교집단 없이 집단 수만큼 만들 수 있다. 그러나 변수 간 독립성을 유지하기 위해 회귀분석에는 더미변수 중 하나를 제외한다. 즉, A 지역을 제외하고 B와 C 지역이 분석에 포함되며, 이때 A 지역은 비교집단의 역할을 한다. 비교집단 없이 생성하는 방법은 다음과 같다.

- 지역 A → A이면 1, 그 외 지역은 0
- 지역 B → B이면 1, 그 외 지역은 0
- 지역 C → C이면 1, 그 외 지역은 0

회귀분석에서 비교집단을 제외하는 이유는 다중공선성을 방지하기 위해서이다. 모든 더미변수를 모형에 포함하면 더미변수의 합이 1이 되는데, 이는 변수들이 독립적이지 않고 완전한 의존성을 지니게 된다. 즉, 각 더미변수가 선형적으로 결합되어 전체 회귀식에 추가 정보를 제공하지 않게 되므로 정확한 회귀계수를 추정할 수 없다. 따라서 회귀분석을 실행할 때는 변수 간의 독립성 유지를 위해 기준이 되는 하나의 더미변수를 제외한다.

#### 더미변수 자동 생성 기능

SPSS(버전 22 이상)에는 재코딩 없이 모든 범주를 더미변수로 생성하는 기능이 있다. 세 집단으로 구성된 학교생활에 대한 인식 변수를 자동으로 생성해 보자.

- 학교생활 더미1 → 부정적으로 인식한 집단은 1, 그 외는 0
- 학교생활 더미2 → 보통으로 인식한 집단은 1, 그 외는 0
- 학교생활 더미3 → 긍정적으로 인식한 집단은 1, 그 외는 0

회귀분석을 할 때는 다중공선성을 방지하고 정확한 회귀계수를 추정하기 위해 두 개의 더미변수만 포함시킨다. 제외된 더미변수는 비교집단으로 모형의 절편에 반영되며, 다른 범주들은 비교집단과의 차이를 회귀계수로 나타낸다.

변환(T) → 〈더미변수 작성〉 선택 → 〈더미변수 작성〉 창에서 〈변수(I)〉 리스트에 있는 변수를 〈다음에 대한 더미변수 작성(C)〉으로 이동 → 〈주효과 더미변수〉 아래에 있는 〈루트 이름(선택한 변수당 한 개)(O)〉에 변수명+더미 입력(예: 학교생활 더미) → 확인

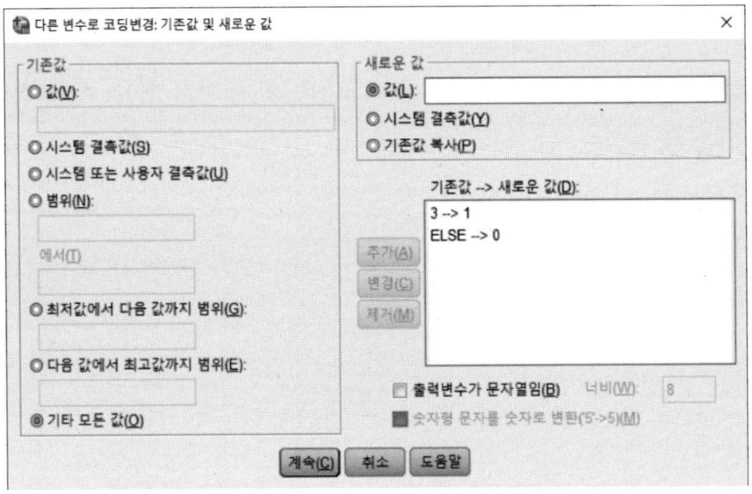


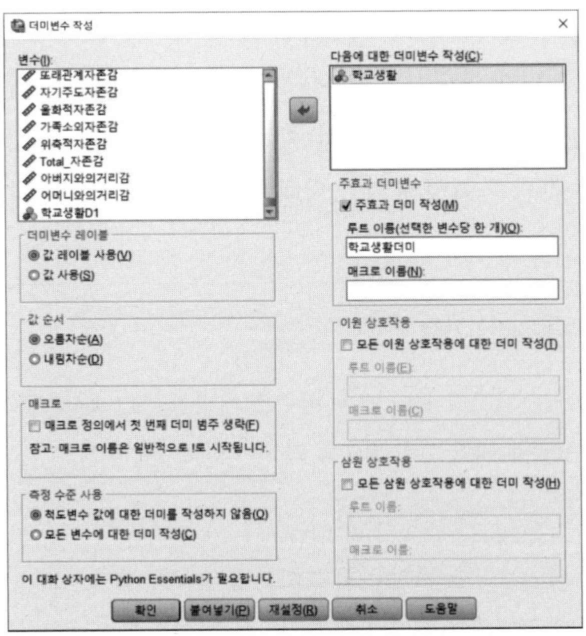

〈확인〉을 클릭하면 변수 리스트에 세 개의 더미변수가 자동으로 생성된다.

| | 이름 | 유형 | 너비 | 소수점이하자리 | 레이블 | 값 | 결측값 | 열 |
|---|---|---|---|---|---|---|---|---|
| 157 | 학교생활더미_1 | 숫자 | 8 | 2 | 학교생활=부정적 | 지정않음 | 지정않음 | 22 |
| 158 | 학교생활더미_2 | 숫자 | 8 | 2 | 학교생활=보통 | 지정않음 | 지정않음 | 22 |
| 159 | 학교생활더미_3 | 숫자 | 8 | 2 | 학교생활=긍정적 | 지정않음 | 지정않음 | 22 |
| 160 | | | | | | | | |

재코딩으로 비교집단을 생성하든 모든 범주를 대상으로 하든, 회귀분석을 할 때는 변수 간 독립성을 유지하기 위해 비교집단을 제외해야 한다.

## 3) 더미변수가 포함된 회귀모형

더미변수가 포함된 회귀모형은 집단 간 평균 차이를 비교함으로써 특정 집단이 다른 집단과 어떤 차이가 있는지를 확인할 수 있다.

### (1) 더미변수만 포함된 회귀모형

#### ① 두 집단으로 구성된 더미변수

두 집단으로 구성된 더미변수(예: 성별)는 범주형 변수를 수치로 표현하기 위해 여성을 0, 남성을 1, 또는 반대로 코딩할 수 있다. 남녀 간에 공감능력이 차이가 있는지를 비교할 경우, 더미변수를 포함한 회귀모형은 다음과 같다.

$$Y = \beta_0 + \beta_1 D + e$$

Y = 종속변수(공감능력)
D = 성별(더미변수, 여성 = 0, 남성 = 1)
$\beta_0$ = 절편(여성일 경우, 예상되는 공감능력)
$\beta_1$ = 남성일 경우, 여성과 비교한 공감능력

#### ② 세 집단 이상으로 구성된 더미변수

학교생활에 대한 인식을 반영하는 변수가 세 범주(부정적, 보통, 긍정적)로 나뉠 경우, 이를 더미변수화해서 회귀모형에 포함하면 다음과 같다.

$$Y = \beta_0 + \beta_1 D_1 + \beta_2 D_2 + e$$

학교생활에 부정적 인식을 가진 집단을 비교집단으로 정한다면, $\beta_1$은 더미변수 $D_1$(부정적=0 vs 보통=1)의 집단간 평균 차이를, $\beta_2$는 $D_2$(부정적=0 vs 긍정적=1)의 집단간 평균 차이를 반영한다.

### (2) 더미변수와 연속변수가 포함된 모형

회귀모형에는 일반적으로 더미변수와 연속변수가 같이 포함되어 있으며, 이러한 모형은 종속변수에 대한 설명력을 높이는 경향이 있다. 더미변수와 연속변수가 같이 포함된 회귀모형은 다음과 같다.

$$Y = \beta_0 + \beta_1 X + \beta_k D_k + e$$

Y=종속변수
X=독립변수(연속변수)
$D_k$=더미변수 (k=1~n; 더미가 3개일 경우 k=1~3)
$\beta_0$ =절편 ; $\beta_1$, $\beta_k$=회귀계수

분석 결과에서 더미변수와 연속변수에 대한 해석 방식은 다르다. 더미변수는 비교집단을 기준으로 집단 간 평균 차이가 있는지, 어느 집단이 더 높거나 낮은지를 나타낸다. 반면, 연속변수는 X가 한 단위 증가할 때 Y의 변화 정도와 방향을 시사한다.

## 4) 더미변수가 포함된 회귀모형의 분석 사례

### (1) 두 집단 더미변수

#### ① 회귀모형

- 성별(여성=0, 남성=1)에 따라 공감능력에 차이가 있는지를 분석하는 회귀모형은 다음과 같다.

- 공감능력 $= \beta_0 + (\beta_1 \times$성별$) + e$
- 회귀모형의 설명력: 성별에 따른 공감능력의 차이에 대한 설명력은 15.3%(R 제곱)이며, F값(23.026)의 유의도가 p<0.001로 모형이 적합한 것으로 나타났다.

② 회귀계수 해석

- 더미변수에 대한 해석은 두 집단 간 차이를 비교한다는 점을 염두에 두고 회귀계수를 살펴보자.
- 성별에 따른 공감능력의 차이에 대한 설명력은 15.3%(R 제곱)이며, F값(23.026)의 유의도가 p<0.001로 모형이 적합한 것으로 나타났다.
- 상수($\beta_0$=3.384): p<0.001 수준에서 유의미하다. 이는 성별이 0(여성)인 경우, 공감능력의 평균이 3.384라는 것을 나타낸다.
- 성별 회귀계수($\beta_1$=−0.242): 남녀 간의 공감능력 차이가 유의미(p<0.001)하다. 여기서 $\beta_1$이 양수면 1집단(남성)이, 음수면 0집단(여성)의 공감능력이 더 높다는 것을 말해 준다. 성별 계수가 음수로 나타났으므로 여성이 남성보다 공감능력이 0.242만큼 더 높다고 해석한다.

**계수[a]**

| 모형 | | 비표준화 계수 | | 표준화 계수 | t | 유의확률 |
|---|---|---|---|---|---|---|
| | | B | 표준화 오류 | 베타 | | |
| 1 | (상수) | 3.384 | .089 | | 37.942 | <.001 |
| | 성별 | −.242 | .051 | −.230 | −4.799 | <.001 |

a. 종속변수: 공감능력

③ 회귀식

- 공감능력=3.384−(0.242×성별)
- 회귀식에 남성은 1, 여성은 0을 대입하면 평균 공감능력을 추정할 수 있다.

## (2) 세 집단 더미변수

세 집단 더미변수(학교생활에 대한 인식)와 자존감의 관계를 살펴보자. 세 집단을 비교하기 위해 두 개의 더미변수가 필요하다. 학교생활에 대한 인식은 부정적, 보통, 긍정적으로 나뉘며, 부정적 집단(D1=0)을 비교집단으로 정하고, 보통(D2=1)과 긍정적(D3=1) 집단에 대한 더미변수를 생성한 후 회귀분석을 실행하였다. 분석 결과는 다음과 같다.

① **회귀모형**

- 청소년의 학교생활 인식에 따라 자존감에 차이가 있는지를 분석하는 회귀모형은 다음과 같다.
- 자존감 $= \beta_0 + (\beta_{1\times}$보통$) + (\beta_{2\times}$긍정적$) + e$
- 회귀모형의 설명력: 자존감 모형의 설명력은 12.1%(R 제곱)이고, F값(7.684)은 $p < 0.001$ 수준에서 유의미하다.

② **회귀계수 해석**

- 상수($\beta_0$): 비교기준인 학교생활에 대해 부정적 인식을 가진 집단의 평균 자존감은 3.263이며 $p < .001$ 수준에서 유의하다.
- 회귀계수 $\beta_1$(D2보통): 유의확률이 0.814로 유의미하지 않다. 이러한 결과는 학교생활에 대해 보통인 집단과 부정적 집단 간에 자존감 차이가 없다는 것을 말해 준다.
- 회귀계수 $\beta_2$(D3긍정): 유의확률이 $p = 0.003$이다. $\beta_2$가 양수이므로 학교생활에 대해 긍정적인 인식을 가진 청소년은 부정적인 인식을 가진 집단보다 자존감이 0.314 정도 더 높다는 것을 나타낸다.

**계수**[a]

| 모형 | | 비표준화 계수 | | 표준화 계수 | t | 유의확률 |
|---|---|---|---|---|---|---|
| | | B | 표준화 오류 | 베타 | | |
| 1 | (상수) | 3.263 | .078 | | 41.667 | <.001 |
| | D2보통 | −.025 | .104 | −.025 | −.235 | .814 |
| | D3긍정 | .314 | .102 | .332 | 3.067 | .003 |

a. 종속변수: 자존감

③ **회귀식**

- 자존감＝3.263－(0.025×D2보통)＋(0.314×D3긍정)
- 회귀식에 학교생활에 대한 인식 값을 대입하면 청소년의 평균 자존감을 추정할 수 있다.

### (3) 더미변수와 연속변수가 포함된 회귀모형

일반적으로 회귀분석에는 더미변수와 연속변수가 포함되는 경향이 있다. 특히 사회인구학적 요인(성별, 직업, 학력, 지역 등)이 영향을 미칠 경우, 이들 변수의 영향을 통제해야 집단 간에 존재하는 순수한 차이를 규명할 수 있다. 더미변수와 연속변수가 같이 포함된 회귀모형을 분석해 보자.

- 종속변수: 청소년의 자존감(10개 문항으로 구성, 범위 3~30)
- 독립변수: 학교생활에 대한 인식(더미변수), 부모자녀 관계 만족도(연속변수, 범위 1~25)

① **회귀모형**

- 청소년의 학교생활 인식과 부모자녀 관계에 따른 자존감 차이를 분석하는 모형은 다음과 같다.
- 자존감＝$\beta_0$＋($\beta_1$×보통)＋($\beta_2$×긍정적)＋($\beta_3$×부모자녀 관계)＋$e$
- 회귀모형의 설명력: 자존감에 영향을 미치는 변수로 '학교생활에 대한 인식' 외에 '부모자녀 관계'를 같이 포함했을 때 R 제곱이 0.121에서 0.327로 높아졌다. F값(15.195)도 $p<0.001$ 수준에서 유의미한 것으로 나타났다.

**모형 요약**

| 모형 | R | R 제곱 | 수정된 R 제곱 | 추정값의 표준오차 |
|---|---|---|---|---|
| 1 | .571[a] | .327 | .305 | .70648 |

a. 예측자: (상수), 부모자녀 관계, D2 보통, D3 긍정

② 회귀계수 해석

- 상수($\beta_0$=2.557): 비교 기준인 부정적 인식을 가진 집단은, 부모자녀 관계 만족도가 0일 때 평균 자존감은 2.557인 것으로 나타났다.
- D2보통(0.129, p=0.200): 기준 범주(D1부정적 집단)와 비교했을 때, D2보통의 자존감은 통계적으로 유의미하지 않다. 즉, 학교생활이 보통이라고 인식한 청소년의 자존감은 부정적 인식을 가진 집단과 차이가 없다.
- D3긍정(0.275, p=0.007): 기준 범주(D1부정)와 비교했을 때, D3긍정의 자존감은 평균적으로 0.275 더 높다. 즉, 긍정적 인식을 가진 청소년은 부정적 인식을 가진 집단보다 자존감이 더 높은 경향이 있다.
- 부모자녀 관계(0.182, p<0.001): 부모자녀 관계 만족도가 1단위 증가할 때, 청소년의 자존감은 0.182 증가한다. 이러한 결과는 청소년이 부모자녀 관계에 만족할수록 자존감도 높아진다는 것을 말해 준다. 변수의 상대적 영향력은 부모자녀 관계가 0.363으로 가장 높다.

**계수**[a]

| 모형 | | 비표준화 계수 | | 표준화 계수 | t | 유의확률 |
|---|---|---|---|---|---|---|
| | | B | 표준화 오류 | 베타 | | |
| 1 | (상수) | 2.557 | .186 | | 13.730 | <.001 |
| | D2보통 | .129 | .100 | .137 | 1.291 | .200 |
| | D3긍정 | .275 | .100 | .297 | 2.764 | .007 |
| | 부모자녀 관계 | .182 | .049 | .363 | 3.744 | <.001 |

a. 종속변수: 자존감

③ 회귀식

- 자존감=2.557+(0.129×보통)+(0.275×긍정적)+(0.182×부모자녀관계)
- 회귀식에 독립변수의 각 값을 대입하면 자존감이 어느 정도 수준인지를 예측할 수 있다.

# 5. 변수 선택과 모형 개발

변수 선택은 데이터에서 중요한 설명 변수를 선택하는 과정이다. 변수 선택을 하는 이유는 연구 모형의 성능을 개선하고, 분석 결과에 대한 해석 가능성을 높이며, 불필요한 변수를 제거함으로써 과적합을 방지하는 것이 중요하기 때문이다.

## 1) 변수 선택과 모형 개발의 전제조건

변수 선택과 모형 개발의 전제 조건은, 연구 목적과 부합하는 이론, 선행연구 고찰, 관찰 및 탐색, 경험 등을 통해 얻은 자료와 정보를 분석하는 과정이 선행되어야 한다는 점이다.

변수 선택과 모형 개발 과정이 이론적 토대 위에 이루어져야 하는 이유는, 연구자의 주관성이 배제되어야 하기 때문이다. 변수 간 관계를 규명할 때 연구자의 주관적 생각이나 판단이 아니라 선행연구에서 검정을 거친 이론이 모형 개발의 근거가 되어야 한다. 선행연구를 충분히 검토하지 않으면, 좁은 시야로 자신의 인지 범위 내에서 이미 알고 있는 내용만을 중심으로 연구모형을 구성하도록 스스로 유도하는 한계에 직면할 수 있다. 그러므로 기존 연구를 충분히 검토한 후에 변수 선택과 모형 개발이 이루어져야 한다.

따라서 모형 개발 과정에 관련 이론을 알고 있어야 한다. 그것은 기본이다. 또한 연구자는 규격화된 방식에 매이지 않고 이론적 전제를 신중하게 적용해야 한다는 점도 중요하다. 왜냐하면 사회는 늘 변화 속에 있기 때문에 오늘은 그 전제가 옳을지 모르나 내일은 그 전제가 수정되어야 할 흐름에 놓여 있을 수 있다. 종종 이론적 배경을 토대로 변수를 선택하고 모형을 구성해서 데이터를 분석하면, 이론적 전제가 별다른 구실을 하지 못하거나 실제 현상을 예측하는 데 한계가 있을 수도 있다.

이와 같이 이론적 전제와 실제 현상 간에 간극이 있을 수 있다는 점을 고려하여 전적으로 이론에만 매이지 않고, 실제로 현상을 충동하는 변수가 무엇인지를 이해해야 한다. 연구자가 지향하는 바는 기존 이론을 증명하는 것이 아니라 실제 현상의 본질을 객관적으로 파악하는 것이다. 또한 인간이 살아가는 세상은 연구자가 만든 이론적 시야보다 훨씬 넓고 많은 것을 포괄한다는 점도 염두에 두어야 한다. 그래서 현상을 설명하는 변수를 선택하고 모형을 구성하기 전에 이론적 고찰뿐 아니라 관찰과 탐색, 관련 데이터 분석 등의 과정이 선행되어야 한다.

이러한 과정에서 얻은 지식과 정보는 변수 선택과 모형 추론에 유용하게 작용한다. 종속변수와 독립변수로 구성된 모형은 어디까지나 추론적 가설이고 잠정적 해답에 불과하므로, 반복 검정을 통해 설명력과 예측력을 높이는 모형을 개발할 수 있다.

## 2) 변수 선택 방법: 필터링

예측력을 높이는 변수를 선택하고, 불필요한 변수를 제거하는 과정은 중요하다. 만약 변수 선택이 잘못되면 과대적합이나 과소적합 문제가 발생한다. 과대적합(overfitting)은 모형이 데이터에 너무 과하게 맞춰져서, 새로운 데이터에 일반화하지 못하는 현상을 의미한다. 즉, 모형이 데이터의 패턴뿐 아니라 불필요한 세부사항까지 학습한 후 검정하는 데이터에는 높은 성능을 보이지만, 새로운 데이터에는 성능이 낮아지는 경향이 있다. 과소적합(underfitting)은 그와 반대 현상을 보이는 것이다. 이러한 문제는 데이터의 특성을 고려하고, 변수의 중요도를 평가함으로써 해결할 수 있다.

변수 선택을 하기 위한 일반적인 방법은 필터링과 랩핑이다. 이 두 방법은 각기 다른 원칙에 따라 작동하지만 데이터의 특성과 모형을 고려하여 변수를 선택하고, 모형 성능(예측값과 실제값 간의 차이를 측정하여 모형이 잘 작동하는지를 평가)을 개선하는 데 도움을 준다.

- 필터링(filtering): 단순하고 빠르게 데이터의 속성을 기반으로 변수를 선택하지만, 모형과 상호작용은 하지 않는다.
- 랩핑(wrapping): 모형 학습을 통해 변수를 선택하므로 모형 성능을 개선할 수 있으나 단계적 검정에 시간이 많이 걸린다.

필터링과 랩핑은 상호 보완적으로 사용하는 것이 좋다. 먼저, 필터링으로 중요하지 않은 변수를 제거한 후, 랩핑으로 최적의 변수 집합을 찾는 것이 효율적이다.

필터링은 독립변수 중 중요한 변수만을 선택하므로 이를 통해 불필요한 변수를 제거하고 과적합을 방지할 수 있다. 변수 선택 기준은 각 변수의 통계적 특성이며, 모형 학습과는 독립적으로 수행된다. 따라서 이 방법은 모형 학습 전에 데이터 특성을 바탕으로 변수의 중요도를 평가하여 주요 변수를 빠르게 선택할 수 있다. 하지만 변수 간의 상호 작용은 고려하지 않고, 모형과의 상관성을 반영하지 못하는 한계점이 있으나, 이는 랩핑으로 보완할 수 있다. 대표적인 필터링 방법은 다음과 같다.

- 상관계수 기준: 종속변수와는 상관관계가 높은 변수를 선택한다. 하지만 독립변수 간에 존재하는 높은 상관관계(0.8 이상)는 다중공선성 문제를 야기하기 때문에 그중 한 변수를 제거한다.
- 분산 기준: 분산이 작은 변수는 대부분 같은 값을 가지거나 의미 있는 정보를 제공하지 않으므로, 분산이 임계값 이하인 변수는 제거한다.
- 통계 검정 기준: 분산분석에서 F-검정 결과가 높은 변수는 종속변수에 중요한 영향을 미친다고 간주할 수 있다. 카이제곱 값이 높은 변수 역시 종속변수와 연관성이 높다고 볼 수 있으므로 이들 변수를 선택한다.
- 단변량 기준: 기본 통계량으로 데이터 분포를 판단한다. 즉, 평균, 중앙값, 표준편차 등을 토대로 변수가 어떻게 분포되어 있는지 파악하고, 분포가 편향된 변수는 분석에서 제외한다.

### 3) 변수 선택 방법: 랩핑

랩핑은 모형 성능을 개선하는 방향으로 변수를 선택하거나 제거하는 방법이다. 이 방법을 적용하면 변수 선택과 모형 학습을 결합하여 최적의 변수 집합을 선택할 수 있다. 모형 학습이란 변수 선택에서 데이터를 분석하고 예측하는 과정을 의미한다. 모형 학습을 통해 데이터에서 의미 있는 패턴을 찾고, 필요한 변수만 선택하여 모형 성능을 최적화할 수 있다. 랩핑의 주요 기법에는 전진 선택, 후진 제거, 단계적 선택이 있다.

#### (1) 전진 선택

전진 선택(forward selection)은 변수를 하나씩 추가하면서 모형 성능의 개선 여부를 확인하는 방법이다. 변수를 추가할 때마다 모형 성능(설명력)이 얼마나 개선되는지를 평가하고 가장 성능이 좋아지는 변수를 선택하여 모형에 포함한다. 모형의 개선 여부에 대한 통계적 기준은 각 변수의 p값과 F-통계량이며, 추가된 변수가 통계적으로 유의미하면 모형에 포함한다.

예를 들어, 소득(종속변수)을 예측하기 위한 설명변수(독립변수)로 학력, 경력, 성별, 연령이 있다고 가정하자.

- 첫 변수 선택: 모든 변수 중 한 변수를 선택하여 회귀모형과 적합성을 분석한다. 여기서 학력의 설명력이 가장 크다면, 이를 첫 변수로 선택한다.
- 두 번째 변수 선택: 학력 선택 후, 남은 변수 중에서 두 번째 변수를 선택한다. 경력, 성별, 연령을 추가해 가며 모형 성능을 평가한 후, 가장 성능이 좋은 변수를 추가한다. 만약 경력을 추가했을 때 설명력이 크게 향상된다면 경력을 선택한다.
- 세 번째 변수 선택: 학력과 경력을 선택한 상태에서 남은 변수 중에서 추가할 변수를 선택한다. 성별과 연령을 차례로 추가하며 모형의 성능을 평가하고, 상대적으로 설명력이 큰 변수를 선택한다.
- 선택 종료: 모형의 성능이 더 이상 향상되지 않거나, 추가 변수가 유의미하지 않을 때 선택 과정을 멈추고, 최종 변수 조합을 결정한다.

전진 선택의 장점은 설명력이 높은 변수를 하나씩 추가하므로, 모형이 과도하게 복잡해지는 것을 방지할 수 있다.

### (2) 후진 제거

후진 제거(backward elimination)는 모든 변수를 포함한 상태에서 분석한 후 중요도가 낮은 변수, 즉 p값이 유의미하지 않은 변수를 하나씩 제거해 나간다. 이때는 가장 유의도가 낮은 변수부터 제거한다. 후진 제거는 불필요한 변수를 제거함으로써 모형을 단순화하는 장점이 있다. 이 방법으로 변수를 선택하는 단계는 다음과 같다.

첫째, 모든 독립변수를 포함한 모형을 구성한다. 종속변수 Y(소득)와 독립변수 $X_1$(학력), $X_2$(경력), $X_3$(성별), $X_4$(연령)로 구성된 모형은 다음과 같다.

$$Y = \beta_0 + \beta_1 X_1 + \beta_2 X_2 + \beta_3 X_3 + \beta_4 X_4 + e$$

둘째, 모형을 평가한다. 모형 평가를 위해 변수의 p값을 확인한다. 각 변수의 p값은 다음과 같다.

- $X_1$(학력) p값=0.01
- $X_2$(경력) p값=0.03
- $X_3$(성별) p값=0.09
- X4(연령) p값=0.15

셋째, 변수를 제거한다. 이때 유의도가 가장 낮은 변수부터 제거해야 한다. $X_4$(연령)의 p값이 0.15로 유의도가 가장 낮기 때문에 $X_4$를 제거한다.

넷째, 모형을 업데이트 한다. 즉, $X_4$(연령)를 제거하고 모형을 수정한다.

다섯째, 이 과정을 반복한다. 연령을 제거하고 업데이트된 모형을 다시 회귀분석해서 p값을 확인한다. 만약 연령 제거 후에도 $X_3$(성별)의 p값이 여전히 0.05보다 높으면, $X_3$도 제거한다.

여섯째, 후진 제거 과정을 종료하고 최종 모형을 확정한다. 최종 모형에는 모든 변수의 p값이 유의미하거나 제거 대상 변수가 없을 때 후진 제거 과정을 종료하고 모형을 확정한다.

$$Y = \beta_0 + \beta_1 X_1 + \beta_2 X_2 + e$$

### (3) 단계적 선택

단계적 선택(stepwise selection)은 전진 선택과 후진 제거를 결합한 방식이며, 통계적으로 유의미한 변수를 찾아 모형에 포함하고, 중요하지 않은 변수를 제외하는 단계를 반복함으로써 최적 모형을 찾는다. 이 방법 역시 변수 추가 및 제거 기준은 p값이며, 추가된 변수가 유의미하지 않으면 제거한다. 단계적 선택법에 대한 예시를 들면 다음과 같다.

- 모형 초기화: 초기 모형은 설명 변수가 없는 상태에서 시작한다.
- 변수 추가(전진 선택): 각 변수($X_1$, $X_2$, $X_3$, $X_4$)의 p값을 비교하여 가장 유의도가 높은

변수를 먼저 모형에 추가한다. $X_1$(학력)의 유의도($p=0.001$)가 가장 높으므로 모형에 추가한다.

- 모형 업데이트: $Y=\beta_0+\beta_1X_1+e$
- 변수 추가 반복: 업데이트된 모형에서 남은 변수($X_2$, $X_2$, $X_2$)의 p값을 다시 분석한다. $X_2$(경력)의 p값(0.03)이 가장 작으므로 $X_2$를 모형에 추가한다. 이후 단계에서 다른 변수를 추가하면서 유의미하지 않은 변수를 제거한다.
- 모형 업데이트: $Y=\beta_0+\beta_1X_1+\beta_2X_2+e$
- 변수 제거(후진 제거): 유의미하지 않은 변수를 제거한다. $X_4$(연령)의 p값(0.15)이 크다면 이를 제거한다.
- 이후 단계에서 다른 변수를 추가하면서 유의미하지 않은 변수를 제거한다.
- 최종 모형 결정: 변수 추가나 제거가 모형의 성능을 더 이상 향상시키지 않을 때까지 반복한 후, 최적의 성능을 가진 변수 조합으로 모형을 완성한다.

단계적 선택을 할 때 유의할 점이 있다. 단계적 선택은 작은 데이터에서는 과적합될 가능성이 있으므로 변수 선택 기준에 신중해야 한다. 그리고 주어진 데이터에만 최적화된 변수를 선택하기 때문에, 새로운 데이터에 대한 일반화 성능이 떨어질 수 있다. 따라서 교차 검증을 통해 변수 선택 과정에 과적합 여부를 평가할 필요가 있으며, 복잡한 모형에서는 다른 변수 선택 기법과 함께 활용하는 것이 효과적이다.

### (4) 단계적 선택 실행 예시

SPSS에서 단계적 선택을 실행하는 과정과 분석 결과

- 종속변수: 행복지수
- 독립변수: 소득(1단위=1만 원), 소득안정성, 소득적정성

분석(A) → 회귀분석(R) → 선형(L) → 종속변수(D), 독립변수(I) 설정 → 방법(M) → 〈단계적 선택〉 지정 → 확인

*SPSS에서 전진 선택은 〈전진〉, 후진 제거는 〈제거〉 선택

### ① 모형의 설명력 평가

단계적 선택에서 두 변수가 모형에 포함되었다. 첫 단계에서는 소득안정성, 두 번째 단계에서는 소득적정성이 추가되었다.

#### 모형 1: 소득안정성만 포함

- R 제곱(0.265): 소득안정성이 자존감(종속변수)의 26.5%를 설명한다.
- 수정된 R 제곱(0.263): 자유도 조정을 고려해도 설명력이 크게 변하지 않았다.
- 표준오차(1.011): 행복지수의 평균이 모집단의 실제값에서 어느 정도 오차 범위 내에 있는지를 나타낸다.

#### 모형 2: 소득안정성+소득적정도 포함

- R 제곱(0.315): 소득안정성과 소득적정도를 함께 고려하면 설명력이 31.5%로 증가한다. 이는 소득안정성만 고려한 모형 1보다 소득적정도를 추가한 모형 2가 더 높은 설명력을 가진다는 것을 나타내므로 모형 2를 선택하는 것이 바람직하다.
- 수정된 R 제곱(0.311): 변수를 추가했을 때 설명력이 유의미하게 증가하였다.
- 표준오차(0.977): 표준오차가 다소 감소하여 예측력이 향상되었다.

**모형 요약**

| 모형 | R | R 제곱 | 수정된 R 제곱 | 추정값의 표준오차 |
|---|---|---|---|---|
| 1 | .515[a] | .265 | .263 | 1.011 |
| 2 | .561[b] | .315 | .311 | .977 |

a. 예측자: (상수), 소득안정성
b. 예측자: (상수), 소득안정성, 소득적정도

### ② 모형의 적합도 평가

#### 모형 1: 소득안정성만 포함

- F값(130.471, $p < 0.001$): 회귀모형이 통계적으로 유의미하다.
- 회귀제곱합(133.286): 전체 변동성(502.076) 중 26.5%가 소득안정성에 의해 설명된다.
- 잔차제곱합(368.790): 여전히 설명되지 않은 변동성이 많다.

모형 2: 소득안정성+소득적정도 포함

- F값(82.732, p<0.001): 여전히 통계적으로 유의미하다. 이러한 결과는 추가된 변수가 모형의 적합도를 유지한다는 것을 시사한다.
- 회귀제곱합(158.099): 전체 변동성(502.076) 중 31.5%가 두 변수에 의해 설명된다.
- 잔차제곱합(343.977): 오차가 다소 줄어, 모형의 설명력이 증가했다는 것을 알 수 있다.
- 평균제곱 잔차: 모형 1(1.022)에 비해 모형 2(0.955)의 오차 변동이 감소하여 모형의 적합도가 높아졌다고 평가할 수 있다.

ANOVA[a]

| 모형 | | 제곱합 | 자유도 | 평균제곱 | F | 유의확률 |
|---|---|---|---|---|---|---|
| 1 | 회귀 | 133.286 | 1 | 133.286 | 130.471 | <.001[b] |
| | 잔차 | 368.790 | 361 | 1.022 | | |
| | 전체 | 502.076 | 362 | | | |
| 2 | 회귀 | 158.099 | 2 | 79.050 | 82.732 | <.001[c] |
| | 잔차 | 343.977 | 360 | .955 | | |
| | 전체 | 502.076 | 362 | | | |

a. 종속변수: 행복지수
b. 예측자: (상수), 소득안정성
c. 예측자: (상수), 소득안정성, 소득적정도

③ 회귀계수

모형 1: 소득안정성만 포함

- 소득안정성이 1 증가하면 행복지수가 0.550 증가한다.
- t 값(11.422, p<0.001): 소득안정성은 행복지수에 유의미한 영향을 미친다.

모형 2: 소득안정성+소득적정도 포함

- 소득안정성의 영향력이 0.550 → 0.334로 감소하였다. 이러한 결과는 소득안정성과 소득적정도가 서로 영향을 공유하기 때문에 발생한 것이다.
- 표준화 계수를 비교하면 소득안정성($\beta$=0.312)과 소득적정도($\beta$=0.301)의 영향력이

비슷한 경향이 있다.

• 시사점: 소득적정도를 추가하면 모형의 설명력이 증가하므로, 두 변수를 함께 고려하는 것이 행복지수를 예측하는 데 더 적절하다.

계수[a]

| 모형 | | 비표준화 계수 | | 표준화 계수 | t | 유의확률 |
|---|---|---|---|---|---|---|
| | | B | 표준화 오류 | 베타 | | |
| 1 | (상수) | 2.823 | .149 | | 18.917 | <.001 |
| | 소득안정성 | .550 | .048 | .515 | 11.422 | <.001 |
| 2 | (상수) | 2.515 | .156 | | 16.073 | <.001 |
| | 소득안정성 | .334 | .063 | .312 | 5.291 | <.001 |
| | 소득적정도 | .325 | .064 | .301 | 5.096 | <.001 |

a. 종속변수: 행복지수

**변수 선택에 대한 시사점**

• 모형 1에서는 세 변수 중 소득안정성이 선택되었고, 모형 2에는 소득적정도가 유의미한 변수로 선택되었다.

• 이제 더 이상 선택될 변수가 없으므로 이 단계에서 유의미한 변수만으로 최종 회귀모형을 구성한다.

**④ 제외된 변수**

• 단계적 선택에서 소득은 제외되었다. 이는 소득이 모형 성능을 개선하지 못하기 때문이다. 만약 변수 간에 존재하는 높은 상관관계가 다중공선성을 야기한다면, 단계적 선택에서 변수가 제외될 수 있다.

• 다중공선성 문제는 공차를 기준으로 진단한다. 공차는 1에서 R 제곱 값을 뺀 값이며, 1에 가까울수록 해당 변수가 다른 변수와 독립적이고, 다중공선성이 없다는 것을 나타낸다. 하지만 공차가 0.1 이하이면 다중공선성이 심각한 상태이므로 해당 변수를 제거하거나 로그나 제곱근으로 변환해야 한다(Montgomery et al., 2021).

• 소득의 공차는 0.651로 다중공선성 문제는 없으나, 행복지수에 유의미한 영향을 미치지 않고 모형의 설명력을 높이지 못해서 제외된 것이다.

제외된 변수[a]

| 모형 | | 베타 입력 | t | 유의확률 | 편상관계수 | 공선성 통계량 |
|---|---|---|---|---|---|---|
| | | | | | | 공차 |
| 1 | 소득 | .056[b] | 1.005 | .316 | .053 | .651 |
| | 소득적정도 | .301[b] | 5.096 | <.001 | .259 | .546 |
| 2 | 소득 | -.005[c] | -.092 | .927 | -.005 | .619 |

a. 종속변수: 행복지수

b. 모형 내의 예측자: (상수), 소득안정성

c. 모형 내의 예측자: (상수), 소득안정성, 소득적정도

## 4) 모형 개발

모형 개발은 독립변수를 기반으로 종속변수를 예측하거나 설명하는 모형을 만드는 기법이다. 모형 개발은 데이터 수집부터 모형 평가에 이르기까지, 다음과 같은 체계적 절차에 따라 이루어져야 한다.

### (1) 데이터 수집과 탐색

모형 개발의 첫 단계는 데이터 수집 및 탐색이다. 데이터 수집 과정은 데이터의 신뢰성을 결정하고, 모형의 설명력과 예측력에도 영향을 미친다. 데이터는 다음과 같이 다양한 방법으로 수집할 수 있다.

#### ① 공공 데이터

정부나 연구 기관에서 제공하는 데이터베이스, 포털, 공공 API 등의 사이트에서 데이터를 구할 수 있다. API는 URL을 통해 데이터베이스에 접근하는 방식이다. 공공 데이터에는 다양한 변수가 있어 전반적 추세나 경향은 파악할 수 있으나, 변수의 특성에 대한 구체적인 정보를 파악하기에는 한계가 있다.

#### ② 연구자가 수집한 데이터

연구자가 실험, 관찰, 서베이 등으로 직접 데이터를 수집할 수 있다. 적정 수준의 표본을 확보하고 데이터를 수집하는 데 시간과 비용이 들지만, 연구 목적에 부합하는 변수에

대해 좀 더 풍부하고 세밀한 정보를 얻을 수 있다.

**③ 웹 스크래핑(web scraping)**

웹 사이트에서 자동으로 데이터를 수집하는 방법이며, 다양한 목적에 부합하는 데이터를 수집하여 파일로 저장할 수 있다. 주로 파이썬(Python)과 같은 프로그래밍 언어를 사용하는데, 데이터 수집 전에 약관을 확인하여 법적 문제가 발생하지 않도록 해야 한다. 데이터 수집 후에는 데이터의 특성을 이해하고 탐색하는 과정이 필요하다.

- 변수 확인: 독립변수와 종속변수를 확인하고, 값의 범위와 분포를 살펴본다.
- 통계 분석: 기본 통계치(평균, 중앙값, 분산 등)를 토대로 데이터 분포와 변수 간 관계를 파악한다.
- 상관관계 분석: 독립변수와 종속변수 간의 상관관계를 분석하여 모형에 적합한 변수를 선정한다.
- 시각화: 히스토그램, 산점도 등으로 데이터 분포와 변수 간 관계를 시각적으로 검토한다.

### (2) 데이터 전처리

데이터 전처리로는 분석 결과의 신뢰성을 높이고 오류를 줄일 수 있다. 데이터에 결측치를 비롯하여 일관성이 결여된 응답을 제거하거나 적절한 방법으로 대체해야 한다. 이상치를 찾아내어 분석에 영향을 미치는지 평가하고, 변수의 값 범위가 큰 차이를 보일 경우 표준화 또는 정규화를 통해 데이터 값의 범위를 맞출 필요가 있다. 전처리 단계는 다음과 같다.

**① 결측치 확인 및 처리**

데이터에 결측치가 포함될 수 있는데, 결측치가 특정 패턴을 가지는지 분석하여 원인을 규명할 필요가 있다. 만약, 결측치가 단순히 응답 누락일 경우에는 이를 적절히 처리해야 한다. 결측치 처리 방법은 다음과 같다.

- 삭제: 결측치가 많은 경우 해당 변수를 삭제한다.

- 대체: 평균, 중앙값, 최빈값으로 결측치를 대체한다.
- 예측 모형 사용: 예측 모형으로 결측치를 예측하여 대체한다.

② 이상치 탐지 및 처리

이상치는 예측의 정확도를 떨어뜨리고, 모형 성능에 부정적인 영향을 미치기 때문에 이를 탐지하고 처리해야 한다. 이상치는 상자 그림(box plot), 점수의 표준화(z-score), 표준편차 법칙 등으로 탐지할 수 있다. 이상치가 있으면 이를 제거하거나 값 범위를 조정할 수 있다.

③ 범주형 변수 처리

범주형 변수는 0과 1로 이루어진 더미 변수로 변환하고, 순서가 있는 범주형 변수는 각 범주에 숫자를 할당한다.

④ 데이터 척도화

독립변수들 간에 값의 범위가 크게 다르면 모형에 부정적인 영향을 미친다. 이를 해결하기 위해 정규화나 표준화로 변수를 척도화할 필요가 있다.

### (3) 데이터 분할

전처리 과정을 거친 후 데이터를 분할한다. 그 이유는 모형의 성능을 평가하고 과적합을 방지하며, 모형이 새로운 데이터에 대해 신뢰할 수 있는 예측을 할 수 있도록 하기 위해서이다. 데이터는 두 가지로 분할한다.

① 데이터 분할의 종류

- 훈련용 데이터: 모형을 학습하기 위한 데이터이며, 이를 통해 데이터 패턴을 이해할 수 있다. 전체 데이터의 대부분을 차지하는데, 분할 비율은 전체의 80% 정도이며, 이러한 비율은 데이터의 특성과 크기에 따라 조정할 수 있다.
- 테스트용 데이터: 최종적으로 모형의 성능을 평가하기 위해 사용하는 데이터이다. 테스트용 데이터는 훈련 및 검정에는 사용되지 않으며, 모형이 실제로 얼마나 잘 예측하는지를 확인하는 데 사용된다. 분할 비율은 약 20% 정도이다.

데이터 분할은 모형의 성능과 신뢰성에 중요한 영향을 미치기 때문에 적합한 기준으로 모형이 최적화될 수 있도록 한다. 데이터 분할 기준은 다음과 같다.

**② 데이터 분할 기준**

- 랜덤 분할: 데이터를 랜덤하게 섞어서 훈련용과 테스트용으로 나눈다. 이 방식은 데이터가 고루 분포되므로 편향성을 최소화할 수 있으나, 데이터에 특정 패턴이 존재하는 경우(예: 시계열 데이터)에는 비효율적일 수 있다.
- 시간 분할: 시계열 데이터처럼 시간 순서가 있는 데이터는 시간에 따라 분할한다. 예를 들어, 과거 데이터는 훈련용으로, 현재 데이터는 테스트용으로 사용한다. 이 방식은 현재 데이터에 대한 예측 평가는 적합하지만, 데이터 양이 부족하면 과적합될 개연성이 있다.
- 계층 분할: 데이터의 분포가 고르지 않을 경우, 분포를 반영하여 분할한다. 데이터 분류에서 특성이 불균형을 이룰 경우, 각 특성이 동일한 비율로 분할되도록 한다. 이 방식은 불균형한 데이터의 성능은 높일 수 있으나 분할 과정이 복잡하다.

이러한 기준을 상황에 맞게 조합하여 데이터를 분할하면, 모형이 다양한 상황에서도 작동하는지를 평가할 수 있다.

### (4) 모형 선택

데이터 전처리가 끝나면 모형을 선택한다. 적절한 모형을 선택하기 위해 고려해야 할 기준이 있다. 다음 기준을 종합적으로 고려해서 회귀모형을 선택하는 것이 중요하다.

**① 모형 선택 기준**

- 데이터의 구조: 종속변수와 독립변수가 선형적 관계가 있다면 선형회귀모형을 선택한다. 만약 변수 간 관계가 비선형적이면, 다항회귀나 비선형 회귀모형이 적합하다. 종속변수가 연속형 척도라면 회귀모형을, 이산형 또는 범주형 변수라면 로지스틱 회귀를 적용한다.
- 데이터의 특성: 독립변수가 적고 간단한 경우에는 단순회귀모형이 적합하지만, 독립변수가 다수일 경우에는 다중회귀모형이나 다항회귀모형을 구성한다.

- 모형의 성능: 복잡한 모형은 과적합이 발생할 수 있으므로, 데이터가 적거나 변동성이 크다면 리지회귀 또는 라소회귀모형이 과적합을 줄일 수 있다. 교차 검정을 통해 다양한 모형을 비교한 후 적합한 모형을 선택하는 것도 모형 성능을 향상시킬 수 있는 방법이다.
- 잔차 분석: 모형의 적합성을 평가하기 위해 잔차분포를 확인한다. 잔차가 정규성을 따르거나 무작위로 분포한다면 적합한 모형일 가능성이 크다.

### ② 다양한 회귀모형과 특징

회귀모형은 종류가 다양하며 각각 장단점이 있다. 대표적인 회귀모형과 특징은 다음과 같다.

- 단순회귀모형
  - 목적: 하나의 독립변수와 종속변수 간의 관계를 모형화한다.
  - 적합 기준: 데이터 분포가 선형을 이룰 때 적합하다.
  - 장점: 모형 구성이 쉽고 직관적이다.
  - 단점: 변수 관계가 선형이 아닐 경우 모형의 설명력과 예측력이 저하된다.
- 다중회귀모형
  - 목적: 두 개 이상의 독립변수와 종속변수 간의 관계를 모형화한다.
  - 적합 기준: 종속변수에 영향을 미치는 변수가 다수일 경우에 적합하다.
  - 장점: 종속변수에 미치는 독립변수의 상대적 영향력을 알 수 있다.
  - 단점: 독립변수 간에 높은 상관관계가 존재할 경우, 다중공선성이 발생할 가능성이 있다.
- 리지회귀(ridge regression)
  - 목적: 다중회귀분석에서 과적합을 방지하기 위해 독립변수 중에서 중요하지 않은 변수의 회귀계수를 0에 근접하도록 축소하여(0으로 만들지 않음) 추정하는 모형이다.
  - 적합 기준: 데이터에 다중공선성이 심하거나, 독립변수들의 설명력이 큰 차이가 나지 않을 경우에 적합하다.
  - 장점: 독립변수가 다수일 경우, 일반 선형회귀보다 리지회귀가 과적합을 방지하

고 모형의 성능을 향상시킬 수 있다.

- 단점: 일반 선형회귀보다 독립변수의 척도에 영향을 받기 때문에 리지회귀분석을 하기 전에 모든 독립변수의 척도가 동일하도록 표준화해야 한다.

• 라소회귀(lasso regression)

- 목적: 변수 선택 및 과적합 방지를 위해 설명력에 기여하지 못하는 독립변수의 회귀계수를 0으로 만드는 모형이다.
- 적합 기준: 불필요한 변수가 많을 경우와 독립변수 중 일부는 설명력이 크고, 나머지는 설명력이 낮을 경우에 적합하다. 설명력이 낮은 독립변수는 제거될 수 있다.
- 장점: 회귀계수가 0이 될 수 있으므로 변수 선택은 자동으로 이루어진다. 이를 통해 설명력이 높은 변수만으로 모형을 단순화하여 해석 가능성을 높일 수 있다.
- 단점: 중요한 변수가 모형에서 제거될 수 있다.

• 엘라스틱 넷 회귀(elastic net regression)

- 목적: 리지 및 라소 회귀의 결합으로 두 방식의 장점을 가진 모형이다.
- 적합 기준: 변수 간에 다중공선성이 심하여 변수를 선택해야 할 경우에 적합하다.
- 장점: 리지와 라소 회귀처럼 모형을 충분히 설명하지 못하는 독립변수는 회귀계수의 크기를 축소하거나 0으로 만들어 특정 변수를 모형에서 제거할 수 있다.
- 단점: 두 네트워크(Generator와 Discriminator)를 함께 사용하므로 구성이 복잡하고, 추가적인 튜닝이나 변경이 필요할 수 있다.

• 다항회귀(polynomial regression)

- 목적: 독립변수와 종속변수 간의 관계를 다항식 모형으로 구성한다. 선형회귀에서는 종속변수와 독립변수 간의 관계가 1차 함수의 직선 형태로 표현되지만, 다항회귀는 독립변수의 차수가 2차 이상인 곡선 형태로 관계를 설명할 수 있다.
- 적합 기준: 데이터가 비선형적 관계를 보일 때 적합하다. 다항회귀는 선형회귀로 다항식을 추정하지만 독립변수를 다항식 형태로 변환한 후에 선형회귀로 처리할 수 있다.
- 장점: 차수가 증가할수록 복잡한 곡선을 그릴 수 있으므로 비선형 패턴을 설명할 수 있다.
- 단점: 다항식 차수를 결정하는 것은 모형의 성능에 중요한 영향을 미치는데, 차수가 높은 다항식은 과대적합 문제를, 차수가 낮은 다항식은 과소적합 문제를 야기

할 수 있다.

- 로지스틱 회귀(logistic regression)
  - 목적: 종속변수가 범주형일 때 사용하는 통계적 모형이다.
  - 적합 기준: 종속변수가 두 가지 범주를 가질 때 적합하다.
  - 장점: 각 관찰값에 대한 특정 범주에 속할 확률을 해석할 수 있다.
  - 단점: 종속변수가 연속형일 경우에는 적용할 수 없다.

이상과 같이 각각의 회귀모형은 장단점이 있으므로 데이터 특성과 구조에 부합하는 모형을 선택하는 것이 중요하다.

### (5) 모형 평가와 개선

모형 선택 후 데이터가 현상을 잘 예측할 수 있는지를 평가하는 지표들이 있다. 이 지표를 기준으로 모형의 적합성을 검정해야 한다.

**① 다중공선성 확인**

- 모형 평가에서 가장 중요한 점은 다중공선성 문제를 확인하는 것이다. 다중공선성은 모형 예측력을 저하하고, 과적합 위험을 초래하기 때문에 반드시 검정해야 한다.
- 모형에 모든 변수를 포함하는 것이 반드시 좋은 것만은 아니므로, 논리적으로 종속변수와 밀접한 관련이 있는 변수만을 선택하고, 중요하지 않은 변수는 모형에서 제외한다.

**② R 제곱**

- 모형의 설명력을 반영하는 R 제곱으로 종속변수와 독립변수의 관계가 논리적으로 적합한지를 검토한다.
- 적합한 변수가 선택되지 않으면 중요한 정보가 손실되어 모형의 성능이 낮아질 수 있다. 또한 불필요한 변수가 포함되면 모형이 복잡해지고 과적합 오류가 증가할 수 있다.

③ 평균제곱오차(MSE)

- 이 지표는 예측값과 실제값 간의 차이를 나타내는데, MSE가 작을수록 모형 예측이 실제값과 가깝고, 클수록 오차도 커져 실제값과 멀어진다는 것을 알려 준다.

④ 통계적 유의성

- 모형에 포함된 다수의 변수가 유의미하지 않게 나타나면 모형을 재검토할 필요가 있다.

다양한 지표로 모형을 평가한 후 다시 변수 선택 과정을 거쳐서 모형을 개선한다. 모형 개선을 위한 일반적인 방법은 다음과 같다.

- 상관관계 분석: 상관관계가 높은 변수를 제거함으로써 다중공선성을 완화한다.
- 파생변수 생성: 기존 변수를 요인분석이나 신뢰도 검정 등의 변환 과정을 거쳐 새로운 변수로 만들어 모형이 데이터 패턴을 잘 반영하도록 한다.
- 비선형 관계 모형: 비선형 데이터의 경우, 다항 회귀로 확장하거나 로지스틱 회귀와 같은 비선형성을 고려할 수 있다.
- 정규화: 모형의 복잡성과 과적합을 방지하기 위해 라소나 리지 회귀를 적용할 수 있다.

제7장

# 로지스틱 회귀

로지스틱 회귀와 선형회귀는 회귀 개념을 포함하지만, 기능적으로 차이가 있다. 로지스틱 회귀를 이해하기 위해, 선형회귀와의 차이점을 항목별로 비교하면 다음과 같다.

**① 종속변수 유형(연속형 vs 범주형)**

- 선형회귀: 종속변수가 수치로 예측할 수 있는 연속적인 값을 갖는다. 프로그램 및 정책 선호도, 소득이나 주택 가격 등과 같이 출력 값의 크기를 수치로 예측할 수 있다.
- 로지스틱 회귀: 종속변수가 범주형으로 이진(예/아니오, 성공/실패 등) 또는 다중 범주 값을 예측한다. 스팸 이메일 유무, 질병 유형, 경험 유무 등을 확률적으로 분류하는 데 적합하다.

**② 결과 해석(실수 vs 확률)**

- 선형회귀: 독립변수와 종속변수 간 관계를 추가적인 변환 없이 연속형 실수 그대로 해석하고 예측한다.
- 로지스틱 회귀: 독립변수와 종속변수 간 관계를 확률(0~1 사이)에 대한 로그 오즈(log odds)로 예측한다. [그림 7-1]에 제시된 바와 같이 일반적으로 0.5를 기준으로 0 또는 1로 변환하는데, 확률이 0.5보다 크면 종속변수 관련 사건이 발생할 확률이 있고, 0.5보다 작으면 발생할 확률이 없다고 해석한다.

**③ 함수 유형(1차 선형 vs 시그모이드)**

- 선형회귀: 1차원의 선형 함수로 종속변수와 독립변수 간 관계를 설명한다. 즉, 결과가 독립변수의 선형 결합으로 표현된다.

- 로지스틱 회귀: 시그모이드(sigmoid) 함수를 적용하여 출력값을 0과 1 사이의 확률로 변환한다.

④ **관계 유형(선형 vs S자형)**

- 선형회귀: 독립변수와 종속변수 간의 관계를 직선 형태로 표현한다.
- 로지스틱 회귀: 독립변수와 종속변수 간의 관계를 S자 곡선(sigmoid curve)을 이용하여 분류의 정확도를 높인다. 이는 현상의 모든 원인과 결과는 직선 형태로만 움직이지 않는다는 것을 시사한다. 시그모이드 함수의 그래프는 중앙에서 급격히 변화하고, 양극단에서는 느리게 변하는 패턴을 보인다. 이는 작은 값에서는 0에 가까워지고 큰 값에서는 1에 가까워지지만, 중간 영역에서는 빠른 변동이 있다는 것을 나타낸다.

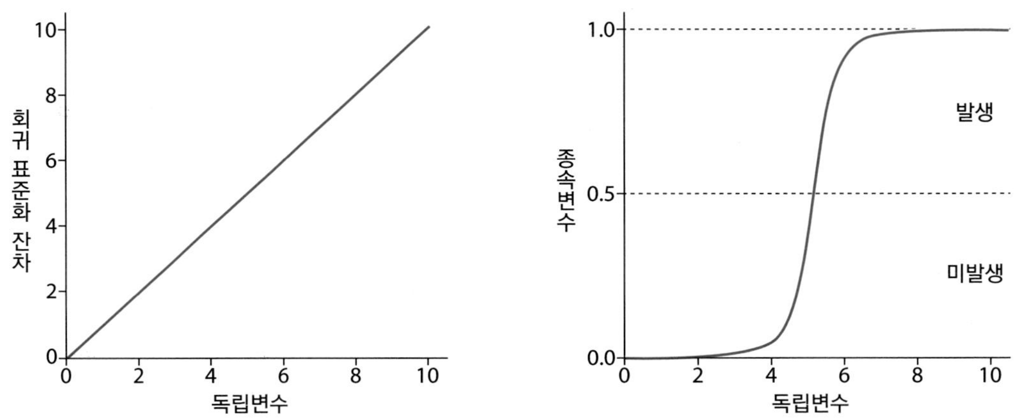


[그림 7-1] 선형회귀와 로지스틱 회귀

선형회귀와 로지스틱 회귀의 핵심적인 차이는 선형회귀는 연속적인 숫자 예측에 적합하고, 로지스틱 회귀는 범주형 데이터를 확률적으로 분류하는 데 적합하다는 것이다.

# 1. 로지스틱 회귀의 기본 가정

로지스틱 회귀분석을 할 때 고려해야 할 몇 가지 중요한 가정이 있다.

## 1) 이분형 종속변수

로지스틱 회귀는 기본적으로 종속변수가 범주형이어야 하며, 범주 수와 속성에 따라 이분형, 다항형, 순서형으로 나뉜다. 로지스틱 회귀는 0 또는 1의 범주를 갖는 이분형이 기본형이며, 다항형(세 가지 이상의 범주)과 순서형(순서가 있는 범주)은 이분형의 확장된 형태이다. 이분형 종속변수를 예로 들면 다음과 같다.

- 정신건강 진단 예측: 정신병리적 요인별로 정신질환에 걸릴 확률을 예측한다.
  - 종속변수: 정신질환 여부(1=있음, 0=없음)
  - 독립변수: 가족력, 우울, 불안
- 인터넷 중독 예측: 심리적 요인이 인터넷 중독을 유발할 가능성을 예측한다.
  - 종속변수: 인터넷 중독 여부(1=중독, 0=비중독)
  - 독립변수: 가족환경, 외로움, 자기 통제력, SNS 사용 빈도
- 정책 효과 예측: 사회인구학적 변수별로 특정 정책에 찬성할 확률을 예측한다.
  - 종속변수: 정책에 대한 찬반(1=찬성, 0=반대)
  - 독립변수: 성별, 연령, 학력, 지역, 소득계층

로지스틱 회귀를 적용하는 목적은, 독립변수가 종속변수의 어느 한 범주(0 또는 1)에 속할 확률을 로짓(logit) 함수로 예측하기 위해서이다.

## 2) 로그 오즈와 선형 관계

이분형 로지스틱 회귀에서 독립변수(설명변수)와 로그 오즈(log-odds, logit)는 선형 관계가 있어야 한다. 즉, 독립변수와 종속변수의 관계가 직접적인 선형이 아니라 로그 오

즈로 변환했을 때 선형이어야 한다는 것이다. 따라서 로지스틱 회귀에서는 독립변수와 종속변수 간의 관계가 선형회귀처럼 직접적인 선형성을 가정하지는 않는다. 하지만 로그 오즈로 변환하면 독립변수와 선형 관계를 가져야 한다. 왜냐하면 로지스틱 회귀는 종속변수의 확률을 로그 오즈로 예측하기 때문이다. 즉, 독립변수(연속형)가 로그 오즈에 미치는 영향이 선형적으로 계산된다.

로지스틱 회귀에서 독립변수와 로그 오즈 간의 선형 관계가 어떻게 작용하는지를 이해하기 위해 '연령과 질병 발생 확률' 사례를 살펴보자.

- 가정: 연령(X)과 질병 발생 여부(Y: 1=발병, 0=미발병)는 관계가 있을 것이다.
- 로지스틱 회귀모형: $\log(p / 1-p) = B_0 + B_1X$

- P=종속변수(Y)가 1이 될 확률 P(Y=1)
- Y=질병 발생 여부(1=발병, 0=미발병)
- (p / 1−p)=오즈(odds), 즉 사건이 발생할 확률(Y=1)과 발생하지 않을 확률의 비율
- X=연령
- $\beta_0$=절편
- $\beta_1$: 연령이 로그 오즈에 미치는 영향

로지스틱 회귀분석 결과가 다음과 같다고 가정하자.

- 회귀식: $B_0+B_1X=-5+0.08X$
- 절편 $B_0=-5$: X(연령)가 0일 때(신생아)의 로그 오즈 값(질병 발병 확률이 매우 낮음)
- 기울기 $B_1=0.08$: 연령이 1살 많아질 때마다 로그 오즈가 0.08만큼 증가

로그 오즈 값을 확률로 변환하면 다음과 같다.

- 오즈비: 독립변수 X에 대한 오즈비는 회귀계수$B_1$을 지수 함수($e^{\beta i}$)로 변환하여 계산한다. 오즈비는 X가 1 증가할 때 종속변수의 오즈가 $e^{\beta i}$배만큼 변화한다는 것을 나타낸다.

- 0세(신생아): $p(Y=1)=e^{-5}/1+e^{-5}=0.00669$(질병 발생 확률 → 0.669%)
- 50세: $p(Y=1)=e^{-5+(0.08\times50)}/1+e^{-5+(0.08\times50)}=0.2689$(질병 발생 확률 → 26.89%)
- 해석: 연령(X)이 증가할수록 질병 발생 확률이 증가하지만, 증가율은 선형이 아닌 로그 오즈 기준의 선형이다. 즉, X가 증가할수록 확률도 증가하지만, 변화율은 점차 완만해지는 S자 형태를 가진다.

로지스틱 회귀의 핵심 가정 중 하나가 로그 오즈의 선형 관계를 통해 확률의 변화 패턴을 더 정확하게 설명할 수 있다는 것이다. 만약 이 관계가 성립하지 않는다면 로지스틱 회귀의 예측력이 떨어질 수 있으며, 변수 변환(다항식 변환 등)이나 비모수 모형을 적용할 필요가 있다.

### 3) 독립 관측치

각 샘플(관측치)은 다른 샘플에 영향을 미치지 않아야 하므로 서로 독립적이어야 한다. 독립 관측치 개념은 이분형 로지스틱 회귀모형에서 중요한 가정 중의 하나이다. 그 이유는 만약 샘플들이 서로 의존하거나 상관되어 있으면 모형이 정확한 추정을 할 수 없고, 예측치 또한 신뢰할 수 없게 되기 때문이다. 예를 들어, 정기적으로 시간 순서에 따라 연속성 있게 수집한 시계열 데이터나, 관측 사례들이 군집화되어 동일 집단에 속한 데이터는 독립적이지 않을 수 있다. 이분형 로지스틱 회귀에서 독립 관측치 가정이 충족되지 않을 경우, 모형의 추정치가 왜곡될 수 있으므로 이를 유의해야 한다. 독립 관측치를 확보하는 방법은 다음과 같다.

첫째, 독립성이 확보된 데이터를 수집하기 위해 샘플링을 무작위로 할당한다. 실험이나 조사 연구에서 무작위 할당은 독립성을 확보하는 가장 기본적인 방법이며, 각 관측치를 무작위로 배정하여 관측치 간의 상관성을 배제해야 한다. 실험집단과 통제집단을 무작위로 나누거나 연구 대상자를 무작위로 표집하는 방식을 통해, 특정 집단에 속한 대상자들의 유사한 성향이나 환경으로 인해 발생할 수 있는 상관성 문제를 줄일 수 있다.

둘째, 데이터의 시간적 독립성을 보장한다. 데이터의 시간적 독립성은 수집된 시간과 관계없이 일관성 있게 해석할 수 있도록 하기 위해서 보장되어야 한다. 이는 데이터 분석과 통계 모형, 머신 러닝, 데이터베이스 설계 등에서 중요한 개념이다. 만약 데이터가 시간적으로 의존되어 있다면 관측치가 시간에 따라 영향을 받을 수 있다. 시간적 독립성을 보장하는 방법은 다음과 같다.

- 데이터 수집 시점에 대한 정보를 자세히 기록하면, 시간대별로 데이터를 구분할 수 있다. 이렇게 구분하면 특정 기간의 데이터를 분석할 때, 시간적 변화에 따른 편향을 피할 수 있다.
- 시계열 데이터는 시간이 지남에 따라 데이터가 변화할 수 있으므로 일정한 주기로 데이터를 샘플링하거나 정규화하면 시간에 따른 변화를 최소화할 수 있다.
- 비시간적 특성을 강화할 필요가 있다. 변수의 특성이 시간이 지나도 변하지 않도록 설계하는 것이 중요하다. 예를 들어, 데이터베이스에 대상자의 연령 대신에 생년월일을 입력해 둠으로써 연령에 대한 시간적 변화를 피할 수 있다.
- 분석 모형이나 머신 러닝 모형을 훈련할 때 데이터의 시간적 독립성을 유지하기 위해 학습 데이터와 검정 데이터를 시간에 따라 나누거나 샘플링한다. 이렇게 구분하지 않으면 과거 데이터와 미래 데이터 간 관계가 왜곡되어 모형의 정확성과 신뢰성이 저하될 수 있다.

셋째, 데이터를 군집화(clustering)한다. 군집화는 데이터 패턴이나 구조를 파악하여 데이터 간의 유사성을 토대로 군집을 형성하는 기법이다. 군집화 처리 단계는 다음과 같다.

### (1) 데이터 전처리

데이터를 정리하여 군집화에 적합한 형태로 변환한다. 데이터 값들이 서로 다른 범위를 가질 경우, 정규화 및 표준화를 통해 값의 범위를 일관성 있게 만든다. 주성분 분석 등 차원 축소 기법을 사용하면 데이터 내에 존재하는 중요한 요인을 파악할 수 있다. 데이터 전처리를 마치면 군집화 알고리즘을 선택한다. 일반적인 알고리즘은 K-평균 군집화와 계층적 군집화이며, 데이터 특성과 목적에 맞는 알고리즘을 선택한다.

### (2) K-평균 군집화

데이터를 K개 군집으로 나누는 방법으로, 각 군집의 중심을 반복적으로 업데이트하여 군집을 형성한다. K-평균 군집화를 할 때 군집 수(K)를 미리 정해야 하는데, 이는 군집화의 중요한 단계이다. 군집 수 지정은 이론적 근거나 통계적 기준에 의해야 한다. 대표적인 방법은 주성분 분석의 스크리 도표(scree plot)를 이용하는 것이다. 이는 데이터의 고유값을 그래프로 표현하는데, 그래프에서 고유값이 급격히 감소하다가 더 이상 급격한 변화가 없을 때 적합한 군집 수를 나타낸다. 이 급격한 변화점이 '팔꿈치(elbow)'처럼 보인다고 해서 '엘보우 기법'이라고 한다. 이 기법의 장점은 직관적이라는 것이고, 단점은 모든 데이터에서 명확한 팔꿈치 패턴이 나타나지 않는다는 점이다.

#### (3) 계층적 군집화

이 기법은 데이터의 유사성에 따라 계층적으로 그룹을 형성하면서 군집화해 나가는데, 군집 형성 과정과 군집 간의 계층적 관계를 덴드로그램(dendrogram)을 통해 시각적으로 확인할 수 있다. 이 기법은 군집 수를 미리 정할 필요가 없고, 트리 형태로 나타나는 계층 구조에 따라 다양한 수준의 군집화를 탐색할 수 있다는 장점이 있다.

### 4) 독립변수 간의 다중공선성 부재

선형회귀분석과 마찬가지로 로지스틱 회귀분석에서도 독립변수 간에 다중공선성이 없어야 한다. 다중공선성은 모형의 안정성과 예측력을 저해하며 분석 결과 해석에도 영향을 미친다. 따라서 다중공선성을 확인하고 적절한 방법으로 해결해야 한다.

- 다중공선성 확인 방법
  - 분산팽창계수(VIF) 검사: VIF가 10 이상이면 다중공선성이 심각하므로 해당 변수를 제거하거나 변환할 필요가 있다.
  - 상태지수(CI) 검사: 30 이상이면 다중공선성이 심각하게 존재하는 것으로 간주한다.
  - 상관행렬 분석: 독립변수 간의 상관계수가 0.8 이상인 변수가 있는지를 확인한다.

- 다중공선성 해결 방법
  - 변수 제거: VIF나 CI, 상관관계가 높은 변수 중 하나를 제거한다.

–주성분 분석: 다중공선성을 줄이기 위해 변수들을 주성분으로 변환한다.
–독립변수 변환: 로그 및 제곱근으로 변환하여 변수 간 상관성을 줄인다.
–정규화 회귀: 리지나 라소 회귀를 적용하여 회귀계수를 줄임으로써 다중공선성을 완화한다.

# 2. 로지스틱 회귀모형

로지스틱 회귀모형은 종속변수의 범주 수와 속성에 따라 이분형, 다항형, 순서형으로 나뉜다. 이들 유형은 범주형 종속변수를 예측하기 위한 모형으로 이진 또는 다중 범주를 포함하지만, 적용 방식과 목표는 각기 다르다. 어떤 모형을 선택할지에 대한 기준은 예측하려는 범주형 데이터의 특성이다.

## 1) 로지스틱 회귀모형의 적합도

### (1) 로지스틱 회귀모형의 적합 과정

로지스틱 회귀모형의 적합(fitting)은 데이터에 가장 잘 맞는 회귀계수를 추정하는 과정이며, 이를 토대로 새로운 데이터를 예측할 수 있다. 로지스틱 회귀모형의 적합 과정은 다음의 단계로 이루어진다.

**① 데이터 준비**

독립변수와 종속변수를 설정한다. 종속변수는 범주나 집단을 나타내는 이진 분류로 0 또는 1의 값을 가진다. 데이터는 전처리 과정을 거쳐, 결측치나 이상값이 있을 경우 적합한 방법으로 처리한다.

**② 로지스틱 모형 설정**

로지스틱 모형은 로짓(logit) 함수를 토대로 종속변수의 확률을 예측한다. 종속변수가 특정 범주에 속할 확률은 독립변수의 선형 조합으로 변환하여 다음과 같이 나타낸다.

$$\log(p/1-p) = \beta_0 + \beta_1 X_1 + \beta_2 X_2 + \cdots\cdots + \beta_n X_n + e$$

p＝종속변수가 1이 될 확률 p(Y＝1), 즉 사건이 발생할 확률

(p/1－p)＝오즈(odds)이며, 사건이 발생할 확률(Y＝1)과 발생하지 않을 확률(Y＝0)의 비율

$\beta_0$＝절편

$\beta_1, \beta_2 \ldots, \beta_n$ : 각 독립변수의 회귀계수

$X_1, X_2 \ldots, X_n$ : 독립변수

### ③ 함수 설정

로지스틱 회귀는 최대우도추정(maximum likelihood estimation)을 사용한다. 각 데이터에 대해 우도 함수를 정의한 후, 이 함수를 로그로 변환하여 로그우도 함수를 얻는다. 그리고 로그우도 함수를 최대화하는 최적의 회귀계수를 찾는다.

### ④ 모형 평가

이상의 과정을 거쳐 구성된 모형의 성능을 평가한다. 일반적인 평가 지표는 다음과 같다.

- 정확도, 정밀도, 재현율, F1－score
- 오즈비(odds ratio): 계수 해석의 기준

### ⑤ 모형 활용

데이터로 모형을 적합시키는 과정에서 최적의 회귀계수를 찾으면, 이 계수를 바탕으로 새로운 데이터를 예측할 수 있다. 모형은 각 독립변수의 가중치를 고려하여 종속변수가 1이 될 확률을 산출하는데, 확률이 임계값(0.5) 이상이면 종속변수 관련 사건이 발생한다고 예측한다.

### (2) 로지스틱 회귀모형의 적합도 평가 방법

로지스틱 회귀모형이 데이터와 얼마나 적합한지를 평가할 필요가 있다. 일반적으로 모형의 적합도를 평가할 때 다음 방법을 사용한다.

#### ① 모형의 적합도

−2 로그 우도(log likelihood)와 R 제곱은 모형의 적합도를 평가하는 지표이다. −2 로그 우도는 값이 낮을수록 모형이 데이터를 더 잘 설명한다는 것을 나타낸다. R 제곱의 경우, 선형회귀는 모형의 적합도를 비율로 나타내지만, 로지스틱 회귀는 R 제곱을 직접적인 개념으로 적용하지 않고, 유사 개념인 Cox와 Snell, Nagelkerke, McFadden 등을 통해 평가한다.

#### ② 모형의 유의성

옴니버스 검정(omnibus tests)은 로지스틱 회귀모형의 유의성을 평가하며, 카이제곱과 p값으로 확인할 수 있다. 로지스틱에서 카이제곱은 선형회귀의 F검정과 같다. 카이제곱 검정에서 p값이 유의하면($p<0.05$) 모형이 데이터를 잘 설명하지만, 유의수준을 충족하지 못하면 모형이 적합하지 않거나 특정 독립변수가 종속변수에 영향을 미치지 않는다고 보아야 한다.

#### ③ Hosmer-Lemeshow 검정

예측 확률이 실제 확률과 얼마나 유사한지를 나타낸다. 이 검정에서 추정된 로지스틱 모형이 적합하면 카이제곱 분포를 따른다. 따라서 검정 통계량은 각 그룹 내의 관측값과 예측값의 차이로 p값을 계산한다. p값이 0.05보다 크면 모형이 데이터를 잘 설명한다고 볼 수 있으나, 0.05보다 작으면 모형이 적합하지 않다는 것을 나타낸다. 다만, Hosmer-Lemeshow 검정이 모형의 적합도를 확인하는 도구라 해도, 데이터가 과도하게 분류되거나 범주화 방식에 따라 민감하게 반응할 수 있으므로 다른 지표와 함께 보완적으로 해석할 필요가 있다는 점을 유의해야 한다.

#### ④ 분류표

모형이 얼마나 정확하게 분류되는지를 보여 주며, 정확도는 분류한 사례의 비율로 판단한다. 분류 비율이 높을수록 모형의 예측력이 높다는 것을 의미한다. 분류표에는 로지스틱 회귀의 예측값과 실제값을 기반으로 네 가지 경우의 수로 나타날 수 있다.

〈표 7-1〉 분류표 예시

| 구분 | 참 긍정 1 | 참 부정 0 |
|---|---|---|
| 참 예측 1 | 참 긍정 (TP) | 거짓 긍정 (e1) |
| 거짓 예측 0 | 거짓 부정 (e2) | 참 부정 (TN) |

- 참 긍정(TP): 실제로 참이고, 모형도 참으로 예측한 경우
- 참 부정(TN): 실제로 거짓이고, 모형도 거짓으로 예측한 경우
- 거짓 긍정(e1): 실제로 거짓인데, 모형이 참으로 예측한 경우(1종 오류)
- 거짓 부정(e2): 실제로 참인데, 모형이 거짓으로 예측한 경우(2종 오류)

〈표 7-1〉의 분류표를 기준으로 모형의 성능에 대한 주요 지표와 계산 공식은 다음과 같다.

- 정확도=(TP+TN/TP+TN+e1+e2): 모형이 올바르게 예측한 비율
- 재현율=(TP/TP+e2): 실제 참인 데이터를 모형이 참으로 정확하게 예측한 비율
- 특이도=TN/(TN+e1): 실제 거짓인 데이터를 모형이 거짓으로 정확하게 예측한 비율
- 정밀도=TP/(TP+e1): 모형이 참으로 예측한 데이터 중 실제로 참인 데이터 비율
- F1=2x(정밀도×재현율)/(정밀도+재현율): 정밀도와 재현율을 동시에 고려한 지표

분류 문제에서 거짓 긍정(e1)과 거짓 부정(e2)의 비중이 다를 경우, 정밀도, 재현율, 특이도 등의 지표를 활용해서 모형의 예측 성능을 평가할 수 있다.

## 2) 신뢰구간과 오즈비

### (1) 신뢰구간

로지스틱 회귀에서 신뢰구간(confidence interval)은 회귀계수가 실제로 특정 값 내에 있을 가능성의 범위를 나타낸다. 신뢰수준은 구간의 넓이와 0을 포함하는지 여부에 따라 회귀계수의 추정값이 어느 정도 불확실성을 가지는지를 시사한다. 신뢰구간에 내포된 의미를 살펴보자.

- 신뢰구간이 넓을수록, 회귀계수 추정치에 대한 불확실성은 커진다. 데이터의 변동성이 크거나 표본크기가 작을 때 신뢰구간은 넓어질 수 있다.
- 신뢰구간이 좁을수록, 회귀계수 추정치에 대한 신뢰성은 높아진다. 이는 더 정확한 추정치라는 것을 나타낸다.
- 신뢰구간에 0이 포함되지 않으면, 그 독립변수는 종속변수에 유의미한 영향을 미친다.
- 신뢰구간에 0이 포함되면, 관련 독립변수는 종속변수에 유의미한 영향을 미치지 않는다.

로지스틱 회귀에서는 각 독립변수가 종속변수에 미치는 영향을 설명하는 회귀계수를 추정하며, 신뢰구간은 이 추정치가 얼마나 정확한지를 평가한다. 신뢰구간의 일반적인 기준은 95% 구간이며, 계산 공식은 다음과 같다.

$$\text{신뢰구간} = \beta \pm Z_{a/2} \times SE(\beta)$$

$\beta$ = 회귀계수
$Z_{a/2}$ = 신뢰수준(95%일 때 1.96)의 Z값
$SE(\beta)$ = 표준 오차

신뢰구간은 범위가 좁을수록, 0을 포함하지 않을수록 회귀계수 추정치의 정확성과 유의성을 나타낸다. 예를 들어, 로지스틱 회귀분석을 통해 독립변수 X의 회귀계수($\beta$)가

0.5이고, 표준오차(SE)가 0.1일 경우, 95% 신뢰구간은 다음과 같다.

$$\text{신뢰구간} = 0.5 \pm 1.96 \times 0.1 = (0.304, 0.696)$$

이 신뢰구간은 0을 포함하지 않으므로 X가 종속변수에 유의한 영향을 미친다고 해석할 수 있다.

### (2) 오즈비

오즈비(odds ratio)는 사건이 발생할 확률과 발생하지 않을 확률의 비율이며, 회귀계수를 해석하는 지표이다. 즉, 독립변수가 1단위 증가할 때 사건이 발생할 확률이 어느 정도 변하는지 나타낸다. 오즈비는 회귀계수를 지수함수(e$\beta$)로 나타낼 수 있다.

$$\text{오즈(odds)} = e^{\beta 0 + \beta 1X1 + \beta 2X2 + \cdots\cdots + \beta nXn}$$

여기서 p는 사건이 발생할 확률이며, 오즈비는 회귀계수의 지수를 취한 값이다.

$$\text{오즈비(odds ratio)} = e^{\beta}$$

오즈비에 대한 이해를 돕기 위해 '수면 부족과 우울증 발생 확률' 사례를 살펴보자.

- 가정: 수면 부족은 우울증을 유발할 수 있다.
- 종속변수(1=우울증 있음; 0=우울증 없음): 1과 0의 값을 갖는다. 만약 p(우울증 있음)가 0.7이라면 오즈비는 다음과 같다.
- 오즈비=0.7/(1−0.7)=2.33
- 오즈비 2.33은 우울증이 있을 확률이 없을 확률보다 2.33배 더 높다는 것을 나타낸다. 이와 같이 오즈비는 독립변수가 1단위 증가할 때 종속변수가 발생할 승산의 변화 비율을 보여 준다.

오즈비를 해석하는 일반적인 기준은 다음과 같다.

- 오즈비=1: 독립변수가 종속변수에 영향을 미치지 않는다.
- 오즈비>1: 독립변수가 1 단위 증가할 때 종속변수의 발생 확률이 증가한다. 오즈비가 3이라면, 독립변수가 1 단위 증가할 때 종속변수의 발생 가능성은 3배 높아진다.
- 오즈비<1: 독립변수가 1 단위 증가할 때 종속변수의 발생 확률이 감소한다. 오즈비가 0.5라면, 독립변수가 1 단위 증가할 때 종속변수의 발생 확률이 절반으로 감소한다.

## 3. 이분형 로지스틱 회귀

### 1) 이분형 로지스틱 회귀의 특성

이분형 로지스틱 회귀는 종속변수가 두 개 범주(0 또는 1)를 갖는 경우에 사용하는 회귀분석 기법이다. 주요 특성을 살펴보면 다음과 같다.

첫째, 출력값을 0~1 사이의 확률로 제공한다. 이분형 로지스틱 회귀는 선형회귀와 유사하지만, 시그모이드 함수를 기반으로 출력값을 0과 1 사이의 확률로 변환한다. 여기서 출력값이란 특정 사건이 발생할 확률, 즉 종속변수의 범주(0 또는 1)가 발생할 확률이다. 특정 임계값(일반적으로 0.5)을 기준으로, 확률이 이 기준을 넘으면 범주 1로, 그렇지 않으면 0의 범주로 예측한다.

둘째, 로지스틱 회귀계수를 오즈비로 해석할 수 있다. 선형회귀는 출력값이 무한한 범위를 가진다. 하지만 로지스틱 회귀는 0~1 사이의 확률 범위 내에서 해석한다. 예를 들어, 변수 X의 회귀계수가 0.7이라면 X가 한 단위 증가할 때 사건 발생 확률이 $e^{0.7} \approx 2.01$배 증가한다는 것을 나타낸다.

셋째, 최대우도추정법을 사용한다. 로지스틱 회귀는 최대우도추정법을 사용하여 최적의 회귀계수를 추정한다. 즉, 주어진 데이터에서 관측된 결과가 나올 확률을 최대화하는 방식으로 모형을 학습한다.

넷째, 모형을 확장할 수 있다. 로지스틱 회귀는 기본적으로 이항 분류에 사용되지만, 다중 분류로 확장할 수 있다. 다항 로지스틱은 세 개 이상의 범주를 분류할 때 적합하고, 순서형 로지스틱은 범주 간에 순서가 있는 경우에 사용한다.

## 2) 이분형 로지스틱 회귀분석 사례

- 연구 목적: 노인의 삶의 의지에 영향을 미치는 변수들을 분석한다.
- 데이터: 65세 이상의 노인 300명을 대상으로 수집한 자료
- 종속변수(삶의 의지): 약함(0), 강함(1)
- 독립변수: 성별(남성0, 여성1), 학력, 건강 상태, 경제적 어려움

**<이분형 로지스틱 회귀분석 과정>**

회귀분석(R) → 이분형 로지스틱(G) → 종속변수(D) 설정 → 〈블록(B)1/1〉에 독립변수 설정 → 옵션(O) → 〈통계량 및 도표〉에서 Hosmer–Lemeshow 적합도와 exp(B)에 대한 신뢰구간 클릭 → 계속 → 확인

*종속변수와 독립변수를 설정한 후 범주형 독립변수가 있을 경우 다음 과정을 거친다.
범주형(G) 클릭 → 공변량(C) 박스에 있는 독립변수 중 범주형 변수(성별)를 오른쪽에 있는 범주형 공변량(T)으로 이동

### (1) 모형의 적합성 평가

#### ① 모형의 유의성 검정

- 단계(step): 변수를 단계적으로 추가하면서 모형이 개선되는지를 평가한다. 카이제곱(88.999, $p<0.001$) 값이 유의하므로, 추가 변수들이 종속변수 예측에 유의미하게 기여한다는 것을 나타낸다.
- 블록(block): 현재 포함된 모든 변수들이 함께 모형을 개선하는지를 평가한다. 카이제곱과 p값이 동일하므로, 전체 변수가 유의미하게 작용한다는 것을 말해 준다.
- 모형(model): 영가설을 검정하며, 모형 전체가 의미가 있는지를 평가한다. 카이제곱이 유의미하므로 영가설을 기각한다. 즉, 이 모형은 통계적으로 유의미하며 데이터를 잘 설명한다는 것을 반영한다.

모형 계수의 총괄 검정

| | | 카이제곱 | 자유도 | 유의확률 |
|---|---|---|---|---|
| 1단계 | 단계 | 88.999 | 5 | <.001 |
| | 블록 | 88.999 | 5 | <.001 |
| | 모형 | 88.999 | 5 | <.001 |

### ② 모형 요약

- −2 로그 우도(log-likelihood, −2LL)
  - −-2LL 값(152.811)은 기본적으로 회귀모형의 적합도를 측정하는 지표이며, 값이 작을수록 모형의 적합도가 높다는 것을 의미한다.
- Cox와 Snell의 R 제곱(0.268)
  - −선형회귀의 결정계수와 유사한 개념이지만, 0~1 범위를 가지지 않는다는 한계점이 있다. 그래서 나겔커크(Nagelkerke)의 R 제곱보다 낮게 나오는 경향이 있다.
- Nagelkerke의 R 제곱(0.469)
  - −Cox & Snell의 R 제곱을 0~1 범위로 조정한 값으로, 선형회귀의 R 제곱과 유사하다.
  - −R 제곱은 독립변수들이 노인의 삶의 의지를 46.9%까지 설명한다는 것을 나타낸다.
- 추정 종료 조건
  - −'모수 추정값이 .001보다 작게 변경되어 계산반복수 7에서 추정을 종료하였다'는 것은 로지스틱 회귀분석에서 반복 추정을 통해 최적의 계수를 찾는 과정이 안정적으로 수렴되었다는 의미이다.
  - −즉, 더 이상 변화가 거의 없기 때문에 최적의 모형이 완성되었다는 것을 말해 준다.

모형 요약

| 단계 | -2 로그 우도 | Cox와 Snell의 R 제곱 | Nagelkerke R 제곱 |
|---|---|---|---|
| 1 | 152.811[a] | .268 | .469 |

a. 모수 추정값이 .001보다 작게 변경되어 계산반복수 7에서 추정을 종료하였다.

③ Hosmer와 Lemeshow 검정

로지스틱 회귀모형의 적합도(goodness-of-fit)를 평가한다. 즉, 모형이 데이터에 잘 맞는지 확인하기 위해 기대값과 실제 관찰값을 비교한다.

- 카이제곱 값(11.775): 기대값과 관찰값 간의 차이를 나타내므로 값이 너무 크면 모형이 적절하지 않을 수 있다.
- 자유도(8): 그룹 수에 따라 결정되며, 카이제곱 검정에서 중요한 역할을 한다.
- 유의확률: 일반적으로 0.05보다 크면 모형이 데이터에 적합하다는 것을 나타낸다. p=0.162는 0.05보다 크므로 로지스틱 모형이 적합하며, 실제 관찰값을 비교적 잘 설명하고 있다는 것을 나타낸다.

Hosmer와 Lemeshow 검정

| 단계 | 카이제곱 | 자유도 | 유의확률 |
|---|---|---|---|
| 1 | 11.775 | 8 | .162 |

## (2) 분류 정확도

분류표는 로지스틱 회귀모형이 실제 데이터를 얼마나 정확하게 분류하는지를 비율로 보여 준다.

여기서, 어떤 확률 이상을 1로 분류할 것인지를 결정하는 기준은 절단값(cut-off value)이다. 로지스틱 회귀는 0과 1 사이의 확률값을 출력하는데, 이를 절단값과 비교하여 1 또는 0의 클래스로 분류한다. 절단값의 일반적 기준은 0.5이며, 상황에 따라 최적의 절단값을 조정할 수 있다. 분류표 하단에 있는 절단값(0.500 → 50%)에 대한 해석 기준은 다음과 같다.

- 예측 확률이 0.5 이상이면 1(삶의 의지가 있음)로 분류
- 예측 확률이 0.5 미만이면 0(삶의 의지가 없음)으로 분류

**분류표[a]**

| | 관측됨 | | 예측 | | |
|---|---|---|---|---|---|
| | | | 삶의 의지 | | 분류정확 % |
| | | | 약함 | 강함 | |
| 1단계 | 삶의 의지 | 약함 | 15 | 28 | 34.9 |
| | | 강함 | 15 | 227 | 93.8 |
| | 전체 퍼센트 | | | | 84.9 |

a. 절단값은 .500이다.

① **민감도(재현율)**

- 삶의 의지가 약한 사람(0)을 올바르게 예측한 비율이다.
- 계산: 15/15+28=15/43=34.9%
- 해석: 실제로 삶의 의지가 약한 사람 중 34.9%만 정확하게 예측되어, 민감도가 낮은 편이다. 이는 삶의 의지가 약한 사람을 놓치는 비율(65.1%)이 높으므로 위험군을 효과적으로 식별하지 못할 가능성이 있다는 점을 시사한다.

② **특이도**

- 삶의 의지가 강한 사람(1)을 올바르게 예측한 비율이다.
- 계산: 227/15+227=227/242=93.8%
- 해석: 삶의 의지가 강한 사람 중 93.8%를 정확히 분류해서 특이도가 매우 높다.

③ **전체 정확도(overall accuracy)**

- 전체 데이터를 정확하게 예측한 비율이다.
- 계산: 15+227/15+28+15+227=242+285=84.9%
- 전체적으로 분류 비율이 84.9%라는 것은 높은 정확도를 가진 모형이라는 것을 말해준다. 일반적으로 예측 정확도가 70% 이상이면 좋은 모형으로 간주한다.
- 하지만 삶의 의지가 약한 사람을 제대로 분류하지 못하는 문제가 있다.

④ **시사점**

- 삶의 의지가 강한 경우를 잘 예측(특이도 93.8%)하고, 전체적인 분류 정확도(84.9%)

가 높다.

- 하지만 삶의 의지가 약한 경우를 놓치는 비율이 높은데(민감도 34.9%), 이렇게 민감도가 낮으면 중요한 사례, 즉 고위험군을 놓칠 가능성이 크다.
- 현재 절단값이 0.5로 설정되어 있는데, 이를 0.4 또는 0.3으로 낮추면, 삶의 의지가 약한 사람을 더 많이 분류해 낼 수 있다. 이런 경우 특이도가 감소하여 삶의 의지가 강한 사람을 잘못 분류할 가능성 또한 높아지는 한계점이 있다.

#### ⑤ 개선 방안

- F1-score나 AUC 확인을 통해 최적의 절단값을 찾을 필요가 있다. F1-score는 정밀도와 민감율의 균형을 맞춘 지표이고, AUC(ROC 곡선 아래 면적)를 통해 모형의 전체적인 성능을 평가할 수 있다.
- 추가 변수를 고려할 필요가 있다. 즉, 삶의 의지 여부를 더 잘 예측할 수 있는 변수(정신건강 상태, 사회적 지원, 스트레스 지수 등)를 추가하면 예측력이 향상될 수 있다.

### (3) 로지스틱 회귀계수와 신뢰구간

#### ① 로지스틱 회귀계수(B)

- 회귀계수(B)는 독립변수가 종속변수(삶의 의지)에 미치는 영향을 나타낸다. 독립변수의 B값이 양수(+)이면 삶의 의지가 강해질 확률이 증가하고, 음수(-)이면 삶의 의지가 강해질 확률이 감소한다는 것을 나타낸다.
- 성별(-1.881): 여성에 비해 남성 노인이 삶의 의지가 약해질 확률이 더 높다.
- 연령(0.093): 연령이 증가할수록 삶의 의지가 강해질 확률이 증가한다.
- 학력(1.562): 학력이 높을수록 삶의 의지가 강해질 확률이 증가한다.
- 건강상태(1.896): 건강상태가 좋을수록 삶의 의지가 강해질 확률이 증가한다.
- 경제적 어려움(-0.069): 유의확률이 0.801로 삶의 의지 여부에 유의한 영향을 미치지 않는다.

#### ② Wald 통계량

- Wald는 회귀계수의 유의성을 평가하며, 값이 크고, 유의확률이 0.05 미만이면 해당 변수는 종속변수에 유의한 영향을 미친다.

- 독립변수 중 학력(21.349)과 건강 상태(24.865)의 Wald 값이 다른 변수들보다 상대적으로 더 높은 것으로 나타났다.

③ 오즈비[Exp(B)]

- 독립변수가 한 단위 증가할 때 종속변수가 1(삶의 의지가 강함)이 될 확률의 변화 비율을 나타낸다. 즉, Exp(B) 값이 1보다 크면 해당 변수가 증가할수록 삶의 의지가 강해질 확률이 높아지고, 1보다 작으면 삶의 의지가 약해질 확률이 높아진다.
- 남성이 여성보다 삶의 의지가 약해질 확률이 6.558배 더 높다.
- 건강 상태가 좋을수록 삶의 의지가 강해질 확률이 6.658배 더 높다. 역으로 해석하면, 건강 상태가 나쁠수록 삶의 의지가 약해질 확률이 6배 이상 더 높아진다.
- 연령이 증가할수록 삶의 의지가 강해질 확률이 1.097배 더 증가한다.

④ 신뢰구간

신뢰구간은 오즈비의 안정성과 통계적 유의성을 평가하는 지표이다. 일반적으로 95% 신뢰구간을 사용하는데, 이는 추정된 오즈비가 95% 확률로 이 범위 안에 든다는 것을 의미한다. 신뢰구간은 좁을수록 추정값의 신뢰성이 높고, 1의 포함 여부가 중요한 해석 포인트이다.

- 1을 포함한 신뢰구간: 독립변수는 종속변수에 유의한 영향을 미치지 않는다.
  → 경제적 어려움은 하한과 상한이 0.546~1.596으로 신뢰구간에 1이 포함되어 있다.
- 1보다 큰 신뢰구간: 독립변수는 종속변수에 긍정적인 영향을 미친다.
  → 성별, 연령, 학력, 건강 상태의 신뢰구간은 모두 1보다 크다.
- 1보다 작은 신뢰구간: 독립변수는 종속변수에 부정적인 영향을 미친다.
  → 사례 분석에서는 1보다 작은 신뢰구간을 가진 변수는 없다.

방정식의 변수

| | | B | S.E. | Wald | 자유도 | 유의확률 | Exp(B) | Exp(B)에 대한 95% 신뢰구간 | |
|---|---|---|---|---|---|---|---|---|---|
| | | | | | | | | 하한 | 상한 |
| 1 단계 | 성별 | −1.881 | .530 | 12.583 | 1 | <.001 | 6.558 | 2.320 | 18.540 |
| | 연령 | .093 | .042 | 4.977 | 1 | .026 | 1.097 | 1.011 | 1.191 |
| | 학력 | 1.562 | .338 | 21.349 | 1 | <.001 | 4.767 | 2.458 | 9.245 |
| | 건강 상태 | 1.896 | .380 | 24.865 | 1 | <.001 | 6.658 | 3.160 | 14.026 |
| | 경제적 어려움 | −.069 | .274 | .063 | 1 | .801 | .933 | .546 | 1.596 |
| | 상수항 | −16.101 | 4.342 | 13.752 | 1 | <.001 | .000 | | |

a. 변수가 1: 성별, 연령, 학력, 건강 상태, 경제적 어려움 단계에 입력되었다.

⑤ 결론

- 여성일수록, 고령자일수록, 학력이 높을수록, 건강 상태가 좋을수록 삶의 의지가 강할 확률이 더 높다.
- 관련 변수를 통제할 경우, 경제적 어려움 자체는 삶의 의지에 직접적인 영향을 미치지 않는다.
- 정책적으로 남성일수록, 연령 및 학력이 낮을수록, 건강이 안 좋을수록, 삶의 의지가 낮은 경향이 있으므로 정신적, 육체적 건강 증진 프로그램이 이들의 삶의 의지를 높이는 방안이 될 것이다.

## 4. 다항 로지스틱 회귀

다항 로지스틱 회귀는 종속변수가 세 개 이상의 범주를 가질 때 사용하는 분석 방법이다.

### 1) 다항 로지스틱 회귀의 특성

첫째, 종속변수가 서열이 없는 세 가지 이상의 범주를 가진 경우에 적합하다. 각 범주는 서로 독립적이며, 범주 간 크기를 중심으로 이루어진 관계, 즉 어느 범주가 더 크거나 작은 것은 의미가 없고, 각 범주에 대한 예측은 다른 범주와 독립적으로 이루어진다. 이 방법은 기본적으로 종속변수가 두 개의 범주를 가진 이분형 로지스틱 회귀의 확장 형태이며, 각 범주의 확률을 추정하고, 예측값은 가장 높은 확률을 가지는 범주를 선택한다.

둘째, 참조 범주를 선택한다. 다항 로지스틱 회귀모형은 한 범주를 기준으로 나머지 범주와 비교하기 때문에 어느 범주를 참조할 것인지에 따라 결과 해석이 달라진다. 예를 들어, 색채선호도(빨간색, 노란색, 파란색)를 예측하고자 할 경우, 세 범주 중에 한 범주를 참조로 정한다. 만약 빨간색을 참조 범주로 정하면, 빨간색에 비해 노란색이나 파란색을 선택할 가능성이 어느 정도인지를 추론할 수 있다. 참조 범주를 선정하는 방법은 연구 목적에 따라 다르며, 일반적인 기준은 다음과 같다.

- 보편적 기준: 일반적으로 종속변수의 범주 중 가장 보편적인 범주를 참조로 정한다. 이를 통해 다른 범주가 기준 범주에 비해 발생할 가능성이 어느 정도인지를 비교할 수 있다.
- 연구 목적 기준: 연구 목적에서 가장 중심이 되는 범주를 참조로 선택할 수 있다. 예를 들어, 노인가구의 생계비를 세 범주(정부보조금, 근로소득, 자녀 지원)로 분류할 경우, 정부보조금을 기준 범주로 설정할 수 있다. 왜냐하면 노인복지 차원에서 정부보조금은 중요하게 다루어져야 할 범주이고, 이 범주를 참조하면 나머지 범주가 관련 범주에 비해 어떻게 달라지는지를 쉽게 해석할 수 있기 때문이다.
- 비중립적 범주: 연구 목적과 맥락에 따라 좀 더 직관적이거나 의미 있는 결과를 도출하기 위해 비중립적 범주를 선택한다. 이런 경우 중요한 범주를 기준으로 설정해서 해석의 명확성을 높일 수 있다. 예를 들어, 심리치료에서 '효과 없음'을 참조 범주로 선택하고, 다른 결과(부분 치료, 완전 치료)가 효과 없음과 어떤 차이가 있는지를 비교할 수 있다. 이처럼 정책이나 임상 연구에서 특정 상태를 참조 범주로 정하면, 나머지 범주와 비교해서 평가할 수 있다.
- 비교 가능한 범주: 범주 간 비교를 명확하게 하기 위해 쉽게 해석할 수 있는 범주를

참조할 수 있다. 예를 들어, 긍정, 중립, 부정의 세 범주가 있을 때 '중립'을 참조 범주로 선택하면 긍정 및 부정과의 차이에 초점을 두고 비교할 수 있다.

참조 범주를 바꾸면, 회귀계수에 대한 해석 기준이 달라진다. 왜냐하면 회귀계수는 상대적인 비교 값이므로, 참조 범주에 따라 계수의 의미가 달라지기 때문이다. 하지만 모형 예측력에는 변화가 없다.

셋째, 확률에 기반한 예측이 가능하다. 각 범주에 속할 확률에 대한 독립변수의 기여도를 계산하고, 가장 높은 확률을 가지는 범주를 예측값으로 설정한다. 예를 들어, 노인 가구의 생계비가 정부보조금일 확률이 55%, 자녀 지원일 확률이 30%, 본인의 근로소득일 확률이 15%라면, 예측값은 확률이 가장 높은 범주인 정부보조금으로 할당된다.

## 2) 다항 로지스틱 회귀분석 사례

- 연구 목적: 노인의 생계비와 정신건강 관련 변수들 간의 관계를 분석한다.
- 데이터: 65세 이상의 노인 300명을 대상으로 수집한 자료이며, 변수는 다음과 같다.
  - 생계비(종속변수): 정부보조금(1), 본인 근로소득(2), 자녀 지원(3)
  - 범주형 독립변수: 성별(남성 0, 여성 1)
  - 연속형 독립변수: 건강 상태, 경제적 안정감, 마음챙김, 삶의 의지

**<다항 로지스틱 회귀분석 과정>**
회귀분석(R) → 다항 로지스틱(M) → 종속변수(D) 입력 후 참조 범주(N) 지정 → 요인(F)에 범주형 독립변수 지정 → 공변량(C)에 연속형 독립변수 지정 → 통계량(S) 클릭 → 분류표(T)와 적합도(G) 클릭 → 계속 → 확인

- 변수 지정: 종속변수(D) 칸에는 생계비, 요인(Factor) 칸에는 범주형 변수(성별), 공변량(Covariate)에는 연속형 독립변수를 지정한다.
- 참조 범주 설정: 생계비는 세 범주(정부보조금, 본인의 근로소득, 자녀의 지원)로 구성되어 있다. 여기서 참조를 선택하지 않으면 마지막 범주가 참조 범주로 선택된다. 이를 변경할 수도 있다. 참조 범주 옵션에는 첫 범주(F), 마지막 범주(L), 사용자 정

의(C)가 있는데 사례 분석에서는 정부보조금인 첫 범주(F)를 선택하였다.

- 통계량(S) 설정: 분석 결과에 포함될 통계 옵션을 설정한다. 유사 R 제곱(P), 단계 요약(M), 모형 적합 정보(D), 추정값(E), 우도비 검정(L) 등은 기본적으로 설정되어 있다. 기본 설정 외에 분류표(T)와 적합도(G)를 선택하였다.

### (1) 모형의 적합성 평가

#### ① 모형 적합 정보

- 회귀모형이 데이터를 얼마나 잘 설명하는지 평가하는 지표이다.
- 절편만 있는 모형 → 독립변수를 고려하지 않고 종속변수의 평균만 반영한 모형
- 최종 모형 → 독립변수를 포함한 모형
- −2 로그 우도(−2LL): 값이 작을수록 모형의 적합도가 높다는 것을 의미한다.
- 최종 모형의 −2LL 값(281.819)이 절편만 있는 모형(469.617)보다 작으므로, 최종 모형이 더 높은 예측력을 갖추고 있는 적합한 모형이다.
- 카이제곱 검정은 두 모형 간 적합도 차이를 평가하므로, 최종 모형이 절편만 포함된 모형보다 더 적합한지를 확인할 수 있다. 카이제곱 값(187.798)의 유의확률($p<0.001$)은 독립변수들이 종속변수 예측에 의미 있는 영향을 미친다는 것을 나타낸다.
- 해석: 독립변수를 추가한 최종 모형이 절편만 포함된 모형보다 데이터를 더 잘 설명하므로 다항 로지스틱 회귀모형이 적합하다고 평가할 수 있다.

**모형 적합 정보**

| 모형 | 모형 적합 기준 | 우도비 검정 | | |
|---|---|---|---|---|
| | -2 로그 우도 | 카이제곱 | 자유도 | 유의확률 |
| 절편만 | 469.617 | | | |
| 최종 | 281.819 | 187.798 | 10 | <.001 |

#### ② 피어슨 적합도

다항 로지스틱 회귀에서 피어슨(Pearson) 적합도 검정은 기대값과 실제 관측값 차이를 비교하여 모형이 데이터에 적합한지를 평가한다. 판단 기준은 유의확률이며, p값이 0.05 미만이면 모형이 데이터를 잘 설명하지 못한다는 것을 나타낸다. 주요 적합도 지표

인 피어슨 카이제곱 검정과 편차 검정을 살펴보자.

- 카이제곱 값(348.857)의 유의확률(p=0.184)이 0.05보다 크기 때문에 모형이 데이터에 적합하다고 볼 수 있다.
- 편차 검정에서 편차(266.429)의 유의확률(p=0.993) 역시 0.05보다 훨씬 크므로, 모형이 데이터를 잘 설명하고 있다는 것을 나타낸다.
- 해석: 두 적합도 검정의 유의확률이 모두 0.05보다 크므로, 모형이 데이터에 적합하다는 것을 시사한다. 이러한 결과는 다항 로지스틱 회귀모형이 데이터를 잘 설명할 수 있다는 것을 말해 준다.

**적합도**

| | 카이제곱 | 자유도 | 유의확률 |
|---|---|---|---|
| 피어슨 | 348.857 | 326 | .184 |
| 편차 | 266.429 | 326 | .993 |

**③ 유사 R 제곱**

모형의 설명력을 평가하는 지표이다. 선형회귀의 R 제곱은 수치가 중요한 의미를 지니지만, 로지스틱 회귀에서는 R 제곱이 적합도를 평가하는 참고 지표로 고려되므로 '유사 R 제곱'이라고 한다. 다항 로지스틱 회귀에서는 여러 가지 유사 R 제곱 지표가 사용된다. Cox 및 Snell은 값의 최대치가 1보다 작을 수 있기 때문에 다른 R 제곱보다 낮은 경향이 있어서 직접적인 비교는 한계가 있다. Nagelkerke는 Cox-Snell을 1로 정규화하여, 0~1 사이의 값을 가진다. McFadden R 제곱은 로그 우도를 기반으로 계산된 값이다. 일반적으로 Nagelkerke와 McFadden 지표가 많이 사용된다. 유사 R 제곱에 대한 평가 기준은 다음과 같다(Hosmer et al., 2013).

**유사 R 제곱**

| | |
|---|---|
| Cox 및 Snell | .465 |
| Nagelkerke | .572 |
| McFadden | .373 |

- Nagelkerke R 제곱: 0.2~0.4 이상, 0.5 이상이면 높은 설명력
- McFadden R 제곱: 0.2~0.4 정도면 높은 설명력
- Nagelkerke R 제곱: 비교적 높은 설명력이며, 모형이 종속변수를 57.2% 설명한다.
- McFadden R 제곱: 모형이 비교적 좋은 적합도(0.373)를 가진다고 평가할 수 있다.

④ 우도비 검정

- 우도비 검정은 각 독립변수가 모형에 유의미하게 영향을 미치는지를 평가하는 방법이다.
- 건강 상태, 경제적 안정성, 마음챙김, 삶의 의지는 모두 $p<0.001$로, 모형에 유의미한 영향을 미치는 것으로 나타났다.
- 즉, 이 변수들은 종속변수(생계비: 정부보조금, 본인의 근로소득, 자녀의 지원)에 강한 영향을 준다고 해석할 수 있으며, 다항 로지스틱 회귀모형에서 중요한 변수로 작용한다는 것을 말해 준다.
- 성별은 $p=0.356$으로 유의미하지 않다. 즉, 성별이 포함되더라도 모형의 예측력이 향상되지 않으므로 모형에서 제외해도 무방하다고 볼 수 있다.
- 모형의 적합도를 고려할 때, 중요한 변수를 중심으로 해석하는 것이 바람직하다. 특히 건강 상태와 경제적 안정성이 가장 큰 영향을 미친다고 볼 수 있다.

우도비 검정

| 효과 | 모형 적합 기준 | 우도비 검정 | | |
|---|---|---|---|---|
| | -2 로그 우도 | 카이제곱 | 자유도 | 유의확률 |
| 절편 | 281.819[a] | .000 | 0 | . |
| 건강 상태 | 377.586 | 95.768 | 2 | <.001 |
| 경제적 안정성 | 372.047 | 90.228 | 2 | <.001 |
| 마음챙김 | 306.277 | 24.458 | 2 | <.001 |
| 삶의 의지 | 302.855 | 21.036 | 2 | <.001 |
| 성별 | 283.885 | 2.066 | 2 | .356 |

카이제곱 통계량은 최종모형과 축소모형 사이의 -2 로그-우도 차이이다.
축소모형은 최종모형에서 효과 하나를 생략하여 만든 모형이다.
영가설은 효과의 모든 모수가 0이다.
a. 이 축소모형은 효과를 생략해도 자유도가 증가되지 않으므로 최종모형과 동일하다.

### (2) 모수 추정값

**① 본인 근로소득 vs 정부보조금(참조 범주)**

- 경제적 안정감($p<0.001$): 경제적 안정감이 높을수록 생계비가 본인의 근로소득일 확률이 5.76배[Exp(B)] 더 높다.
- 삶의 의지($p=0.002$): 회귀계수가 음(−2.993)의 값을 갖는데, 이는 삶의 의지가 약한 노인일수록 생계비가 정부보조금일 확률이 더 높다는 것을 나타낸다. Exp(B)=0.050을 비율로 해석하면, 본인의 근로소득보다 정부보조금으로 사는 노인이 삶의 의지가 약할 가능성이 20배(1/0.050) 더 높다.
- 건강 상태, 마음챙김, 성별은 유의미한 영향을 미치지 않는다.

**② 자녀 지원 vs 정부보조금(참조 범주)**

- 건강 상태의 회귀계수는 음의 값($B=-4.508$, $p<0.001$)을 갖는데, 이는 건강상태가 안 좋은 노인이 정부보조금으로 생계를 이어 갈 확률이 더 높다는 것을 시사한다. 오즈비[Exp(B)=0.011]는 정부보조금으로 생활하는 노인의 건강상태가 자녀 지원보다 90.9배(1/0.011) 더 취약하다는 것을 말해 준다.
- 경제적 안정감이 높은 노인과, 마음챙김 수준이 높은 노인은 정부보조금보다 자녀 지원으로 생활할 확률이 각각 16.85배와 83.3배[Exp(B)] 더 높은 경향이 있다.
- 삶의 의지의 경우, 자녀 지원으로 생활하는 노인일수록 삶의 의지가 더 강할 확률이 36.6배 더 높은 것으로 나타났다.

**모수 추정값**

| 생계비[a] | | B | 표준화 오류 | Wald | 자유도 | 유의 확률 | Exp(B) | Exp(B)에 대한 95% 신뢰구간 | |
|---|---|---|---|---|---|---|---|---|---|
| | | | | | | | | 하한 | 상한 |
| 본인 근로소득 | 절편 | -5.489 | 1.676 | 10.723 | 1 | .001 | | | |
| | 건강 상태 | -.255 | .288 | .782 | 1 | .377 | .775 | .440 | 1.364 |
| | 경제적 안정감 | 1.751 | .283 | 38.259 | 1 | <.001 | 5.763 | 3.308 | 10.038 |
| | 마음챙김 | -.501 | .521 | .923 | 1 | .337 | 1.650 | .594 | 4.583 |
| | 삶의 의지 | -2.993 | .951 | 9.894 | 1 | .002 | .050 | .008 | .324 |
| | [성별=1.00] | .537 | .401 | 1.795 | 1 | .180 | 1.711 | .780 | 3.755 |
| | [성별=2.00] | 0[b] | . | . | 0 | . | . | . | . |
| 자녀 지원 | 절편 | 11.997 | 3.021 | 15.773 | 1 | <.001 | | | |
| | 건강 상태 | -4.508 | .736 | 37.529 | 1 | <.001 | .011 | .003 | .047 |
| | 경제적 안정감 | 2.824 | .496 | 32.435 | 1 | <.001 | 16.851 | 6.375 | 44.541 |
| | 마음챙김 | 4.456 | 1.141 | 15.249 | 1 | <.001 | 83.333 | .001 | .109 |
| | 삶의 의지 | 3.602 | 1.481 | 5.916 | 1 | .015 | 36.676 | 2.013 | 668.260 |
| | [성별=1.00] | -.191 | .714 | .071 | 1 | .789 | .826 | .204 | 3.352 |
| | [성별=2.00] | 0[b] | . | . | 0 | . | . | . | . |

a. 참조 범주는 정부보조금이다.
b. 이 모수는 중복되었으므로 0으로 설정된다.

### (3) 분류 정확도

분류표는 모형의 예측 정확도를 평가하는 지표로, 실제 관측된 값(정부보조금, 본인 근로소득, 자녀 지원)과 예측된 값을 비교하여 정확도를 보여 준다.

#### ① 모형 성능 평가

- 모형의 전체 정확도는 75.3%로 비교적 양호한 수준이다.
- 정부 보조금으로 생계를 이어 가는 집단에 대한 분류 비율은 91.1%로 정확도가 매우 높다. 자녀 지원 집단에 대한 정확도는 67.6%로 어느 정도는 분류를 한다. 하지만 본인의 근로소득으로 생활하는 집단에 대한 예측 정확도(28.6%)는 매우 낮은 경향이 있다.

② 분류 패턴 분석

- 모형은 정부보조금으로 생활하는 노인(n=203) 중 18명 외에 모두를 정확하게 분류하였다.
- 본인 근로소득 집단(n=63) 중 42명의 노인을 정부보조금 수령자로 착각하는 경향이 있다.
- 자녀 지원 집단(n=34) 중 6명은 정부 보조금으로, 5명은 본인 근로소득으로 분류하는 오류가 있다.

**분류**

| 관측됨 | 예측 | | | |
|---|---|---|---|---|
| | 정부보조금 | 본인 근로소득 | 자녀 지원 | 정확도 퍼센트 |
| 정부보조금 | 185 | 12 | 6 | 91.1% |
| 본인 근로소득 | 42 | 18 | 3 | 28.6% |
| 자녀 지원 | 6 | 5 | 23 | 67.6% |
| 전체 퍼센트 | 77.7% | 11.7% | 10.7% | 75.3% |

③ 개선 방안 및 시사점

- 모형이 정부 보조금과 자녀 지원은 비교적 잘 예측하고 전체 정확도(75.3%)는 괜찮은 수준이지만, 특정 그룹(본인 근로소득)에 대한 분류 성능이 낮으므로 이를 보완해야 한다.
- 본인 근로소득 집단의 경우, 정부 보조금 수령자의 특성과 비슷하여 명확한 구분이 어렵기 때문일 수 있으므로 추가 변수를 고려하여 모형의 예측력을 향상시킬 필요가 있다.

## 5. 순서형 로지스틱 회귀

### 1) 순서형 로지스틱 회귀의 특성

순서형 로지스틱 회귀도 종속변수가 두 개 이상의 범주를 가질 때 적합하다. 다항 로지스틱과의 차이점은 종속변수가 순서를 갖는 범주라는 것이다. 예를 들어, 삶의 질 만족도를 5점 척도로 매우 만족에서 매우 불만족으로 평가할 때, 특성상 그 사이의 간격은 동일하지 않지만, 순서가 존재한다. 이런 경우에는 순서형 로지스틱 회귀가 적합하다. 순서형 로지스틱의 주요 특성은 다음과 같다.

첫째, 종속변수의 범주 간 순서를 고려하여 좀 더 정확한 예측이 가능하므로, 순서형 데이터를 분석할 때 유용하다. 종속변수의 범주 순서가 모형에 반영되므로 다항 로지스틱과 다르다.

- 다항 로지스틱: 범주 간에 명확한 순서가 없고, 각 범주에 대한 예측은 독립적으로 산출된다. 즉, 범주 간의 높고 낮은 크기는 고려하지 않고, 단순히 여러 범주 중 하나를 예측한다.
- 순서형 로지스틱: 범주 간 순서 및 서열을 고려한다. 즉, 한 범주가 다른 범주보다 크거나 작다는 순서에 기반한 예측을 한다.

둘째, 각 범주를 나누는 임계값(threshold)이 있다. 임계값은 독립변수의 값에 대해 종속변수가 어느 범주에 속할지를 결정하는 기준이므로, 이를 토대로 예측값이 특정 범주에 속할 확률을 해석할 수 있다. 임계값은 순서형 범주 수보다 하나가 적다. 예를 들어, 종속변수 범주가 5개라면, 4개의 임계값이 필요하다. 이 값들은 범주 1에서 범주 2로, 범주 2에서 범주 3으로 전환되는 경계이다. 각 임계값은 누적 확률의 관점에서 해당 범주에 속할 확률을 나타낸다. 따라서 임계값이 작으면 낮은 범주에, 임계값이 크면 높은 범주에 속할 확률이 높다.

셋째, 범주 간 오즈비가 동일하다고, 즉 범주 간 차이가 일정하다고 가정한다. 이 가정이 만족되지 않을 경우, 연속형 요인 모형이나 순서형 프로빗 모형(Probit Model)과 같은 대체 모형을 고려할 수 있다. 그리고 모형에 대한 평가는 일반 로지스틱처럼 회귀계수와 오즈비가 기반이지만, 분석 결과는 임계값 기준으로 주어진다.

넷째, 분석 과정과 해석 방식은 차이가 있다. 다항 로지스틱은 참조 범주를 기준으로 각 범주와 비교한다. 순서형 로지스틱은 임계값을 기준으로 순서를 예측한다. 임상실험에서 클라이언트가 정신질환을 겪을 가능성을 로지스틱 회귀로 예측한다고 가정하자. 만약, 정신질환에 걸릴 확률이 0.6이라고 예측한다면, 다음의 해석이 가능하다.

- 임계값이 0.5일 경우: 0.6은 0.5보다 크므로 정신질환에 걸릴 것으로 예측한다.
- 임계값이 0.7일 경우: 0.6은 0.7보다 작기 때문에 정신질환에 걸리지 않을 것으로 예측한다.

데이터 및 연구 상황에 맞게 임계값을 조정할 수 있다. 이때 다음 두 가지 사항을 고려해야 한다.

- 임계값을 낮출 경우(0.5 미만): 민감도가 증가할 수 있다. 즉, 더 많은 클라이언트를 '질환 있음'으로 예측함으로써 실제 정신질환이 있는 클라이언트를 놓칠 확률은 줄어든다. 하지만 '거짓 긍정(1종 오류)' 예측이 증가할 수 있다.
- 임계값을 높일 경우(0.5 이상): 특이도가 증가할 수 있다. 만약 정신질환이 치명적이라면 '질환 있음'으로 잘못 분류될 수 있으므로, 임계값을 높여서 더 높은 확률(예: 0.7)에서 '질환 있음'으로 분류되도록 조정할 필요가 있다. 이처럼 임계값을 높일 경우 '질환 없음'을 올바르게 분류하는 부분도 있지만, 실제 질환이 있는 일부 환자를 놓칠 가능성 또한 커진다.

이와 같이 임계값을 낮추거나 높임으로써 발생할 수 있는 장점과 한계점을 고려해서 기준을 정해야 객관적이고 합리적인 연구 결과를 얻을 수 있다.

### 2) 순서형 로지스틱 회귀분석 사례

순서형 로지스틱 회귀모형이 적합한지를 판단하는 지표 중 적합성과 적합도가 있다.

두 개념 모두 모형 성능을 평가하지만, 서로 다른 측면이 있고 유의확률을 해석하는 방법도 다르다.

적합성은 모형이 유의미한 변수들을 포함하고 있는지를 나타내며, 일반적으로 우도비 검정과 유사 R 제곱을 통해 확인할 수 있다. 유의확률 해석 기준이 $p < 0.05$이면, 모형이 유의미하다는 것을 나타낸다.

적합도는 모형 예측이 실제 결과와 얼마나 일치하는지를 측정한다. 주요 지표는 피어슨 카이제곱과 편차 검정을 통해 평가할 수 있다. 유의확률은 $p > 0.05$이면 모형이 데이터에 잘 맞는다고 해석한다.

- 데이터: 60세 이상(n=347)
- 종속변수: 삶의 질 만족도(1=매우 불만족, 2=불만족, 3=보통, 4=만족, 5=매우 만족)
- 독립변수(범주형): 성별 (1=남성, 2=여성)
- 독립변수(연속형): 가족생활, 여가생활, 직업 및 일, 생활환경, 상대적 박탈감

**<순서형 로지스틱 회귀분석 과정>**

회귀분석(R) → 순서형(D) → 종속변수(D) 이동 → 요인(F)에 범주형 독립변수 지정 → 공변량(C)에 연속형 독립변수 지정 → 출력 결과(T) 클릭 → 평행성 검정(L) 클릭 → 계속 → 확인

* 출력 결과(T)에서 적합도 통계량(F), 요약 통계량(S), 모수 추정(P)은 디폴트 옵션이므로 평행성 검정(L)만 선택한다.

### (1) 모형 적합 정보

#### ① 적합성 검정

- 절편만 있는 모형(−2 로그 우도: 727.101): 독립변수를 포함하지 않은 상태에서의 적합도 수준이다.
- 최종 모형(−2 로그 우도: 603.266): 독립변수를 포함한 결과, −2 로그 우도 값이 감소하였다. 이는 모형이 데이터를 더 잘 설명한다는 것을 나타낸다.
- 카이제곱(123.835, $p < 0.001$): 최종 모형이 절편만 있는 모형보다 유의미하게 향상되었다. 즉, 독립변수들이 종속변수의 변화를 설명하는 데 유의미한 영향을 미친다.

**모형 적합 정보**

| 모형 | -2 로그 우도 | 카이제곱 | 자유도 | 유의확률 |
|---|---|---|---|---|
| 절편만 | 727.101 | | | |
| 최종 | 603.266 | 123.835 | 6 | <.001 |

• 유사 R 제곱: 가장 일반적으로 사용되는 Nagelkerke $R^2$은 모형이 종속변수의 변동을 37.5% 설명할 수 있다는 것을 반영한다.

**유사 R 제곱**

| | |
|---|---|
| Cox 및 Snell | .354 |
| Nagelkerke | .375 |
| McFadden | .150 |

연결함수: 로짓

• 시사점: 독립변수들이 순서형 종속변수를 설명하기에 적합한 모형이며, 모형의 설명력을 증가시켰다. 따라서 이 모형을 데이터 분석에 적합한 모형으로 활용할 수 있다.

② **적합도 검정**

• 피어슨 카이제곱(p=0.677): p>0.05이므로 모형이 데이터에 적합하다. 즉, 예측 결과가 실제 결과와 큰 차이 없이 일치하는 경향이 있다.

• 편차 검정(p=1.000): 유의확률이 1.000이면, 순서형 로지스틱 모형이 데이터를 거의 완벽하게 설명하고 있다는 것을 나타낸다.

• 시사점: 모형이 데이터와 잘 맞기 때문에 추가로 수정할 필요는 없다.

**적합도**

| | 카이제곱 | 자유도 | 유의확률 |
|---|---|---|---|
| Pearson | 755.418 | 774 | .677 |
| 편차 | 538.214 | 774 | 1.000 |

연결함수: 로짓

### (2) 임계값

순서형 로지스틱 회귀분석에서는 종속변수가 순서형 일 때, 각 범주의 구분을 결정하는 임계값(cut-off value)을 설정한다. 임계값은 종속변수의 값(삶의 질)이 특정 범주 이하일 확률을 결정하는 기준점 역할을 한다. 종속변수에 다섯 가지 범주가 있으므로 4개의 임계값을 예측하며, 이 값들은 삶의 질의 각 만족도 범주에 속할 확률의 경계를 나타낸다.

**모수 추정값**

| | | B 추정값 | 표준화 오류 | Wald | 자유도 | 유의 확률 | 95% 신뢰구간 | |
|---|---|---|---|---|---|---|---|---|
| | | | | | | | 하한 | 상한 |
| 임계값 | [삶의질=1.00] | 3.698 | .628 | 34.636 | 1 | <.001 | 2.466 | 4.929 |
| | [삶의질=2.00] | 6.377 | .680 | 87.952 | 1 | <.001 | 5.044 | 7.709 |
| | [삶의질=3.00] | 7.976 | .739 | 116.401 | 1 | <.001 | 6.527 | 9.425 |
| | [삶의질=4.00] | 9.932 | .818 | 147.558 | 1 | <.001 | 8.330 | 11.535 |

**① 임계값의 추정값**

- 임계값 1은 만족도 1(매우 불만족)과 2(불만족) 간의 경계이며, 독립변수들이 1의 추정값(3.698)보다 작으면 1의 범주, 크면 2의 범주에 속할 확률이 더 높다는 것을 나타낸다. 임계값 2와 3도 같은 맥락에서 해석한다.
- 임계값 4의 경우, 추정값 9.932는 삶의 질이 4 이하일 확률을 결정하는 기준이다. 이는 임계값이 증가할수록 더 높은 범주로 이동하는 경향이 있다는 것을 반영한다.
- 임계값은 모두 0.001 수준에서 유의하다. 이는 신뢰할 수 있는 임계값이며, 삶의 질 수준을 구분하는 경계값이 의미 있는 차이가 있다는 것을 나타낸다.

**② 임계값 간격**

- 임계값 간 간격이 넓을수록, 해당 범주의 분포가 더 넓게 퍼져 있을 가능성이 있다.
- 만족도 1에서 2로 넘어가는 임계값 차이: 6.377−3.698=2.679
- 만족도 3에서 4로 넘어가는 임계값 차이: 9.932−7.976=1.956
- 이는 삶의 질이 높은 범주(3 → 4)에서는 상대적으로 변화가 적게 일어난다는 것을 의미한다.

### (3) 회귀계수 추정값과 오즈비

#### ① 회귀계수 추정값

- 삶의 질을 높이는 요인(B값 양수, $p<0.05$): 가족생활, 여가생활, 직업 및 일, 생활환경에 대한 추정값은 모두 양수이므로 이들 변수에 대한 만족도가 증가할수록 삶의 질이 높아질 확률은 증가한다.
- 삶의 질을 낮추는 요인(B값 음수, $p<0.05$): 상대적 박탈감의 추정값(−0.42)은 음수이므로 박탈감이 심화될수록 삶의 질이 낮아질 확률이 증가한다.
- 성별 차이는 삶의 질에 유의미한 영향을 미치지 않는다.

#### ② 오즈비(odds ratio) 계산 결과

순서형 로지스틱 회귀분석에서 오즈비는 변수 효과를 해석하는 중요한 지표이다. 오즈비는 exp(B)로 계산되며, 독립변수가 증가할 때 종속변수가 특정 방향으로 변화할 확률이 어느 정도인지를 나타낸다. 오즈비의 해석 기준과 공식은 다음과 같다.

- 오즈비 > 1: 독립변수가 증가할수록 종속변수가 높은 수준으로 이동할 확률이 증가한다.
- 오즈비 < 1: 독립변수가 증가할수록 종속변수가 낮은 수준으로 이동할 확률이 증가한다.
- 오즈비 = 1: 독립변수의 변화가 종속변수에 영향을 미치지 않는다.

회귀계수의 지수(exponential)인 오즈비를 구하는 공식은 다음과 같다.

$$\text{오즈비} = e^{\beta}$$

여기서 e는 자연상수(약 2.718)이고, $\beta$는 회귀계수이다. 삶의 질에 영향을 미치는 독립변수의 오즈비를 계산하면 다음과 같다.

- 가족생활 → $e^{0.458} = 1.581$: 가족생활 만족도가 높을수록 삶의 질은 1.58배 증가한다.

- 여가생활 → $e^{0.345}$ = 1.412: 여가생활 만족도가 높을수록 삶의 질은 1.41배 증가한다.
- 직업 및 일 → $e^{0.534}$ = 1.706: 직업 및 일 만족도가 증가하면 삶의 질은 70.6% (1.706배) 증가한다.
- 생활환경 → $e^{0.529}$ = 1.697: 생활환경 만족도가 증가하면 삶의 질은 1.70배 증가한다.
- 상대적 박탈감 → $e^{-0.421}$ = 0.656: 상대적 박탈감이 심화될수록 삶의 질은 낮은 수준으로 이동할 확률이 34.4%(1−0.656) 증가한다.

**모수 추정값**

| | | B 추정값 | 표준화 오류 | Wald | 자유도 | 유의확률 | 95% 신뢰구간 | |
|---|---|---|---|---|---|---|---|---|
| | | | | | | | 하한 | 상한 |
| 위치 | 가족생활 | .458 | .151 | 9.189 | 1 | .002 | .162 | .755 |
| | 여가생활 | .345 | .166 | 4.293 | 1 | .038 | .019 | .670 |
| | 직업 및 일 | .534 | .170 | 9.883 | 1 | .002 | .201 | .867 |
| | 생활환경 | .529 | .156 | 11.449 | 1 | <.001 | .223 | .835 |
| | 상대적 박탈감 | −.421 | .115 | 13.466 | 1 | <.001 | −.346 | −.196 |
| | [성별=1.00] | .137 | .226 | .369 | 1 | .543 | −.306 | .580 |
| | [성별=2.00] | 0[a] | . | . | 0 | . | . | . |

연결함수: 로짓
a. 현재 모수는 중복되므로 0으로 설정된다.

결론적으로 가족생활, 여가생활, 직업 및 일, 생활환경에 대한 만족도가 증가할수록 삶의 질은 높은 수준으로 이동하지만, 상대적 박탈감은 높을수록 삶의 질은 낮은 수준으로 이동하는 경향이 있다.

### (4) 평행선 검정

순서형 로지스틱 회귀에서 평행성 검정은 기울기가 범주에 따라 동일한지를 분석한다. 이는 순서형 로지스틱 회귀의 핵심 가정 중 하나인 기울기의 평행성 가정을 확인하는 데 사용된다. 평행선 검정 결과를 해석하는 기준은 다음과 같다.

- 유의확률($p > 0.05$) → 기울기 계수들이 모든 범주에 대해 동일하다. 즉, 하나의 공통

된 기울기를 가정할 수 있으므로 평행성 가정이 충족된다.

- 유의확률($p < 0.05$) → 기울기 계수들이 범주마다 다르다. 따라서 평행성 가정이 위배될 수 있으므로 모형을 재조정하거나 다른 모형을 고려할 필요가 있다.

**평행성 검정[a]**

| 모형 | -2 로그 우도 | 카이제곱 | 자유도 | TPL 유의확률 |
|---|---|---|---|---|
| 영가설 | 603.266 | | | |
| 일반 | 587.435 | 15.832 | 18 | .604 |

영가설 상태는 위치 모수가(기울기 계수) 대응 범주에 있어 동일함을 나타낸다.
a. 연결함수: 로짓

● 결과 해석

- 카이제곱 값($\chi^2$)=15.832, 유의확률=0.604
- 유의확률이 0.05보다 크므로 기울기의 평행성 가정을 만족한다. 즉, 동일한 기울기를 사용할 수 있다.
- 시사점: 순서형 로지스틱 회귀모형을 사용할 수 있으며, 모든 범주에 걸쳐 회귀계수가 일정하게 유지된다. 결과적으로, 데이터가 순서형 로지스틱 회귀의 기본 가정을 위배하지 않으므로, 기존 모형을 유지하고 별도의 다항 로지스틱 회귀나 평행성 가정을 완화하는 모형을 고려할 필요가 없다.

# 제8장 매개효과

## 1. 매개변수와 매개효과

### 1) 매개변수

#### (1) 매개변수의 역할

매개변수(mediator)는 독립변수와 종속변수 사이에 존재하는 변수이다. 시간적 차원에서, 독립변수가 작용하는 시점과 종속변수에 영향을 미치는 중간 시점에 있다. 따라서 독립변수와 매개변수 간 관계에서 매개변수는 종속변수의 역할을 하고, 매개변수와 종속변수 간 관계에서는 독립변수의 역할을 한다. 즉, 매개변수는 독립변수의 영향을 종속변수에 전달하는 중간 역할을 하는 셈이다. 변수 A, B, C가 있다면, A → C라는 직접적 관계보다 A가 B를 거쳐 C에 영향을 주는 인과관계를 설명한다.

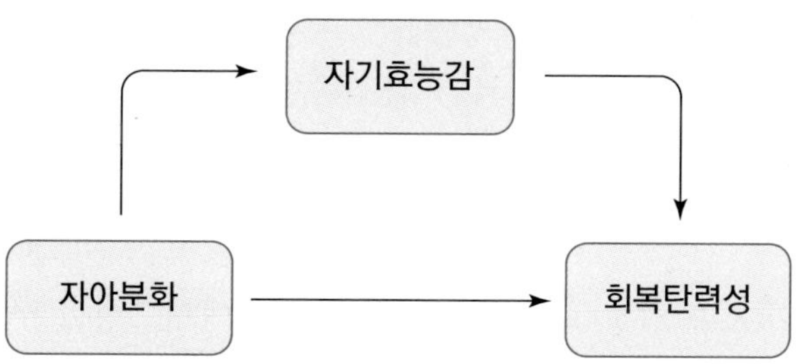


[그림 8-1] 매개효과 모형

세 변수, 즉 자아분화(이성과 감정을 분리할 수 있는 능력), 자기효능감, 회복탄력성이 있다고 가정하자. 여기서 자아분화는 독립변수, 회복탄력성은 종속변수라면, 중간에 위치한 자기효능감은 매개변수의 역할을 한다. 이 경우, 자아분화가 자기효능감에 영향을 미치고, 자기효능감이 다시 회복탄력성에 영향을 미친다고 볼 수 있다. 따라서 자기효능감이 독립변수와 종속변수 간의 관계를 매개하는 변수이다.

또 다른 예로, 소득과 행복지수 간의 관계에서 자아실현 욕구는 매개변수로 작용할 것이다. 소득(독립변수)이 행복지수(종속변수)에 영향을 미친다고 가정할 때, 자아실현 욕구(매개변수)가 존재한다면, 소득이 자아실현 욕구에 영향을 미치고, 이러한 욕구가 행복지수에 영향을 미쳐 최종적으로 소득이 행복지수에 영향을 미치는 구조로 작용한다. 매개변수는 이러한 간접적인 영향을 검토할 때 적합한 변수이다.

### (2) 매개변수의 조건

매개효과 검정을 위해 매개변수가 갖추어야 할 네 가지 조건이 있다. 이 조건은 독립변수와 종속변수 간의 관계에서 매개변수가 어떤 역할을 하는지 확인하는 과정이다. 매개효과가 성립하기 위해서는 독립변수, 매개변수, 종속변수 간에 특정한 관계가 존재하고, 논리적 인과성이 있어야 한다.

- 조건 1: 독립변수 → 종속변수의 유의미한 관계
  독립변수가 종속변수에 직접적인 영향을 미쳐야 한다.
  완전매개일 경우, 직접효과가 유의미하지 않을 수도 있다.
- 조건 2: 독립변수 → 매개변수의 유의미한 관계
- 조건 3: 매개변수 → 종속변수의 유의미한 관계
- 조건 4: 독립변수 → 종속변수의 효과가 매개변수 통제 후 감소하거나 없어야 한다.
  독립변수 → 종속변수 효과가 감소하면 부분매개가 있고, 효과가 유의미하지 않으면 완전매개가 존재한다는 것을 나타낸다.

이상의 조건은 매개효과 검정에 중요한 기준이므로 매개모형을 구성하는 과정에 확인해야 한다.

## 2) 매개효과

매개효과는 독립변수가 종속변수에 미치는 경로에서 어떤 구조적 관점이 존재하는지에 따라 다양한 유형으로 나뉜다. 대표적인 유형으로 완전매개, 부분매개, 경쟁매개 등이 있다. 연구 설계를 할 때 매개효과 유형을 고려하면 보다 정교한 분석이 가능하다.

### (1) 완전매개와 부분매개

매개효과는 매개변수의 역할과 영향력에 따라 완전매개와 부분매개로 나뉜다.

#### ① 완전매개

완전매개란 독립변수(X)가 종속변수(Y)에 미치는 효과가 오직 매개변수(M)만을 통해서 발생하는 경우이다. 즉, 독립변수가 종속변수에 직접 미치는 영향은 없고, 매개변수를 통해서만 영향을 미친다.

- X → Y 경로가 매개변수(M)를 포함하면, 회귀계수가 유의미하지 않다.
- 소득(X)과 행복지수(Y) 간의 관계가 자아실현 욕구(M)를 통해서만 나타난다면, 완전매개가 존재하는 것이다. 변수 간에 완전매개가 있는 경우에는 독립변수와 종속변수의 직접적인 관계는 매개변수가 추가되면 사라진다.

**완전매개가 존재할 경우의 회귀분석 조건**

- X → M 관계: 유의함
- M → Y 관계: 유의함
- X → Y 관계: 매개변수를 포함하면, 유의미하지 않음

#### ② 부분매개

부분매개란 독립변수(X)가 종속변수(Y)에 영향을 미치지만, 이 영향 중 일부는 직접적으로, 일부는 간접적으로 매개변수(M)를 통해 미치는 것을 말한다. 즉, 매개변수가 독립변수와 종속변수 간의 관계를 부분적으로만 설명한다.

- X → Y 경로가 매개변수(M)를 포함하면, 회귀계수는 여전히 유의하지만 회귀계수의 크기는 감소한다.
- 소득(X)이 행복지수(Y)에 영향을 미치는데, 일부는 자아실현 욕구(M)를 통해 매개되고, 일부는 직접 영향을 미치는 경우이다.

**부분매개가 존재할 경우의 회귀분석 조건**
- X → M 관계: 유의함
- M → Y 관계: 유의함
- X → Y 관계: 매개변수를 포함한 후에도 여전히 유의하지만 효과 크기가 감소함

### (2) 경쟁매개

경쟁매개(competitive mediation)란 독립변수가 종속변수에 직접적으로 영향을 미치는 방향과, 매개변수를 통해 간접적으로 영향을 미치는 방향이 서로 다를 때 발생하는 매개 유형이다. 따라서 변수 간에 경쟁매개가 존재할 경우, 독립변수가 종속변수에 미치는 직접효과와 간접효과가 서로 반대 방향(음/양)으로 작용한다.

소셜 미디어(SNS) 사용과 정신건강 간의 관계를 검정한다고 가정하자.

- SNS 사용(X)은 정신건강(Y)에 직접적으로 부정적인 영향을 줄 수 있다. 즉, SNS를 많이 사용할수록 스트레스와 불안감이 증가할 것이다.
- SNS 사용(X)은 사회적 연결감(M)을 높일 수 있다. 즉, 온라인 소통을 통해 인간적 유대감이 강해질 것이다.
- 사회적 연결감(M)은 정신건강(Y)을 긍정적으로 향상시키는 효과가 있을 것이다.

#### ● 결과 해석

- X → Y(직접효과): SNS 사용 증가는 정신건강에 부정적인 영향을 미친다. (음의 효과)
- X → M → Y(간접효과): SNS 사용이 증가할수록 사회적 연결감이 높아져, 정신건강을 향상시킨다. (양의 효과)
- 직접효과(X → Y)와 간접효과(X → M → Y)가 음의 방향에서 양의 방향으로 작용한다. SNS 사용이 정신건강에 부정적인 영향을 주지만, 사회적 연결감을 통해 긍정적

인 영향을 주는 상반된 효과가 나타난다면, 이는 변수 간에 경쟁매개가 작용한다고 볼 수 있다.

〈표 8-1〉 매개효과 유형별 특징

| 유형 | 직접효과 (X → Y) | 간접효과 (X → M → Y) | 특징 |
|---|---|---|---|
| 완전매개 | 유의하지 않음 | 유의함 | 매개변수를 통해서만 효과가 발생한다. |
| 부분매개 | 유의함 | 유의함 | 직접효과와 간접효과가 동시에 존재한다. |
| 경쟁매개 | 유의함 | 유의함(반대 방향) | 직접효과와 간접효과의 방향이 반대이다. |

경쟁매개는 직접효과와 간접효과가 서로 반대 방향(긍정적 vs 부정적)으로 나타난다는 점이 가장 두드러진 특징이다. 따라서 연구자가 경쟁 매개모형을 구성할 때는 직접효과와 간접효과의 방향성을 면밀히 분석할 필요가 있다. 그 이유는 독립변수가 종속변수에 미치는 총효과는 직접효과와 간접효과가 서로 경쟁하기 때문에, 직접효과만 분석할 경우 중요한 결과를 놓칠 수 있기 때문이다.

## 2. 매개모형

매개모형은 두 변수 간 관계에서 중간에 있는 변수가 그 관계를 매개하는 역할을 설명하는 모형이다. 매개모형을 통해 독립변수와 종속변수, 매개변수 간의 관계에 대해 좀 더 명확한 경로를 이해할 수 있다. 현상은 다수의 변수들이 서로 인과적으로 연결되어 영향을 주고 받은 결과로 나타난다. 매개모형은 이러한 인과관계를 심도 있게 분석하여, 독립변수가 종속변수에 어떤 영향을 미치는지, 중간에 매개하는 변수가 무엇인지를 보여 준다. 매개모형이 가지는 의의를 구체적으로 살펴보자.

첫째, 변수 간의 관계를 보다 명확히 파악할 수 있다. 독립변수와 종속변수 간의 직접적인 관계뿐만 아니라, 매개변수를 통한 간접적인 관계를 규명할 수 있다. 이를 통해 변수 간에 존재하는 복잡한 상호작용과 인과관계를 이해할 수 있다.

둘째, 매개모형은 이론이나 가설을 검정할 수 있는 기초를 제공한다. 특정 심리이론을 바탕으로 매개변수를 설정하고, 분석을 통해 이론의 타당성을 평가할 수 있다.

셋째, 정책이나 실천적 적용에 필요한 정보를 얻을 수 있다. 매개효과 분석 결과는 정책 결정이나 실천적 전략을 수립하는 데 유용한 정보를 제공한다. 예를 들어, 특정 요인이 국민 건강에 미치는 영향을 파악하여 보건의료 정책에 반영할 수 있다.

넷째, 중재적 접근 기반을 제공한다. 매개효과를 이해함으로써 특정 변수를 조절하거나 개입하여 연구 목적에 도달할 수 있는 중재 전략을 개발할 수 있다. 예를 들어, 마음챙김이 우울증 감소에 미치는 매개효과를 활용하여 정신건강 프로그램을 개선할 수 있다.

다섯째, 변수 간에 존재하는 인과관계를 심도 있게 추론할 수 있다. 매개효과 분석을 통해 원인에서 결과에 이르는 과정을 모형으로 구성해서 인과관계를 파악할 수 있다.

매개모형은 심리학, 사회과학, 의학 및 생명과학, 경제학, 마케팅 등에서 널리 사용되고 있다. 매개효과는 매개변수의 수에 따라 단순매개, 이중매개, 다중매개 모형으로 나눈다. 그리고 독립변수와 종속변수의 수에 따라서도 모형의 구조는 달라진다.

## 1) 단순매개와 다중매개

### (1) 단순매개모형

단순매개는 기본적인 매개모형으로, 독립변수(X)가 매개변수(M)를 거쳐 종속변수(Y)에 영향을 미치는 구조를 가진다.

**예 1: 자아분화가 자기효능감을 통해 회복탄력성에 미치는 영향**

- 모형: 자아분화 → 자기효능감 → 회복탄력성
- 자아분화가 자기효능감을 높이고, 자기효능감은 회복탄력성을 높이는 방식으로 자아분화와 회복탄력성 사이에 자기효능감이라는 매개변수가 작용한다.

**예 2: 마음챙김이 스트레스 감소를 통해 정신건강에 미치는 영향**

- 모형: 마음챙김 → 스트레스 → 정신건강

- 마음챙김이 스트레스 수준을 낮추고, 이를 통해 정신건강을 향상시키는 긍정적인 영향을 미칠 수 있다.

단순매개 모형의 장점은, 변수 간의 관계를 간결하게 설명할 수 있고, 독립변수와 종속변수 간의 경로를 하나의 매개변수로 명확하게 설명할 수 있다는 점이다.

### (2) 이중매개모형

이중매개모형은 독립변수와 종속변수 간에 두 개의 매개변수가 존재하며, 독립변수가 두 매개변수를 통해 종속변수에 영향을 준다는 것을 가정한다. 모형 구조는 매개변수의 위치에 따라 병렬매개와 직렬매개가 있다.

**① 병렬매개**

- 두 개의 매개변수가 서로 독립적으로 작용하여 종속변수에 영향을 미친다.
- X → M1 → Y: 마음챙김(X) → 자기연민(M1) → 삶의 질(Y)
- X → M2 → Y: 마음챙김(X) → 심리적 안정감(M2) → 삶의 질(Y)
- 이 모형은 마음챙김이 자기연민을 통해 삶의 질에 영향을 주기도 하지만, 심리적 안정감을 통해 삶의 질을 높인다는 것을 가정한다.

**② 직렬매개**

- X → M1 → M2 → Y와 같이 연속적인 경로를 통해 매개변수가 단계적으로 영향을 주는 구조이다. 마음챙김(X) → 자기연민(M1) → 심리적 안정감(M2) → 삶의 질(Y)
- 즉, X가 M1에 영향을 주고, M1이 M2에 영향을 미치며, M2가 M3에 영향을 준 후 최종적으로 Y에 영향을 주는 방식이다.
- 이 모형은 마음챙김이 삶의 질에 미치는 영향이 자기연민과 심리적 안정을 통해 매개된다는 것을 나타낸다. 마음챙김으로 자기연민 의식이 높아지고, 이러한 의식이 심리적 안정감을 거쳐 삶의 질 수준이 향상된다.

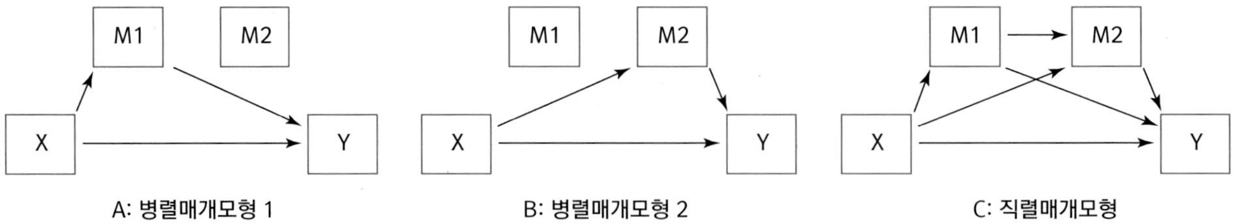


[그림 8-2] 병렬매개모형과 직렬매개모형

### (3) 다중매개모형

다중매개모형은 세 개 이상의 매개변수(M1, M2, M3 등)가 독립변수(X)와 종속변수(Y) 사이에서 순차적으로 작용한다. 이러한 모형은 복잡한 심리적 과정이나 행동을 설명하는데 유용하다. 분석 사례를 병렬매개와 직렬매개 구조로 살펴보자.

#### ① 병렬매개

독립변수(X)가 다수의 매개변수에 동시에 영향을 미치고, 이 매개변수들은 종속변수(Y)에 독립적으로 영향을 주는 구조이다. 스트레스가 정신건강에 미치는 영향을 병렬매개로 나타내면 다음과 같다.

- 스트레스(X) → 수면 부족(M1) → 정신건강(Y) = $a_1b_1$
- 스트레스(X) → 집중력 저하(M2) → 정신건강(Y) = $a_2b_2$
- 스트레스(X) → 우울감(M3) → 정신건강(Y) = $a_3b_3$

이 모형은 각 매개변수의 효과를 개별적으로 검정한다. 즉, 스트레스가 수면 부족을 거쳐 정신건강에 영향을 미치고, 집중력 저하 및 우울감도 같은 방식으로 정신건강에 영향을 미친다. 병렬매개의 총효과는 다음과 같다.

$$총\ 매개효과 = a_1b_1 + a_2b_2 + a_3b_3$$

*여기서 직접효과가 유의미하면 부분매개, 유의하지 않으면 완전매개를 시사한다.

● 예시: 병렬매개 효과 결과

| 효과 | 표준화 계수 ($\beta$) | 유의확률 |
|---|---|---|
| 직접효과(X → Y) | −0.30 | 0.02 |
| X → M1 | 0.40 | <0.001 |
| M1 → Y | −0.25 | 0.01 |
| X → M2 | 0.35 | <0.001 |
| M2 → Y | −0.20 | 0.03 |
| X → M3 | 0.25 | 0.05 |
| M3 → Y | −0.15 | 0.07 |

- 직접효과: 스트레스(X) → 정신건강(Y)
  - X는 Y에 부정적인 영향을 미치며, 유의미하다($p=0.02$). 즉, X가 증가할수록 Y는 감소하는 경향이 있다.
- 매개효과
  - 매개변수 M1(수면 부족): X → M1을 통해 Y에 미치는 간접효과는 유의미하다. 이는 X가 증가하면 M1이 증가하고, M1이 증가하면 Y는 감소하는 경향($\beta=-0.25$)이 있다는 것을 나타낸다.
  - 매개변수 M2(집중력 저하): X → M2를 통해 Y에 미치는 간접효과도 유의미하다. 즉, X가 증가하면 M2가 증가하고, M2가 증가하면 Y는 감소($\beta=-0.20$)한다.
  - 매개변수 M3(우울감): X → M3에 미치는 영향($p=0.05$)은 유의미하나, M3 → Y에 미치는 영향($p=0.07$)은 유의미하지 않다. 따라서 M3는 매개효과가 없거나 약하다고 볼 수 있다.
- 종합 해석
  - 스트레스(X) → 수면 부족(M1)에 직접적인 영향을 미친다.
  - 수면 부족(M1)과 집중력 저하(M2)는 유의미한 매개효과가 있으며, 이를 통해 X가 Y에 영향을 미친다.
  - 우울감(M3)이 정신건강(Y)에 미치는 효과는 유의하지 않으므로 매개의 역할이 약하다. 따라서 M1과 M2가 X와 Y 간의 관계에서 주요 매개 역할을 하는 변수라고 해석할 수 있다.

② 직렬매개

다수의 매개변수를 포함한 직렬매개는 심리적 과정이 순차적으로 연결되는 구조를 설명하는 데 유용하다. 직렬매개는 개별 간접효과를 비교하여 어느 경로가 상대적으로 더 중요한지를 확인할 수 있으며, 변수 간의 관계 속성에 따라 병렬매개와 직렬매개를 같이 고려한 혼합형 모형도 적용할 수 있다.

스트레스가 정신건강에 미치는 영향을 직렬매개로 분석한 결과는 다음과 같다.

스트레스(X) → 수면 부족(M1) → 집중력 저하(M2) → 우울감(M3) → 정신건강(Y)

● 직렬매개 효과 결과 예시

| 효과 | 표준화 계수($\beta$) | 유의확률 |
|---|---:|---:|
| X → M1 (스트레스 → 수면 부족) | 0.40 | $<0.001$ |
| M1 → M2 (수면 부족 → 집중력 저하) | 0.35 | 0.002 |
| M2 → M3 (집중력 저하 → 우울감) | −0.10 | 0.08 |
| M3 → Y (우울감 → 정신건강) | −0.45 | $<0.001$ |
| X → Y (직접효과: 스트레스 → 정신건강) | −0.30 | 0.02 |

- 경로별 매개효과
  - X → M1(스트레스 → 수면 부족): 유의함
  - M1 → M2(수면 부족 → 집중력 저하): 유의함
  - M2 → M3(집중력 저하 → 우울감): 유의하지 않음
  - M3 → Y(우울감 → 정신건강): 유의함
- 해석
  - M2(집중력 저하) → M3(우울감)이 통계적으로 유의하지 않으므로, M2를 포함한 완전한 직렬 매개는 성립하지 않는다.
  - 하지만 X → M1 → M2 까지는 유의미한 관계가 있다.
  - M3(우울감)는 정신건강에 강한 영향을 미치지만, 집중력 저하(M2)가 우울감을 예측하지 못하므로, 전체적인 직렬매개 효과가 완벽하게 성립되지는 않는다.
  - 스트레스는 직접적으로 정신건강을 악화하는 효과(X → Y)가 있으며, 부분적으로

수면 부족과 집중력 저하를 거치는 간접효과도 존재한다.

- 시사점: 집중력 저하(M2)가 우울감(M3)에 미치는 영향이 유의미하지 않기 때문에, M2를 포함한 전체적인 직렬매개 효과를 확인하기 위해 M2와 M3 간의 관계를 더 깊이 분석할 필요가 있다.

### 2) 독립변수가 다수인 매개모형

여러 개의 독립변수가 동일한 매개변수(M)를 거쳐 종속변수(Y)에 영향을 미친다면, 독립변수가 다수인 매개모형이 적합하다. 일반적인 독립변수로는 사회인구학적 요인(성별, 연령, 학력, 직업 등)이 있고, 특정 개념이 독립변수일 경우 그 개념을 구성하는 하부 요인들이 있다.

독립변수가 다수인 모형은 다음의 경로를 거친다.

- 독립변수(X1, X2, ··· Xn) → 매개변수: 각 독립변수가 매개변수에 미치는 직접효과
- 매개변수 → 종속변수: 매개변수가 종속변수에 미치는 영향
- 독립변수(X1, X2, ... Xn) → 매개변수 → 종속변수: 독립변수가 매개변수를 통해 종속변수에 미치는 간접효과

● 예시: 자아분화 요소(인지정서기능, 자아통합)가 심리적 안녕감에 미치는 영향에 대한 분석

- 독립변수: X1(인지정서기능), X2(자아통합)
- 매개변수: M(자기효능감)
- 종속변수: Y(심리적 안녕감)

| 효과 | 표준화 계수($\beta$) | 유의확률 |
|---|---:|---:|
| X1 → M | 0.40 | <0.001 |
| X2 → M | 0.32 | 0.002 |
| M → Y | 0.45 | <0.001 |
| X1 → Y(직접효과) | 0.20 | 0.04 |
| X2 → Y(직접효과) | 0.25 | 0.02 |
| 간접효과(X1 → M → Y) | 0.18 | 0.01 |
| 간접효과(X2 → M → Y) | 0.16 | 0.03 |

① X1(인지정서기능) → M(자기효능감) → Y(심리적 안녕감) 경로 분석

- X1 → Y 직접효과 ($\beta$=0.20, p=0.04): X1은 M을 거치지 않고 Y에 직접적인 영향을 미친다.
- X1 → M → Y 간접효과 ($\beta$=0.18, p=0.01): X1은 M을 통해 Y에 간접적인 영향을 미친다.

② X2(자아통합) → M(자기효능감) → Y(심리적 안녕감) 경로 분석

- X2 → Y 직접효과($\beta$=0.25, p=0.02): X2는 M을 거치지 않고 Y에 직접적인 영향을 미친다.
- X2 → M → Y 간접효과($\beta$=0.16, p=0.03): X2는 M을 통해 Y에 간접적인 영향을 미친다.

③ 해석

- X1과 X2 모두 Y에 직접적인 영향을 미치고, M을 통한 간접적인 영향도 미치는 부분매개모형이다.
- M은 X1과 X2의 영향을 받아 Y에 영향을 미치는 핵심적인 매개변수 역할을 한다.
- 독립변수가 여러 개일 경우, 각 독립변수가 매개변수에 미치는 상대적인 영향력을 비교할 수 있다. X1 → M에 미치는 영향($\beta$=0.40)이 X2 → M($\beta$=0.32)에 미치는 영향보다 상대적으로 더 높은 경향이 있다.

## 3) 종속변수가 다수인 매개모형

종속변수가 다수인 매개모형은 여러 현상을 맥락적으로 설명하는 데 유용하다. 이 모형은 독립변수가 여러 종속변수에 미치는 영향을 동시에 설명하며, 매개변수를 통해 그 관계를 심도 있게 분석할 수 있다. 종속변수가 다수인 매개모형은 경로 구조에 따라 다음과 같이 분류할 수 있다.

### (1) 병렬 종속변수 모형

병렬 종속변수 모형은 독립변수(X)가 두 개 이상의 종속변수(Y1, Y2 등)에 영향을 미치

며, 이 과정에 매개변수(M)가 각각의 종속변수에 대해 독립적으로 영향을 미치는 구조이다.

● 예시: 스트레스가 심리적 소진을 통해 생활 만족도와 신체건강에 미치는 영향에 대한 분석

X(스트레스) → M(심리적 소진) → Y1(생활 만족도), Y2(신체건강)

**병렬 종속변수 모형에 대한 분석 결과**

| 효과 | 표준화 계수($\beta$) | 유의확률 |
|---|---|---|
| X → M | 0.52 | $<0.001$ |
| M → Y1 | −0.30 | 0.002 |
| M → Y2 | −0.40 | 0.001 |
| X → Y1(직접효과) | −0.25 | 0.03 |
| X → Y2(직접효과) | −0.20 | 0.05 |
| 간접효과(X → M → Y1) | −0.15 | 0.01 |
| 간접효과(X → M → Y2) | −0.20 | 0.02 |

① X(스트레스) → M(심리적 소진) → Y1(생활 만족도) 경로 분석

- 직접효과: X → Y1($\beta=-0.25$, $p=0.03$)은 유의미하다. 즉, X는 M을 거치지 않고 Y1에 직접적인 영향을 미친다.
- 간접효과: X → M → Y1($\beta=-0.15$, $p=0.01$)도 유의미하므로 X는 M을 통해 Y1에 간접적으로도 영향을 미친다.
- X가 Y1에 미치는 영향은 직접효과와 간접효과가 모두 존재하는 부분매개이다.

② X(스트레스) → M(심리적 소진) → Y2(신체건강) 경로 분석

- 직접효과와 간접효과가 모두 유의미하게 존재한다.
- 간접효과가 유의미한 것은 매개효과가 존재한다는 것을, 직접효과가 유의미한 것은 부분매개효과가 있다는 것을 나타낸다.

③ 해석

- 심리적 소진(M)은 생활만족도(Y1)와 신체건강(Y2)에 부정적인 영향을 미친다. 이러한 결과는 M이 중요한 매개변수 역할을 한다는 것을 시사한다.
- M을 통한 간접효과가 Y1(−0.15)보다 Y2(−0.20)가 더 크므로, 상대적으로 M이 Y2에 더 큰 영향을 미친다는 것을 알 수 있다.

### (2) 직렬 종속변수 모형

이 모형은 종속변수 Y1이 다른 종속변수 Y2의 예측변수가 되는 구조이다. 즉, X → Y1 → Y2 형태로 연결되어, 종속변수들이 순차적인 경로를 통해 Y1이 Y2에 영향을 미치는 방식이다. 이러한 직렬모형은 인과관계의 연속성을 단계적으로 검정하는 데 적합하다.

- X(스트레스) → Y1(심리적 소진) → Y2(정신건강)
- X → Y1 → Y2 경로에서 Y1이 매개변수 역할을 한다. 하지만 Y1은 매개변수가 아니라, 종속변수인 동시에 독립변수의 역할을 한다.

직렬모형을 단계별 회귀분석으로 검정하는 과정은 다음과 같다.

- 1단계(X → Y1): 회귀계수가 유의하면 스트레스가 심리적 소진에 영향을 미친다고 해석할 수 있다.
- 2단계(Y1 → Y2): 회귀계수가 유의하면 심리적 소진이 정신건강에 영향을 미친다고 볼 수 있다.
- 3단계(X → Y2): 회귀계수의 유의확률이 감소하거나 사라지면 심리적 소진이 매개한다고 해석한다.

**직렬 종속변수 모형에 대한 분석 결과**

| 단계별 회귀 | 독립변수 | 종속변수 | 표준화 계수($\beta$) | t | 유의확률 |
|---|---|---|---|---|---|
| 1단계 | 스트레스 | 심리적 소진 | 0.55 | 7.82 | 0.001 |
| 2단계 | 심리적 소진 | 정신건강 | 0.60 | 8.20 | 0.001 |
| 3단계 | 스트레스 | 정신건강 | 0.15 | 2.10 | 0.038 |

- 1단계: 스트레스 → 심리적 소진 효과
  표준화 회귀계수($\beta$=0.55, p=0.001)는 유의미하다. 이는 스트레스가 증가하면 심리적 소진이 증가한다는 것과 정신적 소진을 심화하는 주요 요인이라는 것을 말해준다.
- 2단계: 심리적 소진 → 정신건강 효과
  표준화 회귀계수와 유의도($\beta$=0.60, p=0.001)는 심리적 소진이 증가하면 정신건강이 악화된다는 것을 나타낸다. 즉, 심리적 소진은 정신건강 저하를 유발하는 중요한 매개변수로 작용할 가능성이 크다.
- 3단계: 스트레스 → 정신건강의 직접효과
  표준화 회귀계수($\beta$=0.15, p=0.038)는 유의미하지만 효과가 크지는 않다. 이는 스트레스가 정신건강에 미치는 주요 경로가 심리적 소진을 통한 간접효과로 나타날 가능성을 시사한다.
  매개효과 계수가 더 크기 때문에 완전매개에 가까울 정도의 부분매개효과가 존재한다고 볼 수 있다.

● 매개효과 분석

- 심리적 소진이 스트레스와 정신건강 간의 관계에서 중요한 매개변수로 존재한다는 것을 확인할 수 있다.
- 직접효과(0.15)와 간접효과(0.55×0.60=0.33)를 합하면, 스트레스가 정신건강에 미치는 전체적인 영향이 상당하다는 것을 알 수 있다.
- 스트레스가 미치는 직접적인 영향도 유의미하지만, 심리적 소진을 유발하고, 심리적 소진이 다시 정신건강을 악화시키는 경로가 훨씬 더 강력한 경향이 있다.
- 따라서 스트레스 자체를 줄이는 개입뿐 아니라 심리적 소진을 완화하는 전략(회복탄력성 강화, 마음챙김 및 정서적 지원 등)이 정신건강을 보호하는 데 중요한 역할을 할 것이다.

## 3. 바론-케니 방법과 Sobel 테스트

매개효과 분석 방법은 바론-케니(Baron & Kenny)의 4단계 접근법과 Sobel 검정, 부트스트랩(Bootstrap), 구조방정식 모형(SEM) 등이 있다. 최근에는 매개효과 검정에 PROCESS 매크로의 부트스트랩이 주로 이용되고 있다. 각 방법마다 장단점이 있으므로 연구 목적과 특성에 맞는 방법을 선택하는 것이 중요하다.

### 1) 바론-케니의 4단계 접근법

바론-케니 접근법은 단일 매개변수에 초점이 맞춰져, X → M → Y 과정이 존재하는지 확인하는 기초적인 분석 방법이다. 따라서 다중매개변수 분석에는 적합하지 않다. 이 접근법은 매개효과 검정 절차가 4단계이며, 선형회귀분석을 통해 단계별 조건의 만족 여부와 매개효과 존재 여부를 확인해야 한다.

- 1단계: 독립변수(X) → 종속변수(Y) 관계 확인
  독립변수가 종속변수에 미치는 영향을 확인하는데, 독립변수의 회귀계수($\beta_1$)가 유의미해야 한다.
- 2단계: 독립변수(X) → 매개변수(M) 관계 확인
  독립변수가 매개변수에 영향을 미치는지 검정한다. 회귀계수가 유의하면 다음 단계를 진행한다.
- 3단계: 매개변수(M) → 종속변수(Y)
  매개변수가 종속변수에 미치는 효과가 유의한지 확인한다.
- 4단계: 독립변수(X)와 매개변수(M) → 종속변수(Y)
  독립변수와 매개변수를 동시에 추가했을 때, 독립변수가 종속변수에 미치는 영향력이 감소하는지 확인한다. 매개변수가 유의미하고, 독립변수의 회귀계수가 감소하거나 유의미하지 않으면 완전매개효과가 있다는 것을 나타낸다. 즉, 독립변수가 매개변수를 통해서만 종속변수에 영향을 미친다. 하지만 독립변수의 직접효과가 감소하지만 여전히 유의미하면 부분매개가 있다는 것을 말해 준다. 즉, 독립변수가

매개변수를 통해서뿐 아니라 직접적으로도 종속변수에 영향을 미친다는 것을 시사한다.

바른-케니 접근법은 직관적이며 검정이 상대적으로 간단하여 이해하기 쉽지만, 매개효과의 통계적 유의성을 확인할 수 없는 한계점이 있다. 따라서 Sobel 검정으로 유의성을 직접 검정해야 한다.

## 2) 바론-케니의 분석 사례

- 데이터: 중 · 고등학생 1,500여 명
- 연구 목적: 부모의 부부갈등이 청소년의 자아 형성에 미치는 영향
- 매개모형: 부모의 부부갈등(독립변수) → 청소년의 자기비난(매개변수) → 자아개념(종속변수)

**<SPSS 분석 과정과 단계별 분석 결과>**
분석(A) → 회귀분석(R) → 선형(L) → 종속변수(D), 독립변수(I) 설정 → 확인

**① 1단계: 독립변수 → 종속변수(부모의 부부갈등 → 청소년의 자아개념)**

- 부부갈등은 청소년의 자아개념에 부정적인 영향을 미치며, 이러한 관계는 0.001 수준에서 유의미하다.
- 회귀계수($\beta=-0.355$)는 부부갈등이 1 증가할 때 자아개념 점수가 평균적으로 0.355 감소한다는 의미이다.

**계수[a]**

| 모형 | | 비표준화 계수 | | 표준화 계수 | t | 유의확률 |
|---|---|---|---|---|---|---|
| | | B | 표준화 오류 | 베타 | | |
| 1 | (상수) | 4.544 | .043 | | 106.722 | <.001 |
| | 부부갈등 | -.355 | .018 | -.470 | -20.121 | <.001 |

a. 종속변수: 자아개념

② 2단계: 독립변수 → 매개변수(부모의 부부갈등 → 청소년의 자기비난)

부부갈등의 회귀계수($\beta$=0.577)는 0.001 수준에서 유의미하다. 이는 부모의 부부갈등이 심해질수록 그 갈등이 자신으로 인해 유발된 것이라고 스스로를 비난하는 경향이 더 심해진다는 것을 나타낸다.

**계수[a]**

| 모형 | | 비표준화 계수 | | 표준화 계수 | t | 유의확률 |
|---|---|---|---|---|---|---|
| | | B | 표준화 오류 | 베타 | | |
| 1 | (상수) | .680 | .044 | | 15.616 | <.001 |
| | 부부갈등 | .577 | .018 | .640 | 31.906 | <.001 |

a. 종속변수: 자기비난

③ 3단계: 매개변수 → 종속변수(자기비난 → 자아개념)

자기비난의 회귀계수가 음의 값($\beta$=−0.360, $p<0.001$)을 갖는 것은, 청소년의 자신비난이 심해질수록 자아개념에 부정적인 영향을 미친다는 것을 말해 준다.

**계수[a]**

| 모형 | | 비표준화 계수 | | 표준화 계수 | t | 유의확률 |
|---|---|---|---|---|---|---|
| | | B | 표준화 오류 | 베타 | | |
| 1 | (상수) | 4.459 | .043 | | 104.023 | <.001 |
| | 자기비난 | −.360 | .020 | −.428 | −17.878 | <.001 |

a. 종속변수: 자아개념

④ 4단계: 독립변수와 매개변수 → 종속변수(부부갈등과 자기비난 → 자아개념)

독립변수와 매개변수를 같이 포함한 결과, 부부갈등의 직접효과가 0.355에서 0.251로 감소하였다. 이는 변수 간에 부분적으로 매개효과가 작용했기 때문이다. 만약 부부갈등이 유의하지 않다면, 완전매개효과가 있다는 것을 나타낸다.

**계수**[a]

| 모형 | | 비표준화 계수 | | 표준화 계수 | t | 유의확률 |
|---|---|---|---|---|---|---|
| | | B | 표준화 오류 | 베타 | | |
| 1 | (상수) | 4.668 | .045 | | 103.298 | <.001 |
| | 자기비난 | −.182 | .025 | −.216 | −7.257 | <.001 |
| | 부부갈등 | −.251 | .022 | −.333 | −11.173 | <.001 |

a. 종속변수: 자아개념

바론-케니 접근법은 매개효과의 통계적 유의성을 직접 검증하지 않는 한계점이 있다. 따라서 Sobel 테스트로 매개효과의 유의성을 검정해야 한다.

## 3) Sobel 테스트

Sobel 테스트는 매개효과의 크기와 유의성을 확인하는 지표이며, 매개변수가 정규분포를 이루어야 정확한 검정을 할 수 있다.

부부갈등이 청소년의 자기비난을 통해 자아개념에 영향을 미치는 간접효과의 유의성을 검정하기 위해 매개변수의 계수와 표준오차를 대입한다.

- 부부갈등(X) → 자기비난(M)에 미치는 영향(2단계 분석 결과)
  - 회귀계수(A=0.577), 표준오차($SE_A$=0.018)
- 자기비난(M) → 자아개념(Y)에 미치는 영향(3단계 분석 결과)
  - 회귀계수(B=0.360), 표준오차($SE_B$=0.020)

Sobel 테스트 공식에 대입해서 직접 계산하거나 온라인 계산기를 통해 Z값과 p값을 구할 수 있다. 온라인 계산기에 회귀계수 A와 B, 표준오차 $SE_A$와 $SE_B$값을 입력하고 〈Calculate!〉를 클릭하면 Z값과 p값(단측 및 양측 확률)이 산출된다. Z값이 클수록 간접효과는 유의미하다.

일반적인 기준은 Z값이 임계값 1.96보다 크고(95% 신뢰구간), p값이 0.05보다 작으면 매개효과가 유의하다는 것을 나타낸다. 산출 결과, Z값은 15.694이고 p값이 0.000이므로 자기비난의 매개효과가 통계적으로 유의미하다고 평가할 수 있다.

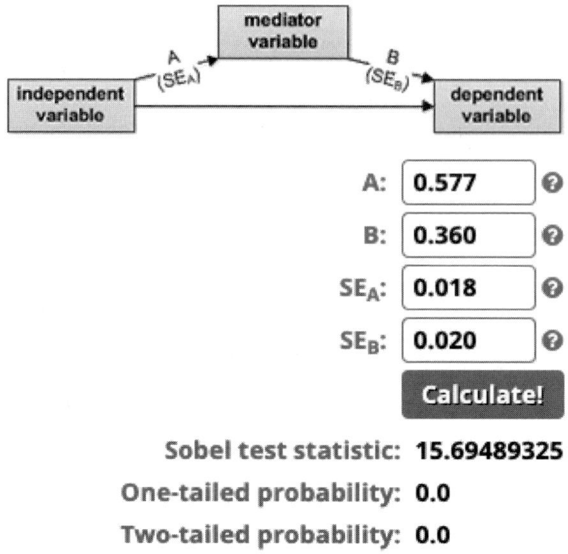


출처: https://www.danielsoper.com/statcalc/calculator.aspx?id=3

Sobel 테스트는 매개효과의 유의성을 검정하는 방법이지만 데이터의 정규성 가정이 요구되므로, 부트스트랩을 병행하면 더욱 강력한 방법으로 검정할 수 있다.

## 4. 부트스트랩

부트스트랩(bootstrap)은 표본 데이터를 반복적으로 재추출하여 전체 표본을 늘리는 방식으로 매개효과의 신뢰구간을 추정하는 방법이다.

### 1) 부트스트랩의 장점

매개효과 분석에서 부트스트랩이 널리 적용되는 이유는 다음과 같은 장점이 있기 때문이다.

첫째, 정규성 가정 없이 매개효과의 유의성을 검정할 수 있다. Sobel 테스트나 바론-케니 접근법은 매개효과에서 간접효과의 분포가 정규분포를 따를 때만 정확한 결과를 얻을 수 있다. 하지만 부트스트랩은 데이터를 무작위로 재추출하는 방식을 적용하기 때문에 데이터가 비정규분포를 따르거나 표본크기가 작은 경우에도 사용할 수 있다.

둘째, 기존 방법에 비해 검정력이 강하기 때문에 매개효과 분석에서 널리 사용되고 있다. 검정력이 강하다는 것은 통계적 검정이 효과적으로 수행되며, 매개효과를 정확하게 검정할 수 있다는 것을 뜻한다. 즉, 영가설이 실제로 거짓일 때, 이를 올바르게 기각할 확률이 검정력이다. 부트스트랩은 잘못된 영가설을 탐지하고, 기각할 가능성이 높기 때문에 복잡한 매개효과의 통계적 유의성도 민감하게 검정할 수 있다.

셋째, 부트스트랩은 간접효과의 크기에 대한 신뢰구간을 제시한다. 반복적인 샘플링을 통해 간접(매개)효과의 분포를 구성하여, 그 분포에 기초해 신뢰구간을 산출한다. 이러한 방식은 매개효과의 크기를 해석하는 데 유용하고, 매개효과를 추정할 때 구체적인 통계적 정보를 제공한다. 신뢰구간 산출 때, 부트스트랩 결과로 얻은 간접효과 값에서 95% 신뢰수준(하위 2.5%와 상위 97.5% 값)을 설정한다. 연구 목적이나 상황에 따라 90%나 99%로 설정하기도 한다. 하지만 PROCESS 매크로에서는 95% 신뢰구간이 디폴트(기본값)로 설정되어 있다. 95% 신뢰구간은 해당 구간 안에 실제 모집단 값이 포함될 확률이 95%라는 것을 의미한다. 신뢰구간을 기준으로 매개효과의 유의성을 검토하는 방법은 다음과 같다.

- 신뢰구간에 0이 포함되지 않은 경우: 간접효과가 0일 가능성이 없다는 것을 의미하므로 매개효과가 유의미하다는 것을 나타낸다. 신뢰구간의 하한(하위 2.5%)과 상한(상위 97.5%)의 부호가 둘 다 양수 또는 둘 다 음수이면 0이 포함되지 않는다는 것을 말해 준다. 신뢰구간이 0.57∼0.63이라면, 이 구간에 0이 포함되지 않으므로 매개효과가 유의미하다.
- 신뢰구간에 0이 포함된 경우: 간접효과가 0일 가능성이 있으므로 매개효과가 유의미하지 않다는 것을 시사한다. 신뢰구간의 하한과 상한의 부호가 하나는 음수, 하나는 양수이면, 이는 0이 포함되어 있다는 것을 나타낸다. 신뢰구간이 (−0.07, 0.40)라면, 0을 포함하므로 매개효과가 유의미하지 않다.

같은 데이터로 재분석을 하면, 신뢰구간의 하한과 상한이 약간 달라진다. 이유는 분석할 때마다 추출 표본이 달라지기 때문이다. 그러나 0의 포함 여부는 변하지 않는다.

넷째, 다양한 매개모형을 검정할 수 있다. 부트스트랩은 매개변수의 수에 따라 단일매개, 다중매개, 조절된 매개 등 다양한 구조를 가진 모형도 비교적 간단하게 검정할 수 있다.

## 2) 부트스트랩 설치 및 분석 과정

부트스트랩은 SPSS, R, AMOS 등의 소프트웨어로 실행할 수 있다. SPSS로 분석하려면, Hayes(2022)의 PROCESS 매크로 웹사이트(www.guilford.com/p/hayes3)에 접속해서 다운로드한 후, 추가 기능을 설치해야 한다. 그러기 위해 먼저 SPSS가 설치되어 있어야 한다.

**<PROCESS 매크로 설치 과정>**

https://haskayne.ucalgary.ca/CCRAM/resource-hub 홈페이지 접속 → 〈Download PROCESS v4.3〉 버튼 클릭 → 압축파일 클릭 → 〈PROCESS v4.3 for SPSS〉 클릭 → Custom dialog builder file(v4.2) 클릭 → process.spd 파일 클릭 → 〈설치〉 버튼 클릭 → 확인

PROCESS 매크로가 추가되면 회귀분석(R) → 곡선추정(C) 하단에 PROCESS 매크로가 있다.

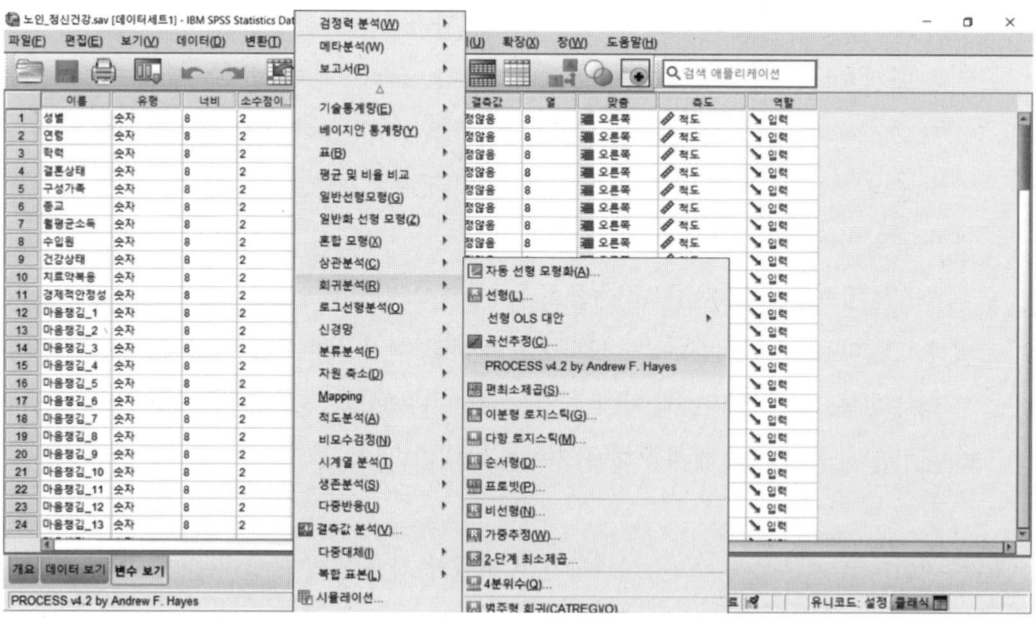

부트스트랩 분석을 수행하기 전에 먼저 모형 번호와 선택 옵션, 표본 수에 대해 이해할 필요가 있다.

### ① 모형 번호

모형 번호(model number)는 PROCESS 매크로에서 매개효과나 조절효과, 조절된 매개효과를 분석할 때 지정해야 할 특정 모형을 나타낸다. 각 모형에서 부트스트랩을 활성화하면, 모형에 따라 효과의 신뢰구간을 산출하고, 통계적 유의성을 확인할 수 있다. 주요 모형 번호는 다음과 같다.

- 모형 1: 단순조절효과 검정 [X → W(상호작용항) → Y]
- 모형 3: 이중조절효과 검정
- 모형 4: 단순매개효과 검정 [X → M → Y]
- 모형 6: 이중매개효과 검정 (매개변수 수에 따라 삼중매개, 사중매개도 가능)
- 모형 7: 조절된 매개효과 [조절변수(W)를 추가한 모형; (X×W) → M → Y]
- 모형 8: 조절된 매개효과 [두 경로 모두 조절; (X×W) → M → (M×W) → Y]
- 모형 14: 조절된 매개효과 [매개효과의 두 번째 경로 조절; X → (M×W) → Y]

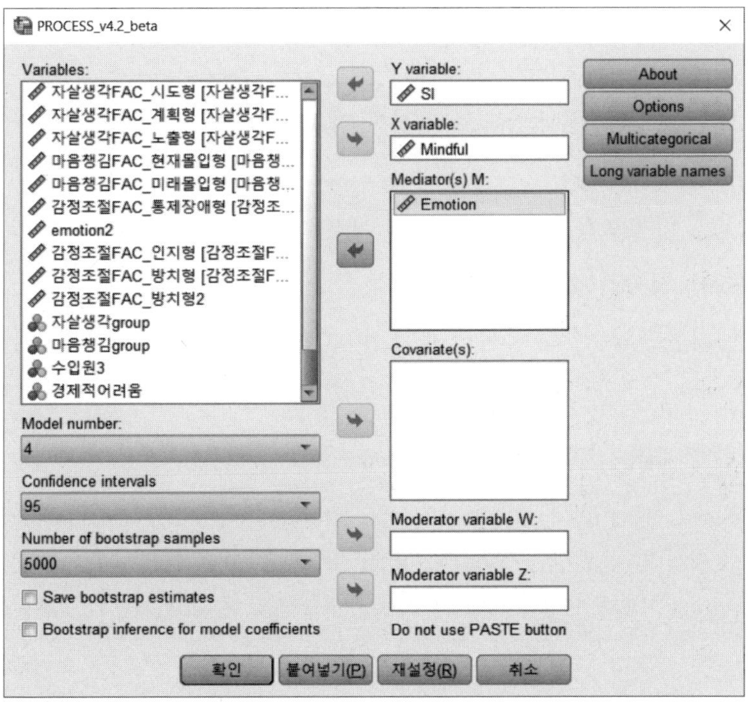

#### ② 선택 옵션

옵션(options) 중 일반적으로 다음 두 가지를 추가적으로 선택한다.

- 총효과 모형 표시(show total effect model): 독립변수 → 종속변수로 가는 경로값을 보여 준다.
- 표준화 효과(standardized effects): 매개모형에서 값이 다른 변수를 평균 0, 표준편차 1로 변환하여 분석하므로 단위가 다른 변수를 객관적으로 비교할 수 있다. 표준화된 회귀계수는 독립변수가 종속변수에 미치는 영향의 상대적 크기를 측정한다. 만약 표준화 계수가 변수 A는 0.9, 변수 B는 0.3이라면, A가 B보다 종속변수에 세 배 더 큰 영향을 미친다는 것을 의미한다.

#### ③ 부트스트랩 표본 수

부트스트랩 표본 수는 반복적으로 생성할 표본 수이다. 반복 횟수의 기본 값은 5,000개이며 1만 개까지 설정할 수 있다. 표본 수가 많을수록 결과의 신뢰성이 높아지므로, 연구 결과의 신뢰성이 중요한 경우에는 5,000~1만 개가 권장된다.

### 3) 부트스트랩 분석 사례: 단순매개모형

- 데이터: 노인(n=300)을 대상으로 수집한 자료
- 독립변수(X): 마음챙김
- 종속변수(Y): 자살생각(Beck의 자살생각 척도)
- 매개변수(M): 정서적 불안정
- 매개모형: 마음챙김(X) → 정서적 불안정(M) → 자살생각(Y)

**<부트스트랩 분석 과정>**

분석(A) → 회귀분석(R) → PROCESS 선택 → Y variable(종속변수), X variable(독립변수), Mediator(s)M(매개변수) 설정 → Model Number에 4(매개효과 분석) 지정 → 옵션 → Show total effect model(총효과 모형), Standardized effects(표준화 효과) 선택 → 계속(C) → 확인

- 모형 번호: 단순매개효과를 분석하므로 4번을 지정한다.
- 표본 수: 기본값(디폴트)으로 5,000개가 지정되어 있다.
- 옵션: 총효과와 표준화 효과를 선택한다. 필요할 경우 다양한 옵션을 선택한다.

### (1) 분석 결과: 모형의 설명력과 신뢰구간

**● 독립변수(마음챙김) → 매개변수(정서적 불안정)**

**① 모형 적합도**

- R 제곱(0.8219): 마음챙김이 정서적 불안정에 대한 설명력이 82.19%이다.
- MSE(평균제곱오차, 0.0349): 예측값과 실제값 간의 평균 오차이며, 값이 낮을수록 예측이 정확하다.
- F값(1375.6160, p=0.0000): 모형이 통계적으로 유의미하다.

**② 회귀계수**

- 회귀계수(B=−0.5449, p=0.0000): 마음챙김이 1단위 증가하면, 정서적 불안정은 0.5449단위 감소한다. p값은 두 변수의 관계가 유의미하다는 것을 나타낸다.
- 신뢰구간(LLCI=−0.5738, ULCI=−0.5160): 95% 신뢰구간이 0을 포함하지 않으므로 변수 관계가 유의미하고 안정적이다.
- 표준화 회귀계수(Beta=−0.9066): 독립변수(마음챙김)의 표준화 계수($\beta$)가 매우 높다. 이는 마음챙김이 정서적 불안정에 강한 영향을 미치며, 마음챙김을 할수록 정서적 불안정을 완화할 수 있다는 것을 시사한다.

OUTCOME VARIABLE: 정서적 불안정

Model Summary

| R | R-sq | MSE | F | df1 | df2 | p |
|---|---|---|---|---|---|---|
| .9066 | .8219 | .0349 | 1375.6160 | 1.0000 | 298.0000 | .0000 |

Model

| | coeff | se | t | p | LLCI | ULCI |
|---|---|---|---|---|---|---|
| constant | 1.3418 | .0368 | 36.4582 | .0000 | 1.2693 | 1.4142 |
| 마음챙김 | -.5449 | .0147 | -37.0893 | .0000 | -.5738 | -.5160 |

Standardized coefficients (표준화 계수)

| | coeff |
|---|---|
| 마음챙김 | -.9066 |

● 독립변수(마음챙김), 매개변수(정서적 불안정) → 종속변수(자살생각)

**① 모형 적합도**

- R 제곱(0.8011): 마음챙김과 정서적 불안정이 자살생각의 80.11% 정도를 설명한다.
- MSE(평균제곱오차, 0.0393): 모형의 예측 오차가 비교적 낮은 경향이 있다.
- F값(598.2472, p=0.0000): 모형이 통계적으로 유의미하다.

**② 독립변수와 종속변수의 관계: 마음챙김 → 자살생각**

- 회귀계수(B=−0.3129, p=0.0000): 마음챙김이 1단위 증가할 때, 자살생각은 0.3129 단위 감소한다. 즉, 마음챙김을 할수록 자살생각이 유의미하게 줄어든다.
- 신뢰구간에 0이 포함되지 않아 변수 간에 유의미한 부적 관계가 존재한다는 것을 확인할 수 있다.
- 표준화 회귀계수($\beta$=−0.5190): 마음챙김이 자살생각에 미치는 영향이 비교적 크다.

**③ 매개변수와 종속변수의 관계: 정서적 불안정 → 자살생각**

- 회귀계수(B=0.3986, p=0.0000): 정서적 불안정이 1단위 심해지면, 자살생각도 0.3986만큼 증가하는 경향이 있다.
- 신뢰구간(LLCI=0.2775, ULCI=0.5196): 0이 포함되지 않으므로 효과가 유의미하다.

• 표준화 회귀계수: 마음챙김 계수(−0.5190)가 정서적 불안정 계수(0.3973)보다 절대값이 더 크다. 이는 마음챙김이 자살생각에 미치는 영향이 상대적으로 더 크다는 것을 나타낸다.

OUTCOME VARIABLE: 자살생각

Model Summary

| R | R-sq | MSE | F | df1 | df2 | p |
|---|---|---|---|---|---|---|
| .8951 | .8011 | .0393 | 598.2472 | 2.0000 | 297.0000 | .0000 |

Model

| | coeff | se | t | p | LLCI | ULCI |
|---|---|---|---|---|---|---|
| constant | .4926 | .2894 | 1.7023 | .0898 | -.0769 | 1.0621 |
| 마음챙김 | -.3129 | .0370 | -8.4634 | .0000 | -.3857 | -.2401 |
| 정서 불안정 | .3986 | .0615 | 6.4794 | .0000 | .2775 | .5196 |

Standardized coefficients

| | coeff |
|---|---|
| 마음챙김 | -.5190 |
| 정서 불안정 | .3973 |

● 독립변수(마음챙김) → 종속변수(자살생각)

① **모형 적합도**

• R 제곱(0.7730): 마음챙김이 자살생각의 77.3%를 설명한다.

• MSE(평균제곱오차, 0.0447): 모형의 예측 오차가 낮다.

• F값(1014.9306, p=0.0000): 통계적으로 유의한 모형이다.

② **독립변수(마음챙김)와 종속변수(자살생각)의 관계**

• 회귀계수(B=−0.5301, p=0.0000): 부호가 음수이므로, 마음챙김이 높을수록 자살생각이 유의미하게 감소하는 경향이 있다.

• 신뢰구간(LLCI=−0.5628, ULCI=−0.4973): 신뢰구간이 0을 포함하지 않는다.

• 표준화 회귀계수(b=−0.8792): 마음챙김이 자살생각에 미치는 영향이 매우 크다.

TOTAL EFFECT MODEL
OUTCOME VARIABLE: 자살생각

Model Summary

| R | R-sq | MSE | F | df1 | df2 | p |
|---|---|---|---|---|---|---|
| .8792 | .7730 | .0447 | 1014.9306 | 1.0000 | 298.0000 | .0000 |

Model

| | coeff | se | t | p | LLCI | ULCI |
|---|---|---|---|---|---|---|
| constant | 2.3305 | .0612 | 38.0735 | .0000 | 2.2100 | 2.4510 |
| 마음챙김 | -.5301 | .0166 | -31.8580 | .0000 | -.5628 | -.4973 |

Standardized coefficients

| | coeff |
|---|---|
| 마음챙김 | -.8792 |

### (2) 분석 결과: 직접효과와 간접효과

**① 총효과: 독립변수(마음챙김) → 종속변수(자살생각)**

- 독립변수(X)가 종속변수(Y)에 미치는 총효과는 −0.5301로, X가 1단위 증가할 때 Y가 평균적으로 0.5301 감소한다.
- 신뢰구간(−0.5628~−0.4973)에 0이 포함되지 않으므로, 효과가 유의미하다.

**② 직접효과(direct effect): 독립변수(마음챙김) → 종속변수(자살생각)**

- 매개변수(정서적 불안정)를 고려한 후에도, 마음챙김이 자살생각에 미치는 직접효과는 −0.3129로 여전히 유의미하다.
- 하지만 총효과(−0.5301)에 비해 직접효과(−0.3129)는 감소하였는데, 이는 일부 효과가 매개변수를 통해 전달되었다는 것을 시사한다.
- $p < 0.001$로 통계적으로 유의미하며, 신뢰구간에도 0이 포함되지 않았다.

**③ 간접효과(indirect effect): 독립변수(마음챙김) → 매개변수(정서적 불안정) → 종속변수(자살생각)**

- 마음챙김이 정서조절을 통해 자살생각에 영향을 미치는 간접효과는 −0.2172이다.
- 부트스트래핑을 통한 신뢰구간(BootLLCI=−0.2725, BootULCI=−0.1583): 0을 포함하

지 않으므로, 간접효과가 통계적으로 유의미하다.

- 완전 표준화된 간접효과(completely standardized indirect effect, −0.3602): 표준화된 값도 유의미한 간접효과를 보이며, 신뢰구간에 0을 포함하지 않는다.

④ **효과별 정리**

- 직접효과: 마음챙김(X) → 자살생각(Y)의 직접 경로(0.3129)
- 간접효과: 마음챙김(X) → 정서적 불안정(M) → 자살생각(Y)의 간접 경로(0.2172)
- 총효과: 직접효과+간접효과(0.3129+0.2172=0.5301)
- 결론: 매개효과는 마음챙김 훈련과 함께 정서조절 기능을 향상시키는 개입(감정조절 훈련, 인지행동치료 등)이 자살예방에 효과적이라는 것을 시사한다.

TOTAL, DIRECT, AND INDIRECT EFFECTS OF X ON Y

Total effect of X on Y(총효과)

| Effect | se | t | p | LLCI | ULCI |
|---|---|---|---|---|---|
| −.5301 | .0166 | −31.8580 | .0000 | −.5628 | −.4973 |

Direct effect of X on Y(직접효과)

| Effect | se | t | p | LLCI | ULCI |
|---|---|---|---|---|---|
| −.3129 | .0370 | −8.4634 | .0000 | −.3857 | −.2401 |

Indirect effect(s) of X on Y(간접효과)

| | Effect | BootSE | BootLLCI | BootULCI |
|---|---|---|---|---|
| 정서 불안정 | −.2172 | .0286 | −.2725 | −.1583 |

Completely Standardized indirect effect(s) of X on Y:

| | Effect | BootSE | BootLLCI | BootULCI |
|---|---|---|---|---|
| 정서 불안정 | −.3602 | .0458 | −.4475 | −.2653 |

### 4) 부트스트랩 분석 사례: 이중매개모형

- 데이터: 성인(n=105)을 대상으로 수집한 자료
- 독립변수(X): 자아분화
- 종속변수(Y): 행복지수
- 매개변수: 자기효능감(M1), 회복탄력성(M2)

**<이중매개모형 분석 과정>**
분석(A) → 회귀분석(R) → PROCESS 선택 → Y variable에 종속변수, X variable에 독립변수, Mediator(s)M에 두 개의 매개변수 설정 → Model Number 6(이중매개효과 분석) 지정 → p값 범위 지정(if $p<.05$) → 선택 옵션(O) → 확인

#### (1) 모형 적합도와 신뢰구간

**독립변수(자아분화 X) → 매개변수(자기효능감 M1)**

**① 모형 적합도**

- R 제곱(0.4860): 자아분화가 자기효능감의 변동성을 48.6% 설명한다.
- MSE(평균제곱오차 0.2497): 모형의 평균 제곱 오차 크기
- F값(97.3704 $p=0.001$): F값의 유의성은 모형이 적합하다는 것을 나타낸다.

**② 회귀계수**

- 자아분화($b=1.4193$, $p<0.001$): 자아분화가 1단위 증가할 때, 자기효능감이 1.4193 증가한다.
- 신뢰구간(LLCI=1.1340, ULCI=1.7045): 하한과 상한 간에 0이 존재하지 않으므로 자아분화 효과가 유의미하다.
- 표준화 회귀계수($\beta=0.6971$): 자아분화는 자기효능감에 강한 긍정적인 영향을 미친다. 즉, 자아분화 수준이 높을수록 자기효능감도 높아진다.

OUTCOME VARIABLE: 자기효능감

Model Summary

| R | R-sq | MSE | F | df1 | df2 | p |
|---|---|---|---|---|---|---|
| .6971 | .4860 | .2497 | 97.3704 | 1.0000 | 103.0000 | .0000 |

Model

| | coeff | se | t | p | LLCI | ULCI |
|---|---|---|---|---|---|---|
| constant | 6.8954 | .3455 | 19.9605 | .0000 | 6.2103 | 7.5805 |
| 마음챙김 | 1.4193 | .1438 | 9.8676 | .0000 | 1.1340 | 1.7045 |

Standardized coefficients

| | coeff |
|---|---|
| 자아분화 | .6971 |

### 자아분화(X), 자기효능감(M1) → 회복탄력성(M2)

#### ① 모형 적합도

- R 제곱(0.5033): 자아분화와 자기효능감이 회복탄력성의 변동을 50.33% 설명한다.
- MSE(0.2454): 모형의 평균 제곱 오차 크기
- F값(51.6806, p=0.0000): 회귀모형이 통계적으로 유의미하다.

#### ② 회귀계수

- 자아분화(0.7682)와 자기효능감(0.3955)은 회복탄력성에 유의미한 영향을 미친다.
- 두 변수 모두 신뢰 범위에 0을 포함하지 않는다.
- 표준화 계수: 자기효능감(B=0.3941)의 영향력이 자아분화(B=0.3760)보다 조금 더 크다.
- 해석: 자아분화 수준이 높을수록 회복탄력성이 증가하며, 이 과정에 자기효능감이 중요한 역할을 할 가능성이 있다.

OUTCOME VARIABLE: 회복탄력성

Model Summary

| R | R-sq | MSE | F | df1 | df2 | p |
|---|---|---|---|---|---|---|
| .7094 | .5033 | .2454 | 51.6806 | 2.0000 | 102.0000 | .0000 |

Model

| | coeff | se | t | p | LLCI | ULCI |
|---|---|---|---|---|---|---|
| constant | 3.8154 | .7555 | 5.0499 | .0000 | 2.3168 | 5.3141 |
| 자아분화 | .7682 | .1989 | 3.8630 | .0002 | .3738 | 1.1626 |
| 자기효능감 | .3955 | .0977 | 4.0496 | .0001 | .2018 | .5893 |

Standardized coefficients

| | coeff |
|---|---|
| 자아분화 | .3760 |
| 자기효능감 | .3941 |

### 자아분화(X) → 자기효능감(M1) → 회복탄력성(M2) → 행복지수(Y)

#### ① 모형 적합도

- R 제곱(0.4824): 자아분화, 자기효능감, 회복탄력성이 행복지수의 변동성을 약 48.24% 설명한다.
- MSE(0.3363): 모형의 평균 제곱 오차
- F값(31.3773, p=0.0000): 회귀모형이 통계적으로 유의미하다.

#### ② 회귀계수

- 자아분화, 자기효능감, 회복탄력성은 모두 행복지수에 긍정적인 영향을 미친다. 유의도 기준에서, 회복탄력성(p=0048)이 행복지수에 가장 큰 영향을 미친다.
- 표준화 계수: 영향력은, 회복탄력성($\beta$=0.2927), 자아분화($\beta$=0.2571), 자기효능감($\beta$=0.2374) 순이다. 독립변수(자아분화)와 두 매개변수는 간접 경로를 통해 행복지수를 증가시키는 패턴을 보인다.
- 결론: 이중매개효과에서 자아분화 → 자기효능감 → 회복탄력성 → 행복지수의 간

접 경로가 존재하는 것으로 나타났다. 이러한 결과는 회복탄력성이 행복지수에 가장 큰 영향을 미치므로, 행복지수를 높이기 위해 회복탄력성을 강화하는 것이 중요하다는 것을 의미한다.

OUTCOME VARIABLE: 행복지수

Model Summary

| R | R-sq | MSE | F | df1 | df2 | p |
|---|---|---|---|---|---|---|
| .6946 | .4824 | .3363 | 31.3773 | 3.0000 | 101.0000 | .0000 |

Model

| | coeff | se | t | p | LLCI | ULCI |
|---|---|---|---|---|---|---|
| constant | 2.5244 | .9890 | 2.5524 | .0122 | .5625 | 4.4864 |
| 자아분화 | .5995 | .2493 | 2.4052 | .0180 | .1051 | 1.0940 |
| 자기효능감 | .2719 | .1232 | 2.2069 | .0296 | .0275 | .5163 |
| 회복탄력성 | .3341 | .1159 | 2.8816 | .0048 | .1041 | .5640 |

Standardized coefficients

| | coeff |
|---|---|
| 자아분화 | .2571 |
| 자기효능감 | .2374 |
| 회복탄력성 | .2927 |

### 자아분화(X) → 행복지수(Y)

#### ① 모형 적합도

- R 제곱(0.3759): 자아분화가 행복지수의 변동을 37.59% 설명한다.
- MSE(0.3977): 모형의 평균 제곱 오차
- F값(62.0313, p=0.0000): p값이 유의미하므로 회귀모형이 적합하다.

#### ② 회귀계수

- 자아분화(p=0.0000): 높은 유의도는 행복지수에 강한 영향을 미친다는 것을 반영한다.

- 신뢰구간(LLCI=1.0696, ULCI=1.7896): 0을 포함하지 않으므로, 효과가 유의미하다.
- 표준화 계수($\beta$=0.6131): 높은 계수는 자아분화가 행복지수를 예측하는 중요한 요인임을 시사한다.

TOTAL EFFECT MODEL
OUTCOME VARIABLE: 행복지수

Model Summary

| R | R-sq | MSE | F | df1 | df2 | p |
|---|---|---|---|---|---|---|
| .6131 | .3759 | .3977 | 62.0313 | 1.0000 | 103.0000 | .0000 |

Model

| | coeff | se | t | p | LLCI | ULCI |
|---|---|---|---|---|---|---|
| constant | 6.5849 | .4360 | 15.1045 | .0000 | 5.7203 | 7.4496 |
| 자아분화 | 1.4296 | .1815 | 7.8760 | .0000 | 1.0696 | 1.7896 |

Standardized coefficients

| | coeff |
|---|---|
| 자아분화 | .6131 |

### (2) 직접효과와 간접효과

**① 총효과**

- 자아분화가 행복지수에 미치는 총효과는 1.4296이며, 통계적으로 유의미(p=0.0000)하다.
- 신뢰구간이 0을 포함하지 않으므로, 자아분화가 행복지수에 유의미한 영향을 미친다고 평가할 수 있다.

**② 직접효과**

- 자아분화가 직접적으로 행복지수에 미치는 효과는 0.5995(p=0.0180)이다.
- 신뢰구간이 0을 포함하지 않으므로, 직접효과가 존재한다는 것을 나타낸다.

③ 간접효과

- 총 간접효과(0.8300): 자아분화가 매개변수를 통해 행복지수에 미치는 간접효과이며, 신뢰구간(0.4530, 1.2866)에 0을 포함하지 않으므로 통계적으로 유의미하다.
- 세부 간접효과: In1, In2, In3 모두 신뢰구간이 0을 포함하지 않는다.
- 세 개의 간접 경로 모두 유의미한 효과가 있으므로, 자아분화가 매개변수를 통해 행복지수에 긍정적인 영향을 미친다는 근거가 충분하다.

④ 완전 표준화된 간접효과

- 총 간접효과(0.3560): 자아분화가 행복지수에 미치는 간접효과의 총합을 나타낸다.
- Ind1(0.1655), Ind2(0.1101), Ind3(0.0804): 각각의 매개 경로를 통한 효과이며, 세 경로 모두 유의미하다.

⑤ 해석

- 직접효과(0.5995)도 유의미하지만, 간접효과(0.8300)가 더 크므로 매개변수의 중요성이 크다.
- 세 간접 경로(Ind1, Ind2, Ind3) 모두 유의미하므로 자아분화 → 자기효능감 → 회복탄력성 → 행복지수로 연결되는 구조가 적합하다.
- 시사점: 자아분화가 직접적으로 행복지수를 높이는 것보다, 자기효능감과 회복탄력성이 매개할 때 더 큰 효과가 있다. 이는 행복지수를 높이기 위해 자기효능감과 회복탄력성을 함께 강화할 필요가 있다는 것을 시사한다.

TOTAL, DIRECT, AND INDIRECT EFFECTS OF X ON Y

Total effect of X on Y

| Effect | se | t | p | LLCI | ULCI |
|---|---|---|---|---|---|
| 1.4296 | .1815 | 7.8760 | .0000 | 1.0696 | 1.7896 |

Direct effect of X on Y

| Effect | se | t | p | LLCI | ULCI |
|---|---|---|---|---|---|
| .5995 | .2493 | 2.4052 | .0180 | .1051 | 1.0940 |

Indirect effect(s) of X on Y:

| | Effect | BootSE | BootLLCI | BootULCI |
|---|---|---|---|---|
| TOTAL | .8300 | .2112 | .4530 | 1.2866 |
| Ind1 | .3859 | .1994 | .0270 | .8109 |
| Ind2 | .2566 | .1076 | .0752 | .4883 |
| Ind3 | .1875 | .0814 | .0532 | .3719 |

Completely standardized indirect effect(s) of X on Y:

| | Effect | BootSE | BootLLCI | BootULCI |
|---|---|---|---|---|
| TOTAL | .3560 | .0831 | .2057 | .5274 |
| Ind1 | .1655 | .0831 | .0120 | .3365 |
| Ind2 | .1101 | .0456 | .0326 | .2101 |
| Ind3 | .0804 | .0336 | .0234 | .1556 |

Indirect effect key:

Ind1 자아분화 → 자기효능감 → 행복지수

Ind2 자아분화 → 회복탄력성 → 행복지수

Ind3 자아분화 → 자기효능감 → 회복탄력성 → 행복지수

## 5) 부트스트랩 분석 사례: 공변량을 고려한 매개효과

### (1) 공변량의 역할과 장점

공변량(covariate)이란 독립변수, 매개변수, 종속변수에 영향을 줄 수 있는 외생변수로, 연구에서 혼란 요인으로 작용할 가능성이 있다. 이러한 공변량은 실험연구나 관찰연구에서 종속변수에 영향을 미칠 수 있는 변수를 통제하고, 변수 간의 변동 관계를 명확하게 이해하기 위해 추가적으로 고려하는 변수이다. 따라서 연구의 주요 변수는 아니지만, 분석모형에 대한 통제 역할을 하게 된다. 공변량을 고려한 매개효과의 역할과 장점을 살펴보자.

첫째, 오차를 줄일 수 있다. 공변량이 종속변수에 미치는 영향을 차단하여 좀 더 명확한 결과를 얻을 수 있다. 분석에 공변량을 포함시키면, 공변량이 미칠 수 있는 변동성을 미리 제거할 수 있으므로 모형의 예측력은 높아지고 오차는 감소한다.

둘째, 추가 정보를 제공한다. 공변량은 종속변수에 영향을 미칠 수 있는 요인에 대한 추가 정보를 제공한다. 이러한 정보는 공변량 분석을 하지 않을 경우 놓칠 수 있다.

셋째, 잠재적인 혼란변수를 통제한다. 혼란변수는 독립변수와 종속변수 간의 진정한 관계를 파악하기 어렵게 한다. '우울증이 심한 노인일수록 자살생각을 할 위험이 증가한다.'라는 가설을 검정할 경우, 가구 유형이 혼란변수로 작용할 수 있다. 독거노인이 우울증이 심한 경향이 있고 외로움이 자살생각을 심화할 수 있으므로, 우울증과 자살생각 간의 관계가 왜곡될 수 있다. 이런 경우, 가구 유형을 공변량으로 통제해야 한다.

넷째, 내적 타당도가 높아진다. 분석에 공변량을 포함하면, 독립변수가 종속변수에 미치는 효과를 정확하게 측정할 수 있으므로 내적 타당도가 높아진다. 내적 타당도는 분석 결과의 신뢰성과 밀접한 관계가 있다.

다섯째, 연구모형을 유연하게 구성할 수 있다. 공변량을 추가하면 다양한 현상, 다양한 특성을 반영하는 모형을 구성할 수 있다.

### (2) 모형 적합도와 공변량 효과

- 연구 목적: 마음챙김이 정서조절을 매개로 삶의 의지에 미치는 영향을 규명한다.
- 매개모형: 마음챙김(독립변수) → 정서적 불안정(매개변수) → 삶의 의지(종속변수)
- 공변량: 가구 유형(독거노인 vs 비독거노인)

**<SPSS 분석 과정>**
분석(A) → 회귀분석(R) → PROCESS 선택 → Y variable에 종속변수, X variable에 독립변수, Mediator(s)에 매개변수, Covariates 칸에 공변량 지정 → Model Number 4(단순매개효과) 지정 → p값 범위 지정(if $p<.05$) → 선택 옵션(O) → 계속 → 확인

**마음챙김(독립변수) → 정서적 불안정(매개변수) 모형 분석**

- 독립변수가 종속변수의 변동성을 82.19%(R 제곱) 설명하며, 모형은 통계적으로 유의미($p<0.001$)하다.
- 마음챙김은 정서적 불안정에 부적인 영향($\beta=-0.9064$, $p<.001$)을 미친다. 즉, 마음챙김 수준이 높을수록 정서적 불안정이 낮아지는 경향이 있다.
- 공변량(가구 유형) 효과는 통계적으로 유의미($B=-0.0013$, $p=0.9491$)하지 않다. 이

는 가구유형이 독립변수(마음챙김)와 종속변수(정서적 불안정) 간에 개입하는 외생변수가 아니라는 것을 반영한다.

OUTCOME VARIABLE: 정서적 불안정

Model Summary

| R | R-sq | MSE | F | df1 | df2 | p |
|---|---|---|---|---|---|---|
| .9066 | .8219 | .0350 | 685.5114 | 2.0000 | 297.0000 | .0000 |

Model

| | coeff | se | t | p | LLCI | ULCI |
|---|---|---|---|---|---|---|
| constant | 4.6122 | .0569 | 81.0130 | .0000 | 4.5002 | 4.7242 |
| 자아분화 | -.5447 | .0149 | -36.5169 | .0000 | -.5741 | -.5154 |
| 가구 유형 | -.0013 | .0203 | -.0638 | .9491 | -.0413 | .0387 |

Standardized coefficients

| | coeff |
|---|---|
| 마음챙김 | -.9064 |
| 가구 유형 | -.0016 |

### 마음챙김(독립변수) → 정서적 불안정(매개변수) → 삶의 의지(종속변수) 모형 분석

① **매개변수 효과**

- 마음챙김은 삶의 의지에 긍정적인 영향($\beta=0.5052$, $p<0.001$)을 미친다. 즉, 마음챙김 수준이 높을수록 삶의 의지가 더 강해지는 경향이 있다.
- 정서적 불안정은 삶의 의지에 부정적인 영향($\beta=-0.3966$, $p<0.001$)을 미치는데, 이는 정서적 불안정이 심해질수록 삶의 의지가 감소된다는 것을 나타낸다.
- 이러한 결과는 마음챙김 수준을 높이는 개입(명상, 인지행동 치료 등)이 삶의 의지를 강화하는 핵심 전략이 될 수 있다는 것을 시사한다. 따라서 관련 프로그램에서는 마음챙김을 촉진하는 동시에, 정서적 불안정을 완화하는 전략을 병행하면 더 효과적인 결과를 얻을 수 있을 것이다.

② 공변량(가구 유형) 효과

- 가구 유형은 삶의 의지와 유의미한 관계($\beta$=0.0887, p=0.0007)가 있으나 영향력 자체는 다소 낮다. 즉, 가구 유형이 삶의 의지에 영향을 미치긴 하지만, 효과가 크지 않다.
- 변수 간 양의 관계는, 독거노인보다 비독거노인의 삶의 의지가 더 강한 경향이 있다는 것을 나타낸다.

OUTCOME VARIABLE: 삶의 의지

Model Summary

| R | R-sq | MSE | F | df1 | df2 | p |
|---|---|---|---|---|---|---|
| .8993 | .8088 | 13.6943 | 417.3563 | 3.0000 | 296.0000 | .0000 |

Model

| | coeff | se | t | p | LLCI | ULCI |
|---|---|---|---|---|---|---|
| constant | 46.3724 | 5.4133 | 8.5665 | .0000 | 35.7191 | 57.0258 |
| 마음챙김 | 5.7867 | .6915 | 8.3684 | .0000 | 4.4258 | 7.1475 |
| 정서 불안정 | -7.5583 | 1.1480 | -6.5840 | .0000 | -9.8176 | -5.2991 |
| 가구 유형 | 1.3846 | .4022 | 3.4428 | .0007 | .5931 | 2.1761 |

Standardized coefficients

| | coeff |
|---|---|
| 마음챙김 | 5052 |
| 정서 불안정 | -.3966 |
| 가구 유형 | .0887 |

## 마음챙김(X) → 삶의 의지(Y) 모형 분석

③ 공변량(가구 유형) 고려 후의 총효과

- X가 Y에 미치는 총효과 모형에서 마음챙김의 영향력($\beta$=0.8646, p<0.001)은 매우 높다. 이는 정서적 불안정이 매개하지 않은 상태에서, 마음챙김이 직접적으로 삶의 의지에 미치는 영향이 강하다는 것을 나타낸다.
- 가구 유형은 삶의 의지에 유의미한 영향을 미치지만($\beta$=0.0893, p=0.0013), 그 효과

는 상대적으로 작다. 만약 여기서 공변량의 영향력이 크다면, 이를 통제하지 않을 경우 매개효과에 대한 추정이 왜곡될 수 있다.

TOTAL EFFECT MODEL
OUTCOME VARIABLE: 삶의 의지

Model Summary

| R | R-sq | MSE | F | df1 | df2 | p |
|---|---|---|---|---|---|---|
| .8836 | .7808 | 15.6470 | 528.9399 | 2.0000 | 297.0000 | .0000 |

Model

| | coeff | se | t | p | LLCI | ULCI |
|---|---|---|---|---|---|---|
| constant | 11.5118 | 1.2040 | 9.5615 | .0000 | 9.1424 | 13.8812 |
| 마음챙김 | 9.9040 | .3155 | 31.3948 | .0000 | 9.2831 | 10.5248 |
| 가구 유형 | 1.3944 | .4299 | 3.2437 | .0013 | .5484 | 2.2404 |

Standardized coefficients

| | coeff |
|---|---|
| 마음챙김 | .8646 |
| 가구 유형 | .0893 |

### (2) 직접효과와 간접효과

**① 총효과**

- 마음챙김 → 삶의 의지(9.9040, p=0.0000): 이 계수는 마음챙김이 삶의 의지에 미치는 직접효과와 간접효과를 합한 값이며, 신뢰구간(9.2831~10.5248) 내에서 유의미하다.

**② 직접효과**

- 마음챙김 → 삶의 의지(5.7867, p=0.0000): 매개변수(정서적 불안정)를 통제한 후에도, 마음챙김이 삶의 의지에 유의미한 영향을 미친다. 즉, 마음챙김을 할수록 삶의 의지가 강해지는 경향이 있으며, 이 효과는 정서적 불안정과 무관하게 직접적으로 작용한다.

③ 간접효과

- 마음챙김(X) → 정서적 불안정(M) → 삶의 의지(Y) 경로를 통한 간접효과는 4.1173이다.
- 마음챙김이 정서적 불안정을 완화하고, 정서조절이 삶의 의지를 강화하는 경로의 부트스트래핑 신뢰구간(0.2708~0.4395)이 0을 포함하지 않으므로, 간접효과가 유의미하다.
- 표준화된 간접효과(0.3594)는 마음챙김이 정서적 불안정을 매개로 삶의 의지에 영향을 미치는 정도를 표준화 계수로 나타낸 것이다. 이는 마음챙김이 삶의 의지에 미치는 전체 효과 중 35.94%가 정서적 불안정을 통한 간접효과라는 것을 나타낸다.

TOTAL, DIRECT, AND INDIRECT EFFECTS OF X ON Y

Total effect of X on Y

| Effect | se | t | p | LLCI | ULCI |
|---|---|---|---|---|---|
| 9.9040 | .3155 | 31.3948 | .0000 | 9.2831 | 10.5248 |

Direct effect of X on Y

| Effect | se | t | p | LLCI | ULCI |
|---|---|---|---|---|---|
| 5.7867 | .6915 | 8.3684 | .0000 | 4.4258 | 7.1475 |

Indirect effect(s) of X on Y:

| | Effect | BootSE | BootLLCI | BootULCI |
|---|---|---|---|---|
| 정서 불안정 | 4.1173 | .5126 | 3.0911 | 5.0757 |

Completely standardized indirect effect(s) of X on Y:

| | Effect | BootSE | BootLLCI | BootULCI |
|---|---|---|---|---|
| 정서 불안정 | .3594 | .0432 | .2708 | .4395 |

④ 시사점

- 가구 유형(공변량)은 매개효과를 크게 변화시키지 않았으며, 통제된 상태에서도 매개효과는 유의미하다. 이는 정서적 불안정이 마음챙김과 삶의 의지 간에 중요한 매개변수의 역할을 한다는 것을 명확히 보여 준다.

# 제9장 조절효과

## 1. 조절변수와 조절효과

### 1) 조절변수

조절변수(moderator variable)는 독립변수와 종속변수 간 관계에 영향을 미치며, 특정 조건이나 상황에 따라 변수 간 관계를 강화 또는 약화하는 역할을 한다. 따라서 조절변수가 존재하면 독립변수가 종속변수에 미치는 효과가 조절변수의 수준에 따라 달라진다. 변수 간 관계를 검정할 때 조절변수를 고려하는 이유도 두 변수의 관계가 상황에 따라 달라질 수 있다고 가정하기 때문이다.

예를 들어, 심리치료(독립변수)와 정신건강(종속변수) 간의 관계에서 클라이언트와의 협력은 변수 관계를 조절할 수 있다. 즉, 협력 수준(낮음 vs. 높음)에 따라 심리치료가 정신건강에 미치는 효과는 달라질 수 있다.

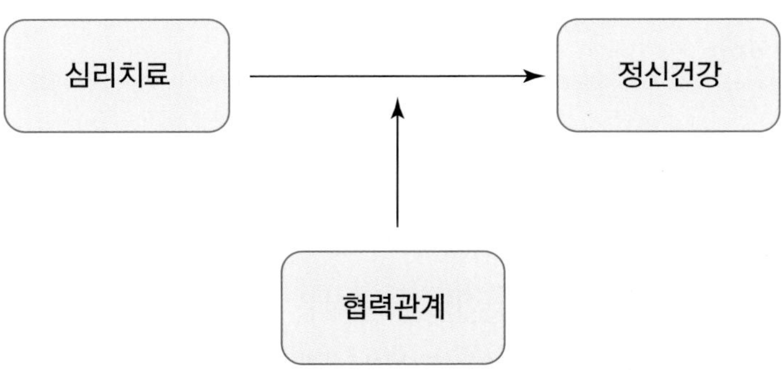


[그림 9-1] 조절효과

### (1) 조절변수와 매개변수의 차이점

조절변수와 매개변수는 변수 간의 관계를 이해하고 설명하기 위해 적용하는데, 기능과 역할, 해석 방법은 차이가 있다.

#### ① 변수의 역할

- 매개변수: 독립변수가 종속변수에 영향을 미치는 경로에서 중재하는 변수이다. 매개변수는 주로 경로 분석이나 부트스트랩으로 검정한다.
- 조절변수: 독립변수와 종속변수 간 관계의 방향이나 강도를 조절하는 변수이다. 즉, 독립변수가 종속변수에 미치는 영향이 조절변수에 따라 강화하거나 약화하는 방향으로 작용한다. 이는 독립변수와 종속변수 간 관계가 조건에 따라 변한다는 것을 말해 준다. 분석 방법은 상호작용효과로 조절변수의 영향을 확인하는 방식이다.

#### ② 관계의 형태

- 매개변수: 직렬 구조(독립변수 → 매개변수 → 종속변수)로 작용하며, 간접효과를 설명한다.
- 조절변수: 독립변수와 조절변수의 관계를 상호작용효과(독립변수×조절변수 → 종속변수)에 초점을 두고 변화 양상을 설명한다.

### (2) 조절변수가 갖추어야 할 조건

조절변수가 효과적으로 작용하기 위해 갖추어야 할 조건이 있다. 이러한 조건이 충족되어야 조절변수가 독립변수와 종속변수 간의 관계를 효율적으로 조절하고 신뢰성 있는 결과를 얻을 수 있다.

#### ① 조건 1: 이론적 근거와 실질적 의미

조절변수는 독립변수와 종속변수 간의 관계를 어떻게 변화시키는지에 대한 이론적 근거와 실질적 의미가 명확해야 한다. 이러한 조건은 연구 설계와 해석의 타당성을 높인다. 따라서 연구 설계 과정에 선행연구 고찰과 탐색을 통해, 두 변수 간의 관계를 확인한 후 조절변수를 정해야 한다.

### ② 조건 2: 상호작용효과

조절변수는 독립변수와 종속변수 간에 존재하는 상호작용효과를 검정할 수 있어야 한다. 즉, 독립변수와 조절변수 간의 상호작용에 통계적 유의성이 있는지를 분석하고, 상호작용을 통해 독립변수가 종속변수에 미치는 효과가 조절되는지를 확인할 수 있어야 한다.

### ③ 조건 3: 변화 가능성

조절변수는 독립변수와 종속변수 간 관계에서 맥락에 따라 강화 또는 약화할 수 있어야 한다. 이러한 변화 가능성은 조절변수에 따라 독립변수가 종속변수에 미치는 영향력이 달라진다는 것을 의미한다. 변화 가능성 조건을 충족하기 위해 데이터에는 다양성과 차별성이 있어야 한다. 만약 조절변수의 평균과 분산에 거의 변화가 없다면, 이는 관계를 조절할 근거가 없다는 것을 나타낸다.

### ④ 조건 4: 독립성과 외생성

조절변수는 독립성과 외생성이 있어야 한다. 즉, 조절변수가 독립변수나 종속변수와 종속된 속성이 있어 높은 상관성이 존재한다면, 분석 결과에 편향이 생긴다. 따라서 조절변수는 두 변수의 공통된 영향을 받아 혼동을 주는 변수여서는 안 되며, 관계 외부에서 조절할 수 있는 외생성(즉, 독립성)이 있어야 한다.

### ⑤ 조건 5: 비선형 조절

조절변수 값이 증가함에 따라 독립변수와 종속변수의 관계가 선형에서 곡선 형태로 변할 수 있다. 즉, 변수 관계가 조절변수에 따라 곡선(U 또는 역U)이나 복합적인 방식으로 변할 수 있다. 예를 들어, 어느 정도까지는 스트레스가 학업 성과에 긍정적인 영향을 주지만, 너무 낮거나 너무 높으면 오히려 학업 성과가 떨어지는 경우이다.

## 2) 조절효과 유형과 분석 방법

### (1) 조절효과 유형

조절변수가 독립변수와 종속변수 간의 관계에 영향을 미치는 효과가 조절효과이다. 조절효과가 있다면, 독립변수가 종속변수에 미치는 영향이 조절변수에 따라 달라진다. 조절변수가 독립변수와 종속변수 간의 관계에서 어떤 방식으로 영향을 미치는지에 따라 조절효과 유형도 다양하다.

**① 강화형**

조절변수가 독립변수와 종속변수 간의 관계를 강화한다. 소득과 사교육비 간의 관계에서 학벌주의 인식이 높을수록 소득이 사교육비에 미치는 영향이 커진다면, 강화효과가 있는 것이다.

**② 약화형**

조절변수가 독립변수와 종속변수 간의 관계를 약화한다. 스트레스와 학업 성취 간의 관계에서 가족지지를 많이 받을수록 스트레스가 학업성취에 미치는 부정적인 영향이 줄어든다면 완화효과가 있는 것이다.

**③ 방향 전환형**

조절변수에 따라 독립변수와 종속변수의 관계 방향이 달라진다. 자기효능감이 낮을 때 스트레스와 학업 성취 간의 관계는 부정적이지만, 자기효능감이 높을 때는 변수 간 관계가 긍정적으로 변한다면 방향 전환 효과를 시사한다.

**④ 범주형**

조절변수가 성별, 직업, 지역 등 범주형일 때도 조절효과가 발생한다. 예를 들어, 특정 심리치료가 여성에게는 효과적이지만, 남성에게는 영향을 미치지 않는 경우가 이에 해당된다.

⑤ 경계형

조절변수가 특정 임계치를 초과할 때 독립변수와 종속변수 간의 관계가 변한다. 심리치료 효과가 일정 회수를 초과했을 때만 나타난다면, 그것은 심리치료 회수가 경계효과를 만드는 조절변수의 역할을 한다는 것을 말해 준다.

⑥ 순수조절효과

조절변수는 종속변수에 영향을 미치지 않으나 상호작용항(독립변수×조절변수)은 유의미한 영향을 미친다면, 순수조절효과가 있다는 것을 시사한다.

⑦ 유사조절효과

조절변수와 상호작용항 모두 종속변수에 유의한 영향을 미친다면, 유사조절효과를 반영한다. 만약 조절변수만 유의하다면 그 변수는 단순 독립변수로 보아야 한다.

### (2) 조절효과 분석 방법

조절효과는 주로 회귀분석과 부트스트랩을 통해 검정하지만, 조절변수의 수에 따라 검정 방법이 다양하고, 각기 다른 분석 절차와 해석이 요구된다.

① 상호작용항을 이용한 위계적 회귀분석

가장 일반적인 방법이며, 위계적 회귀모형에 상호작용항을 추가하여 조절효과를 검정한다. 조절변수가 독립변수와 종속변수의 관계를 조절하는지 확인하기 위해 상호작용항을 만들어 회귀분석을 한다. 분석 결과 상호작용항의 회귀계수가 유의미하면 조절효과가 있다는 것을 나타낸다.

② 분산분석을 이용한 조절효과 검정

독립변수와 조절변수가 모두 범주형일 경우에는 분산분석으로 조절효과를 검정할 수 있다. 집단 간 평균 차이를 분석하여 조절변수가 두 변수 간의 관계에 영향을 미치는지를 평가한다.

### ③ 구조방정식 모형

AMOS, LISREL로 구조방정식 모형(SEM)을 적용하여 조절효과를 분석한다. 특히 여러 변수가 복잡하게 얽힌 관계를 분석할 때 유용하다.

### ④ 부트스트랩

PROCESS 매크로의 부트스트랩 기법은 조절효과 검정에서 표본이 작거나 분포가 정규분포를 따르지 않을 경우 사용하며, 신뢰구간과 유의성을 검토하여 조절효과 여부를 검정할 수 있다.

이상의 방법 외에 조절효과의 그래프 검정도 가능하다. 즉, 상호작용항이 유의미하면, 조절효과의 정도와 방향을 보여 주는 그래프로 독립변수와 종속변수 간의 관계가 조절변수에 따라 어떻게 달라지는지 시각적으로 확인할 수 있다. 또한 조절된 매개효과 검정을 통해 조절변수가 매개변수의 효과에 어떤 영향을 미치는지를 평가한다. 연구자는 연구 설계나 목적, 데이터와 변수의 특성 등을 고려하여 적합한 방법을 선택한다.

## 2. 조절효과 모형

조절효과 모형은 독립변수와 종속변수 간의 단순한 관계를 넘어, 특정 조건에서 그 관계가 어떻게 달라지는지를 이해할 수 있는 정보를 제공한다. 조절효과 모형은 조절변수의 특성과 분석 방법에 따라 몇 가지 유형으로 구분된다.

### 1) 단순조절효과 모형

단순조절모형은 독립변수와 종속변수 간에 하나의 조절변수만 존재한다는 가정을 전제하며, 분석을 통해 두 변수 간의 관계가 조절변수에 의해 강도와 방향이 변화하는지를 알 수 있다.

심리치료(독립변수)가 정신건강(종속변수)에 미치는 영향이 클라이언트와의 협력 관계

(조절변수)에 따라 달라질 수 있다고 가정하자. 이런 경우, 협력 수준이 높으면 심리치료가 정신건강에 미치는 긍정적인 영향이 강화되고, 협력 수준이 낮으면 부정적 영향이 강해질 수 있다. 단순조절효과를 확인하기 위해 상호작용항을 추가한 회귀분석 모형은 다음과 같다.

$$Y = \beta_0 + \beta_1 X + \beta_2 M + \beta_3 (X * M) + e$$

(X * M)은 독립변수와 조절변수의 상호작용항이며, 각각의 회귀계수는 변수 효과를 반영한다.

$\beta_1$ : 독립변수(X)가 종속변수(Y)에 영향을 미치는 주효과

$\beta_2$ : 조절변수(M)의 주효과

$\beta_3$ : 상호작용효과

데이터를 분석한 결과, $\beta_3$가 유의미하면 X와 Y간 관계가 M에 따라 변한다는 것을 나타낸다.

## 2) 이중조절효과 모형

이중조절효과 모형은 두 조절변수가 동시에 독립변수와 종속변수 간의 관계에 영향을 미치는지를 분석할 경우에 적합하다. 이 모형은 일반적인 조절효과 모형을 확장한 형태이며, 두 조절변수가 서로 상호작용함으로써 독립변수와 종속변수 간의 관계가 변하는지를 중점적으로 본다.

이중조절효과 모형에서, 삼중 상호작용은 한 조절변수가 독립변수와 다른 조절변수 간의 상호작용효과를 조절하는 역할을 한다. 삼중 상호작용은 복잡한 현상 안에 내재된 인과관계를 깊이 검정할 수 있다는 점에서 유용하다. 그런 만큼 실제 적용 시 주의할 점이 있다.

첫째, 데이터의 표본크기가 충분해야 한다. 삼중 상호작용은 복합적인 현상을 나타내므로 데이터가 충분히 커야 신뢰할 수 있는 결과를 얻을 수 있다.

둘째, 상호작용효과 결과를 해석할 때 논리적 타당성을 살펴봐야 한다. 통계적으로 유의미한 결과도 실제로는 의미가 약하거나 없을 수도 있다. 따라서 조절효과 모형을 설정할 때 이론적 근거를 토대로 변수를 선정해야 한다.

### (1) 이중조절효과 모형의 다중공선성 문제

이중조절효과를 분석할 때 주의할 점은 다중공선성 문제를 고려해야 한다는 것이다. 이중조절효과는 독립변수가 종속변수에 미치는 영향을 두 개의 조절변수가 동시에 조절한다. 따라서 상호작용항을 만들 때 독립변수와 조절변수들의 값이 부분적으로 겹치기 때문에 다중공선성이 발생할 확률이 매우 높다.

청소년의 스트레스(X)가 학업 성과(Y)에 미치는 영향을 가족지원(M1)과 학업 만족도(M2)라는 두 변수가 조절하여 학업 성과를 올리는지, 낮추는지를 분석한다고 가정하자. 이런 경우, 조절효과를 확인하기 위해 네 개의 상호작용항을 만들어 분석해야 한다.

- $(X * M_1)$ = 독립변수 × 조절변수1
- $(X * M_2)$ = 독립변수 × 조절변수2
- $(M_1 * M_2)$ = 조절변수1 × 조절변수2
- $(X * M_1 * M_2)$ = 독립변수 × 조절변수1 × 조절변수2

이들 상호작용항에 포함된 독립변수와 조절변수는 부분적으로 겹치므로 다중공선성이 야기될 수밖에 없다. 따라서 다중공선성은 모형의 안정성과 신뢰성을 저하시킨다. 즉, 특정 변수의 영향을 명확히 구분하기 어렵고, 회귀계수의 표준오차가 커져 통계적 유의성이 낮아지는 문제를 초래할 수 있다.

이중조절효과 모형에서 변수 간의 상관관계가 높아 다중공선성 문제가 야기될 경우, 이를 해결하기 위한 방법은 변수의 평균 중심화와 Z 표준화이다.

### (2) 평균 중심화와 표준화

#### ① 평균 중심화

평균 중심화(mean-centering)는 변수 값에서 평균을 빼고 새로운 변수를 만드는 과정이다. 중심화가 되면 새로운 변수의 평균은 0이 되며, 변수 간의 공분산이 줄어들어 다중공선성이 완화된다. 특히 상호작용항이 있는 모형에서 다중공선성을 감소하는 데 효과적이다. SPSS에서 변수를 중심화하는 과정은 다음과 같다.

- [분석(A) → 기술통계량(E) → 기술통계(D)]에서 X(독립변수)와 M(조절변수)의 평균을 산출한다.
- X와 M의 평균이 각각 2.7319와 3.5463이라면, 변환(T) 기능을 이용하여 각각의 변수에서 평균을 뺀 새로운 변수를 만든다.
- [변환(T) → 변수 계산(C) → 목표변수(T)에 새로운 변수명 입력(MCX) → 숫자표현식(E)에 (X − 2.7319) 입력 → 확인 → 중심화된 변수 MCX 생성]

두 개의 조절변수도 같은 방법으로 평균 중심화를 한다. 평균 중심화가 된 변수들로 상호작용항을 만들어 이중조절효과를 분석한다.

② Z표준화

변수의 평균을 0, 표준편차를 1로 변환하는 과정이 Z표준화이다. 표준화가 되면, 변수들 단위가 동일한 척도로 변환되므로, 서로 다른 측정 단위를 가진 변수들을 객관적으로 비교할 수 있다. 또한 각 변수의 규모가 유사해지므로 변수 간의 높은 상관관계로 인한 다중공선성 문제를 줄이고 모형의 안정성을 높일 수 있다.

**<SPSS에서 변수를 Z값으로 표준화하는 과정>**

분석(A) → 기술통계량(E) → 기술통계(D) → 변수(V) 입력 칸에 독립변수, 종속변수, 조절변수 설정 → 좌측 밑에 있는 [표준화 값을 변수로 저장(Z)] 클릭 → [확인] → 변수명 앞에 Z가 붙은 표준화 변수 생성

Z변수가 생성되면 다음의 방법으로 독립변수와 조절변수를 상호작용항으로 만든다.

- 변환(T) → 변수계산(C) → 목표변수(T)에 상호작용항 변수명(예: ZXM)을 입력한다.
- 숫자표현식(E) 칸에 독립변수(ZX)와 조절변수(ZM)의 표준화 값으로 상호작용항을 만드는 계산식을 입력한다. → ZX*ZM
- 계산식 입력 후 확인 버튼을 클릭하면 상호작용항(ZXM)이 생성된다.

변수를 Z값으로 표준화하고 상호작용항을 만든 후, 위계적 회귀분석으로 이중조절효과를 검정한다.

## 3) 단계적 조절효과 모형

### (1) 단계적 조절효과 모형의 특성

단계적 조절효과 모형은 조절변수를 단계적으로 추가하여 각 단계마다 독립변수와 종속변수의 관계 변화를 순차적으로 확인한다. 이 모형은 조절변수가 두 개 이상일 때 첫 번째 조절변수의 효과를 검정한 후, 두 번째 조절변수를 추가하여 그 변수가 추가적인 영향을 미치는지를 평가한다. 이를 통해 조절변수가 추가됨에 따라 모형의 적합도와 설명력의 변화를 검토할 수 있다. 단계적 조절효과 모형은 다음과 같은 세 가지 특징이 있다.

첫째, 단계적으로 접근한다. 조절변수를 하나씩 추가하여 각 단계에서 모형이 종속변수를 얼마나 설명하는지를 확인한다.

- 1단계: 독립변수를 중심으로 기본 회귀모형을 설정한다.
- 2단계: 독립변수와 첫 번째 조절변수를 포함한 모형을 분석한다.
- 3단계: 독립변수, 첫 번째와 두 번째 조절변수, 이들 간의 상호작용항을 포함한 모형을 분석한다.

둘째, 각 단계에서 R 제곱으로 설명력의 변화를 확인한다. 조절변수 추가 후 모형의 설명력이 어느 정도 증가하는지를 비교할 수 있다.

셋째, 상호작용항을 추가한다. 각 조절변수가 독립변수와 상호작용하는지 여부를 분석하여 조절효과를 평가하며, 단계별로 추가된 상호작용항이 유의미한지를 확인한다.

### (2) 단계적 조절효과와 이중조절효과 모형의 차이점

이중조절효과와 단계적 조절효과는 조절변수가 두 개라는 점은 같지만, 구조와 적용 방식은 차이가 있다.

- 이중조절효과 모형: 두 개의 조절변수가 동시에 독립변수와 종속변수 간의 관계를 조절한다. 모형에는 조절변수 간의 상호작용항이 포함되며, 두 조절변수가 독립적으로 또는 함께 조절효과를 나타내는지를 검정한다.
- 단계적 조절효과 모형: 이 모형은 조절변수를 하나씩 순차적으로 추가하는 과정을 통해 모형의 설명력을 비교하고, 주효과와 1차 및 2차 조절효과를 평가하는 데 유용하다.

〈표 9-1〉 이중조절효과 모형과 단계적 조절효과 모형의 차이점

| 구분 | 이중조절효과 모형 | 단계적 조절효과 모형 |
|---|---|---|
| 개념 | 두 조절변수가 독립적으로 또는 함께 영향을 미친다. | 하나의 조절변수가 다른 조절효과를 조절하는 모형이다. |
| 분석 목적 | 두 조절변수의 개별 효과와 상호작용 효과를 규명한다. | 조절변수를 단계적으로 투입하여 조절변수 간의 위계적 관계와 조절된 조절효과를 분석한다. |
| 변수 투입 | 두 조절변수를 '동시에' 투입한다. | 두 조절변수를 하나씩 '순차적으로' 추가한다. |
| 적합 상황 | 조절변수 간의 상호작용이 주효과에 미치는 영향을 확인할 경우 | 각 조절변수의 독립적 효과와 변수 추가에 따라 모형 설명력의 단계적 변화를 확인할 경우 |
| 해석 차이 | 3중 상호작용의 유의성 여부 | 단계별 상호작용의 변화 여부 |
| 적용 사례 | 여러 변수가 동시에 상호작용하는 복합적인 상황(심리적 특성, 의사결정 과정 등) | 시간적 순서, 단계적 과정이 중요한 경우(프로그램의 효과, 정책의 단계적 시행 등) |

두 모형은 연구 목적과 조절변수의 특성에 따라 적합성에 차이가 있으므로, 변수 간의 관계를 토대로 한 연구 문제와 가설을 고려해서 적절한 모형을 선택하는 것이 중요하다.

## 3. 상호작용항을 이용한 위계적 회귀분석

### 1) 단순조절효과 분석 사례

#### (1) 위계적 회귀분석 실행 과정

위계적 회귀분석은 변수들 간의 상호작용과 모형의 설명력을 평가하는 방법이다. 이 방법은 변수들이 단계적으로 추가됨에 따라 모형의 설명력이 어느 정도 향상되었는지, 어떻게 상호작용하는지를 확인하는 데 적합하다. 분석 과정을 구체적으로 살펴보자.

- 데이터: 중고등학생 자녀를 둔 부모(n=649)로 수집한 자료
  - 독립변수(X): 소득
  - 종속변수(Y): 사교육비
  - 조절변수(M): 학벌주의 인식
- 분석 목적: 소득과 사교육비 간의 관계에서 학벌주의 인식이 조절변수로서 효과가 있는지를 알아본다. 상호작용항을 이용한 위계적 회귀분석 과정은 다음과 같다.

**① 상호작용항 만들기**

- 먼저 독립변수와 조절변수의 상호작용항(두 변수를 곱한 변수)을 만든다.
- SPSS 메뉴에서 [변환(T) → 변수계산(C)]을 선택한다.
- 목표변수(T)에 상호작용항 변수명(예, XM) 입력 → 숫자표현식(E)에 [X*M] 입력 → [확인]
- [확인] 버튼을 클릭하면 데이터에 상호작용항이 추가된다.

**② 위계적 회귀분석 실행**

단계별로 변수를 추가하여 각 단계에서 모형의 설명력이 어떻게 변화하는지를 검정한다.

- 1단계: 독립변수 투입(모형 1)

  독립변수가 종속변수에 유의미한 영향을 미치는지 확인한다.

- 2단계: 조절변수 추가(모형 2)

  조절변수가 종속변수에 미치는 영향을 검토한다. 이때, 독립변수와 종속변수 간의 관계가 여전히 유의한지 확인한다.

- 3단계: 상호작용항 추가(모형 3)

  독립변수와 조절변수의 상호작용항을 추가한다. 여기서 R 제곱(설명력)이 증가하는지 확인한다.

- 4단계: 조절효과 확인

  분석 결과, 상호작용항이 유의미하면 조절효과가 존재한다고 해석한다. 상호작용항이 유의미하지 않다면 조절효과가 성립되지 않는다.

**<위계적 회귀분석 실행 과정>**

분석(A) → 회귀분석 → 선형(L) → 종속변수(D)에 사교육비(Y) 설정 → 독립변수는 모형1에서 소득(X) 설정 → [다음(N)] 클릭 후 모형 2로 이동 → 조절변수로 학벌주의(M) 설정 → [다음(N)] 클릭 후 모형 3으로 이동 → 상호작용항(X*M) 설정 → [통계량(S)] → [R 제곱 변화량(S)] 체크 → [계속] → [확인]

## (2) 분석 결과와 단계별 해석

### ① 모형별 설명력 변화

- 모형 1: 독립변수(소득)만 포함
  - R 제곱(0.231): 소득이 사교육비(종속변수)의 변동성을 23.1% 설명한다.
  - F 변화량(177.956, $p<0.001$): 소득과 사교육비로 구성된 모형의 적합성이 유의미하다.
- 모형 2: 독립변수(소득)+조절변수(학벌주의) 추가
  - R 제곱(0.240): 조절변수가 추가되면서 설명력이 약간 증가하였다.
  - R 제곱 변화량(0.009): 조절변수(학벌주의) 추가 후 설명력이 0.9% 증가하였다.
  - F 변화량(6.842, $p=0.009$): 조절변수가 추가된 모형은 적합하다.

- 모형 3: 독립변수(소득)+조절변수(학벌주의)+상호작용항 추가(소득×학벌주의)
- R 제곱(0.981): 설명력이 98.1%로 큰 폭으로 증가하였다.
- R 제곱 변화량(0.740): 상호작용항이 추가되면서 설명력이 74.0% 증가하여, 상호작용효과가 강하게 작용한다는 것을 알 수 있다.
- F 변화량(22543.776, $p<0.001$): 소득과 학벌주의 간에 상호작용이 존재하며, 조절효과가 매우 유의미하다.

② 조절효과 해석(상호작용효과)

- 상호작용항이 추가되면서 설명력이 급격히 증가(R 제곱=0.981)하였다. 이는 학벌주의가 소득과 사교육비 간의 관계를 강하게 조절하고 있다는 것을 의미한다.
- 구체적으로, 학벌주의 인식이 높은 부모일수록 소득이 증가할 때 사교육비 증가폭이 훨씬 커진다. 즉, 학벌주의가 강할수록 소득에 따른 사교육비의 증가 속도가 더 가파르게 증가하는 패턴이 있다.

**모형 요약**

| 모형 | R | R 제곱 | 수정된 R 제곱 | 추정값의 표준오차 | 통계량 변화량 | | | | |
|---|---|---|---|---|---|---|---|---|---|
| | | | | | R 제곱 변화량 | F 변화량 | 자유도 1 | 자유도 2 | 유의확률 F 변화량 |
| 1 | .481[a] | .231 | .230 | 24.750 | .231 | 177.956 | 1 | 591 | <.001 |
| 2 | .490[b] | .240 | .238 | 24.628 | .009 | 6.842 | 1 | 590 | .009 |
| 3 | .990[c] | .981 | .981 | 3.933 | .740 | 22543.776 | 1 | 589 | <.001 |

a. 예측자: (상수), 소득
b. 예측자: (상수), 소득, 학벌주의
c. 예측자: (상수), 소득, 학벌주의, 상호작용항

③ 개별 변수의 영향력

- 모형 1: 독립변수(소득)만 포함
  - 소득이 1단위 증가할 때 사교육비(Y)는 평균적으로 0.100 증가한다.
- 모형 2: 독립변수(소득)+조절변수(학벌주의) 추가
  - 소득의 영향은 거의 동일($B=0.099$, $p<0.001$)한 수준에 머무른다.

– 학벌주의도 유의미한(B=4.822, p=0.009) 영향을 미치며, 학벌주의 인식이 높을수록 사교육비는 증가하는 경향이 있다.

• 모형 3: 독립변수(소득)+조절변수(학벌주의)+상호작용항 추가(소득×학벌주의)

– 회귀식: Y=18.094+0.004X+5.378M+0.275(X×M)

– 소득의 주효과(B=0.004, p=0.003)는 대폭 감소하였다. 이는 조절효과가 존재하기 때문이며, 학벌주의도 여전히 유의미(B=5.378, p<0.001)하다.

– 상호작용항의 영향력(표준화 계수=0.998, p<0.001)은 매우 높고, R 제곱(0.981)도 급증하였다. 이는 조절효과가 매우 강하게 작용한다는 것을 시사한다.

– 상호작용항뿐 아니라 조절변수도 유의미하므로 유사조절효과가 있다는 것을 나타낸다.

– 다중공선성(VIF): 모든 변수의 VIF 값이 1~1.344로 다중공선성의 문제가 크지 않은 것으로 평가되었다.

**계수[a]**

| 모형 | | 비표준화 계수 | | 표준화 계수 | t | 유의확률 | 공선성 통계량 | |
|---|---|---|---|---|---|---|---|---|
| | | B | 표준화 오류 | 베타 | | | 공차 | VIF |
| 1 | (상수) | −4.883 | 1.977 | | −2.470 | .014 | | |
| | 소득 | .100 | .007 | .481 | 13.340 | <.001 | 1.000 | 1.000 |
| 2 | (상수) | −21.509 | 6.654 | | −3.233 | .001 | | |
| | 소득 | .099 | .007 | .479 | 13.343 | <.001 | .999 | 1.001 |
| | 학벌주의 | 4.822 | 1.844 | .094 | 2.616 | .009 | .999 | 1.001 |
| 3 | (상수) | 18.094 | 1.095 | | 16.526 | <.001 | | |
| | 소득 | .004 | .001 | .020 | 3.009 | .003 | .778 | 1.286 |
| | 학벌주의 | 5.378 | .302 | .105 | 17.799 | <.001 | .949 | 1.054 |
| | 상호작용항 | .275 | .002 | .998 | 150.146 | <.001 | .744 | 1.344 |

a. 종속변수: 사교육비

④ **시사점**

• 소득이 높을수록 사교육비 지출이 증가하지만, 학벌주의가 개입하면 그 영향력이 훨씬 커진다. 즉, 동일한 소득 집단이라도 학벌주의가 강할수록 사교육비 지출이 월

등히 높아지는 경향이 있다.

- 따라서 사교육비 절감 대책을 마련하려면 학벌주의 완화 정책이 필요하며, 사회적 가치관(학벌주의)이 중요한 조절변수로 작용한다는 점을 고려해야 한다.

## 2) 표준화 변수를 이용한 분석 사례

변수를 표준화(평균 0, 표준편차 1) 해서 Z값으로 조절효과를 분석하면, 다중공선성 이슈를 해결하고, 회귀계수를 직관적으로 단순하게 비교할 수 있다. 분석 사례를 살펴보자.

- 분석 목적: 소득과 행복지수 간의 관계에서 조절변수(가족 생활 만족도)가 효과가 있는지를 알아본다.
- 데이터: 중장년층(n=376)을 대상으로 수집한 자료이며, 변수를 모두 Z값으로 표준화하였다.
  - 독립변수: Z소득(X)
  - 종속변수: Z행복지수(Y)
  - 조절변수: Z가족생활 만족도(M)

### (1) 분석 결과와 해석

**① 모형별 설명력 변화**

- 모형 1: 소득만을 포함한 기본 모형이며, 행복지수의 변동성을 10.4% 설명한다. 모형 적합도를 반영하는 F값($p<0.001$)도 유의하다.
- 모형 2: 가족생활 만족도를 포함한 모형이며, 설명력이 31.5%로 증가(R 제곱 변화량=0.212)하였다. 이는 추가된 조절변수(가족생활 만족도)가 설명력을 21.2% 증가시켰다는 것을 나타낸다. F값도 유의하다.
- 모형 3: 상호작용항(소득×가족생활)을 추가한 모형이며, 설명력은 1% 증가했지만, 유의한 수준($p=0.018$)이다.

**모형 요약**

| 모형 | R | R 제곱 | 수정된 R 제곱 | 추정값의 표준오차 | 통계량 변화량 | | | | |
|---|---|---|---|---|---|---|---|---|---|
| | | | | | R 제곱 변화량 | F 변화량 | 자유도 1 | 자유도 2 | 유의확률 F 변화량 |
| 1 | .322[a] | .104 | .101 | .94806598 | .104 | 43.209 | 1 | 374 | <.001 |
| 2 | .561[b] | .315 | .312 | .82974541 | .212 | 115.269 | 1 | 373 | <.001 |
| 3 | .570[c] | .325 | .320 | .82465903 | .010 | 5.615 | 1 | 372 | .018 |

a. 예측자: (상수), Z소득
b. 예측자: (상수), Z소득, Z가족생활
c. 예측자: (상수), Z소득, Z가족생활, Z상호작용항

② **모형별 분석 결과**

- 모형 1(단순 회귀분석)
  - 소득 → 행복지수에 유의미한 긍정적인 영향($\beta$=0.322, p<0.001)을 미친다.
- 모형 2(조절변수 추가)
  - 소득 → 행복지수에 미치는 효과($\beta$=0.147 p=0.001)가 감소하였다.
  - 가족생활 만족도 → 행복지수에 미치는 효과($\beta$=0.492, p<0.001)는 매우 강한 경향이 있다.
  - 소득효과가 감소한 것은 가족생활 만족도가 추가되면서 소득(독립변수)의 영향력이 감소하였기 때문이다. 이는 소득이 행복에 영향을 미치지만, 가족생활 만족도가 행복에 더 중요한 변수일 가능성을 시사한다.
- 모형 3(상호작용항 추가-조절효과 확인)
  - 소득 → 행복지수 효과($\beta$=0.148, p=0.001): 모형 2와 유사한 수준을 유지한다.
  - 가족생활 만족도 → 행복지수 효과($\beta$=0.491, p<0.001): 큰 영향력을 유지한다.
  - 상호작용항(소득×가족생활 만족도) → 행복지수 효과($\beta$=0.101, p=0.018): 유의미한 조절효과가 존재한다. 즉, 소득이 높을수록 행복지수가 증가하지만, 가족생활 만족도가 높을 때 그 효과가 더욱 강해진다.

**계수[a] : 표준화 변수**

| 모형 | | 비표준화 계수 | | 표준화 계수 | t | 유의확률 | 공선성 통계량 | |
|---|---|---|---|---|---|---|---|---|
| | | B | 표준화 오류 | 베타 | | | 공차 | VIF |
| 1 | (상수) | 2.054E−15 | .049 | | .000 | 1.000 | | |
| | Z소득 | .322 | .049 | .322 | 6.573 | <.001 | 1.000 | 1.000 |
| 2 | (상수) | 3.320E−15 | .043 | | .000 | 1.000 | | |
| | Z소득 | .147 | .046 | .147 | 3.211 | .001 | .874 | 1.144 |
| | Z가족생활 | .492 | .046 | .492 | 10.736 | <.001 | .874 | 1.144 |
| 3 | (상수) | −.038 | .045 | | −.829 | .408 | | |
| | Z소득 | .148 | .046 | .148 | 3.244 | .001 | .874 | 1.144 |
| | Z가족생활 | .491 | .046 | .491 | 10.787 | <.001 | .874 | 1.144 |
| | Z상호작용항 | .106 | .045 | .101 | 2.370 | .018 | 1.000 | 1.000 |

a. 종속변수: Z행복지수

### (2) 비표준화 변수와 다중공선성 문제

모형에 상호작용항이 포함되면 다중공선성 문제가 발생할 수 있다. 그래서 변수를 표준화할 필요가 있다. 표준화하지 않고, 원 변수 그대로 분석한 결과를 비교해 보면 그 차이가 명확하게 드러난다. 모형 1(독립변수만 포함), 모형 2(독립변수와 조절변수 포함)와 달리 상호작용항까지 포함한 모형 3은 표준화 유무에 따라 유의도와 공선성 통계량에 큰 차이가 있다.

- 표준화 변수로 분석한 모형 3에서는 소득과 가족생활 만족도가 $p<0.001$ 수준에서 유의한 것으로 나타났다. 하지만 비표준화 변수로 분석하면, 소득과 가족생활 만족도가 유의하지 않다. 이는 다중공선성 문제 때문이다.
- 표준화 변수로 분석하면 VIF가 1 이하지만, 비표준화 변수는 상호작용항이 100이 넘는다. VIF가 높으면 회귀모형의 추정값이 불안정해지므로, 반드시 변수를 표준화한 후에 분석해야 한다.

#### ① 다중공선성 검정 결과

- 모형 1과 모형 2

– 공차한계(Tolerance) 0.874 → 다중공선성 문제 없음

– VIF≈1.144 → 다중공선성 문제 없음

- 모형 3(상호작용항 포함)

– 소득의 VIF=14.333 (10 초과 → 다중공선성 문제 있음)

– 가족생활의 VIF=68.598 (매우 심각한 다중공선성 문제 발생)

– 상호작용항의 VIF=102.815 (극단적인 다중공선성 문제 발생)

**계수[a] : 비표준화 변수**

| 모형 | | 비표준화 계수 | | 표준화 계수 | t | 유의확률 | 공선성 통계량 | |
|---|---|---|---|---|---|---|---|---|
| | | B | 표준화 오류 | 베타 | | | 공차 | VIF |
| 1 | (상수) | 1.498 | .448 | | 3.346 | <.001 | | |
| | 소득 | .593 | .090 | .322 | 6.573 | <.001 | 1.000 | 1.000 |
| 2 | (상수) | 1.104 | .394 | | 2.805 | .005 | | |
| | 소득 | .271 | .085 | .147 | 3.211 | .001 | .874 | 1.144 |
| | 가족생활 | .575 | .054 | .492 | 10.736 | <.001 | .874 | 1.144 |
| 3 | (상수) | 4.388 | 1.440 | | 3.047 | .002 | | |
| | 소득 | –.404 | .297 | –.219 | –1.360 | .175 | .070 | 14.333 |
| | 가족생활 | –.393 | .412 | –.337 | –.955 | .340 | .015 | 68.598 |
| | 상호작용항 | .197 | .083 | 1.023 | 2.370 | .018 | .010 | 102.815 |

a. 종속변수: 행복

② **해석**

- 상호작용항이 추가되면서 소득, 가족생활, 상호작용항 간에 심각한 다중공선성 문제가 발생했다.
- 특히, 가족생활과 상호작용항의 VIF가 매우 높아져 회귀계수가 왜곡될 가능성이 크고, 소득과 가족생활의 효과가 비정상적으로 작거나 조절 방향이 바뀔 수 있다.
- 따라서 현재 상태에서 모형 3의 계수(B)나 유의확률을 해석하는 것은 신뢰할 수 없다.

③ **해결방안**

- 조절효과에서 상호작용항이 포함될 경우, 변수를 표준화하거나 평균 중심화한 후에

상호작용항을 다시 생성하여 분석할 필요가 있다.

- 즉, VIF를 10 이하로 낮추는 방법을 적용한 후 회귀분석 결과를 다시 확인하는 것이 바람직하다.

## 3) 이중조절효과 분석 사례

### (1) 연구가설과 분석 과정

이중조절 모형은 독립변수와 종속변수 간의 관계가 두 개의 조절변수(M1, M2)에 의해 조절되는 모형이다. 다음의 변수들로 이중조절효과를 검정해 보자.

- 독립변수(X)＝소득
- 종속변수(Y)＝삶의 질
- 조절변수(M1)＝가족생활 만족도
- 조절변 (M2)＝경제적 안정성
- X×M1＝M1이 X → Y 관계를 조절하는 효과(1차 조절효과)
- X×M2 ＝M2가 X → Y 관계를 조절하는 효과(1차 조절효과)
- M1×M2 ＝조절변수 간의 상호작용
- X×M1×M2＝이중조절효과(2차 조절효과)

**연구가설**
- 소득이 삶의 질에 미치는 영향은 가족생활 만족도와 경제적 안정성에 따라 조절될 수 있을 것이다.
- 가족생활 만족도와 경제적 안정성은 소득의 긍정적인 영향을 강화할 것이다.

유의할 점은 이중조절효과처럼 상호작용항이 여러 개일 때는 변수를 표준화해야 한다는 것이다. 그렇지 않으면 다중공선성의 심각한 문제를 유발할 수 있다.

**<이중조절효과 분석 과정>**

분석(A) → 회귀분석(R) → 선형(L) → 종속변수(D)에 Y(삶의질) 설정 → 블록(B)에 독립변수, 조절변수, 상호작용항 설정 → [계속] → [확인]

⇒ 블록(B) 투입 변수: 소득(X), 가족생활 만족도(M1), 경제적 안정성(M2), 상호작용항(X*M1) (X*M2) (M1*M2) (X*M1*M2)

## (2) 분석 결과와 해석

### ① 주효과(기본 효과)

- 소득(B=0.113, p=0.020): 유의미한 양의 효과가 있으므로, 소득이 증가할수록 삶의 질이 증가하는 경향이 있다.
- 가족생활(B=0.430, p<0.001): 가족생활 만족도가 높을수록 삶의 질은 유의미하게 증가한다.
- 경제적 안정성(B=0.021, p=0.380): 경제적 안정성 자체는 삶의 질에 유의미한 영향을 미치지 않는다.

### ② 1차 조절효과: 소득×가족생활(XM1) → 삶의 질

- B=0.157, p=0.059 → 경계선 유의수준(p ≈ 0.05)
- 소득과 가족생활 만족도의 상호작용은 유의수준에서 약간 벗어나 있어 경계선 효과라고 볼 수 있다. 이는, 소득이 삶의 질에 미치는 영향은 가족생활 만족도에 따라 달라질 가능성이 있다는 것을 반영한다.
- 해석: 소득이 삶의 질에 미치는 영향은 가족생활 만족도에 의해 조절될 가능성이 크다.

### ③ 조절변수 간의 상호작용: 가족생활×경제적 안정성(M1M2) → 삶의 질

- B=0.087, p=0.004 → 유의미한 조절효과가 있다.
- 해석: 가족생활 만족도가 경제적 안정성과 결합할 때 삶의 질을 더 높이는 역할을 한다.

④ **이중조절효과: 소득×가족생활×경제적 안정성(XM1M2) → 삶의 질**

- B=0.264, $p<0.001$ → 조절효과가 가장 강하다.
- 즉, 경제적 안정성이 있을 때, 가족생활 만족도가 소득과 삶의 질의 관계를 더 강하게 조절하는 역할을 한다.
- 해석: 소득의 영향은 가족생활 만족도(M1)에 의해 조절되고, 이 조절효과는 경제적 안정성(M2)에 따라 더욱 강화된다. 즉, 경제적으로 안정적인 사람이 가족생활에 만족할수록, 소득이 삶의 질에 미치는 긍정적인 효과가 더 강해진다.

⑤ **다중공선성 확인(VIF 검사)**

- 모든 VIF 값이 10 미만이므로 다중공선성 문제는 크지 않다.
- 단지 XM1, M1M2, XM1M2의 경우 VIF 값이 상대적으로 높은 편(VIF>2)이므로 상호작용항의 포함이 다중공선성을 약간 증가시켰을 가능성은 있다.

**계수[a]**

| 모형 | | 비표준화 계수 | | 표준화 계수 | t | 유의확률 | 공선성 통계량 | |
|---|---|---|---|---|---|---|---|---|
| | | B | 표준화 오류 | 베타 | | | 공차 | VIF |
| 1 | (상수) | .019 | .039 | | .493 | .622 | | |
| | X소득 | .113 | .048 | .111 | 2.328 | .020 | .623 | 1.804 |
| | M1가족생활 | .430 | .043 | .430 | 10.088 | <.001 | .691 | 1.447 |
| | M2안정성 | .021 | .024 | .040 | .880 | .380 | .595 | 1.681 |
| | XM1 | .157 | .083 | .089 | 1.892 | .059 | .472 | 2.121 |
| | M1M2 | .087 | .030 | .170 | 2.935 | .004 | .372 | 2.690 |
| | XM1M2 | .264 | .039 | .364 | 6.700 | <.001 | .426 | 2.348 |

a. 종속변수: 삶의질
상호작용항: XM1(소득×가족생활), M1M2(가족생활×경제적 안정성), XM1M2(소득×가족생활×경제적 안정성)

⑥ **시사점**

- 소득 증대 정책만으로 삶의 질을 높이는 데 한계가 있어, 가족생활 지원 정책(일과 생활의 균형 정책, 가족 복지 프로그램 등)이 필요하다.
- 가족생활 만족도를 높이면 삶의 질 향상 효과가 극대화된다.

- 경제적 안정성이 높은 사람에게 가족생활 만족도를 유지할 수 있는 환경을 제공하면 효과가 커진다. 경제적 안정성이 부족하면, 가족생활 만족도의 긍정적 효과가 약해질 수 있다.
- 결론: 소득이 삶의 질에 미치는 영향은 단순하지 않으며, 가족생활 만족도와 경제적 안정성이 함께 고려될 때, 삶의 질이 크게 향상된다.

## 4) 단계적 조절효과 분석 사례

단계적 조절효과 모형은 독립변수, 조절변수, 상호작용항을 순차적으로 추가하며 분석하는 방법으로, 각 단계마다 독립변수와 종속변수 간의 관계가 조절변수에 의해 어떻게 변하는지를 모형 적합도와 설명력으로 확인할 수 있다.

**단계적 조절효과 모형의 장점**

- 단계별로 모형의 설명력 변화를 확인하여 조절변수가 추가될 때 설명력이 증가하는지를 알 수 있다.
- 복잡한 상호작용효과를 단계적으로 분석하여 변수가 서로 어떤 영향을 주고받는지 알 수 있다.

이러한 장점도 변수들 간에 다중공선성 문제를 해소해야 살릴 수 있으므로, 먼저 변수를 표준화 및 중심화한 후에 상호작용항을 생성하고 단계별로 변수를 투입한다.

### (1) 단계별 변수 투입 순서

이중조절효과를 단계적 회귀분석으로 수행할 경우, 변수 투입 순서는 매우 중요하다. 왜냐하면 독립변수가 종속변수에 미치는 관계가 두 조절변수와 다수의 상호작용에 의해 조절되기 때문이다. 단계별 투입 순서는 다음과 같다.

- 1단계: 기본 모형(X → Y)

  이중조절효과 분석의 출발점이며, 독립변수(X)가 종속변수(Y)에 미치는 주효과를 평가한다.

- 2단계: 조절변수 1과 상호작용항 추가(M1, X*M1 → Y)

  M1이 Y에 미치는 영향을 확인한다. X와 M1의 상호작용항도 추가한다.

- 3단계: 조절변수 2와 상호작용항 추가(M2, X*M2 → Y)

  M2가 독립변수와 종속변수 간의 관계를 어떻게 조절하는지를 분석한다. 두 번째 상호작용항을 추가하여 변수 간 관계를 조절하는지를 확인한다.

- 4단계: 조절변수 간 상호작용항 추가(M1*M1 → Y)

  두 조절변수 간의 상호작용항이 독립변수와 종속변수 간의 관계를 조절하는지를 분석한다.

- 5단계: 삼중 상호작용항 추가(X*M1*M2 → Y)

  삼중 상호작용항이 유의하면 X가 Y에 미치는 효과가 M1과 M2의 결합 정도에 따라 달라진다.

〈표 9-2〉 단계별 변수 투입 순서

| 단계 | 추가 변수 | 설명 |
|---|---|---|
| 1단계 | X | 독립변수(X)의 주효과 확인 |
| 2단계 | M1, X*M1 | 조절변수1과 상호작용항(X*M1) 추가 |
| 3단계 | M2, X*M2 | 조절변수2와 상호작용항(X*M2) 추가 |
| 4단계 | M1*M2 | 두 조절변수 간 상호작용항(M1*M2) 추가 |
| 5단계 | X*M1*M2 | 삼중 상호작용항(X*M1*M2) 추가 |

**<단계적 조절효과 분석 과정>**

분석(A) → 회귀분석(R) → 선형(L) → 종속변수(D)에 Y(삶의질) 설정 → 독립변수는 모형 1에서 소득(X) 설정 → [다음(N)] 클릭 후 모형 2로 이동 → 조절변수로 경제적 안정성(M1)과 (X*M1) 설정 → [다음(N)] 클릭 후 모형 3으로 이동 → 가족생활(M2)과 (X*M2) 설정 → [다음(N)] 클릭 후 모형 4로 이동 → (M1*M2) 설정 → [다음(N)] 클릭 후 모형 5로 이동 → (X*M1*M2) 설정 → [통계량(S)] → [R 제곱 변화량(S)] 체크 → [계속] → [확인]

### (2) 분석 결과와 해석

R 제곱 변화량은 조절변수와 상호작용항이 종속변수의 설명력을 얼마나 개선하는지 보여 주는 핵심 지표이므로, 이를 기준으로 모형의 적합성을 평가하고, 이중조절효과 여부를 확인할 수 있다.

**① 모형 적합도 변화(모형 요약)**

- 모형 1: 기본 모형(R 제곱=0.013) → 소득(X)만 포함한 기본 모형의 설명력은 낮다.
- 모형 2: 소득(X), 경제적 안정성(M1), 소득×경제적 안정성(XM1) 추가 → 설명력이 급격히 증가(R 제곱=0.573)하였다. 이러한 결과는 1차 조절효과인 경제적 안정성과의 상호작용이 중요하다는 것을 의미한다.
- 모형 3: 가족생활(M2), 소득×가족생활(XM2) 추가 → R 제곱=0.629 → 2차 조절효과로 인해 설명력이 추가로 5.6% 증가하였다.
- 모형 4: 가족생활×경제적 안정성(M1M2) 추가 → R 제곱=0.688 → 가족생활과 경제적 안정성이 결합될 때 삶의 질에 중요한 영향을 미친다.
- 모형 5: 삼중상호작용항(XM1M2) 추가 → R 제곱=0.701 → 최종 모형의 설명력이 가장 높아졌으며, 이중조절효과가 존재한다는 것을 알 수 있다.
- 해석: 이중조절효과의 유의성은 경제적 안정성과 가족생활 만족도가 함께 작용할 때 소득이 삶의 질에 미치는 영향이 가장 크게 변화한다는 것을 나타낸다.

모형 요약

| 모형 | R | R 제곱 | 수정된 R 제곱 | 추정값의 표준오차 | 통계량 변화량 | | | | |
|---|---|---|---|---|---|---|---|---|---|
| | | | | | R 제곱 변화량 | F 변화량 | 자유도1 | 자유도2 | 유의확률 F 변화량 |
| 1 | .115[a] | .013 | .011 | 2.23332 | .013 | 4.970 | 1 | 370 | .026 |
| 2 | .757[b] | .573 | .569 | 1.47330 | .560 | 241.100 | 2 | 368 | <.001 |
| 3 | .793[c] | .629 | .624 | 1.37672 | .056 | 27.722 | 2 | 366 | <.001 |
| 4 | .829[d] | .688 | .683 | 1.26510 | .059 | 68.434 | 1 | 365 | <.001 |
| 5 | .838[e] | .701 | .696 | 1.23844 | .014 | 16.882 | 1 | 364 | <.001 |

a. 예측자: (상수), X소득
b. 예측자: (상수), X소득, XM1, M1경제적 안정성
c. 예측자: (상수), X소득, XM1, M1경제적 안정성, M2가족생활, XM2
d. 예측자: (상수), X소득, XM1, M1경제적 안정성, M2가족생활, XM2, M1M2
e. 예측자: (상수), X소득, XM1, M1경제적 안정성, M2가족생활, XM2, M1M2, XM1M2

② 단계별 회귀계수와 조절효과

- 모형 1: 주효과

  소득(X): B=0.261, p=0.026 → 소득은 삶의 질에 긍정적인 영향을 미친다.

- 모형 2: 1차 조절효과(경제적 안정성 M1)

  –소득(X): B=0.322, p<0.001 → 소득의 영향력이 증가하였다.

  –경제적 안정성(M1): B=0.276, p<0.001 → 경제적 안정성은 삶의 질을 유의미하게 증가시킨다.

  –상호작용항 XM1(소득 ×경제적 안정성): B=0.554, p<0.001 → 경제적 안정성이 높을수록 소득의 긍정적 효과가 더욱 커진다.

- 모형 3: 2차 조절효과(가족생활 만족도 M2 추가)

  –소득(X): B=0.275, p=0.003 → 여전히 유의미한 영향을 미친다.

  –경제적 안정성(M1): B=0.202, p<0.001 → 경제적 안정성의 영향은 줄었지만 유의미하다.

  –가족생활 만족도(M2): B=–0.021, p=0.783 → 유의미하지 않다.

  –상호작용항 XM2(소득×가족생활): B=–0.620, p<0.001 → 소득은 가족생활 만족도가 낮을 때 더 강한 영향을 미치는 경향이 있다. 이는 부정적 조절효과가 있다

는 것을 시사한다.

- 모형 4: 3차 조절효과(상호작용항 M1M2 추가)
  - 소득(X): B=0.250, p=0.003 → 소득의 영향이 유지된다.
  - 경제적 안정성(M1): B=0.222, p<0.001 → 경제적 안정성의 영향이 약간 증가하였다.
  - 소득×경제적 안정성(XM1): B=0.295, p<0.001 → 이전보다 조절효과가 감소(0.554 → 0.295)하였으나 여전히 유의미하다.
  - 가족생활×경제적 안정성(M1M2): B=0.504, p<0.001 → 가족생활(M2) 단독으로는 유의미하지 않지만, 경제적 안정성과 함께할 때 삶의 질을 증가시키는 중요한 역할을 한다.
- 모형 5: 최종 모형(이중조절효과 XM1M2 추가)
  - 소득(X): B=0.266, p<0.001 → 소득의 영향이 다시 증가하였다.
  - 경제적 안정성(M1): B=0.099, p=0.101 → 최종 모형에서 직접효과는 유의미하지 않다.
  - 소득×경제적 안정성(XM1): B=0.309, p<0.001 → 경제적 안정성이 높을수록 소득의 긍정적 효과가 더욱 커진다.
  - 가족생활×경제적 안정성(M1M2): B=0.574, p<0.001 → 가족생활 만족도와 경제적 안정성의 결합이 삶의 질을 높이는 역할을 한다.
  - 소득×가족생활×경제적 안정성(XM1M2): B=0.111, p<0.001 → 유의확률은 이중조절효과가 존재한다는 것을 나타낸다. 즉, 소득이 삶의 질에 미치는 영향은 경제적 안정성과 가족생활 만족도에 의해 이중조절된다.

**계수**[a]

| 모형 | | 비표준화 계수 | | 표준화 계수 | t | 유의확률 | 공선성 통계량 | |
|---|---|---|---|---|---|---|---|---|
| | | B | 표준화 오류 | 베타 | | | 공차 | VIF |
| 1 | (상수) | −.710 | .116 | | −6.131 | <.001 | | |
| | X소득 | .261 | .117 | .115 | 2.229 | .026 | 1.000 | 1.000 |
| 2 | (상수) | −.168 | .082 | | −2.061 | .040 | | |
| | X소득 | .322 | .094 | .142 | 3.439 | <.001 | .678 | 1.475 |
| | M1경제적 안정성 | .276 | .061 | .236 | 4.543 | <.001 | .430 | 2.324 |
| | XM1 | .554 | .029 | .869 | 19.292 | <.001 | .572 | 1.748 |
| 3 | (상수) | −.027 | .079 | | −.347 | .729 | | |
| | X소득 | .275 | .091 | .121 | 3.025 | .003 | .629 | 1.590 |
| | M1경제적 안정성 | .202 | .058 | .172 | 3.482 | <.001 | .413 | 2.420 |
| | XM1 | .466 | .029 | .731 | 15.885 | <.001 | .479 | 2.088 |
| | M2가족생활 | −.021 | .077 | −.010 | −.276 | .783 | .852 | 1.174 |
| | XM2 | −.620 | .083 | −.261 | −7.435 | <.001 | .822 | 1.216 |
| 4 | (상수) | −.104 | .073 | | −1.428 | .154 | | |
| | X소득 | .250 | .084 | .110 | 2.991 | .003 | .628 | 1.593 |
| | M1경제적 안정성 | .222 | .053 | .190 | 4.161 | <.001 | .412 | 2.425 |
| | XM1 | .295 | .034 | .463 | 8.695 | <.001 | .302 | 3.313 |
| | M2가족생활 | −.014 | .071 | −.006 | −.199 | .842 | .851 | 1.174 |
| | XM2 | −.150 | .095 | −.063 | −1.574 | .116 | .531 | 1.884 |
| | M1M2 | .504 | .061 | .468 | 8.272 | <.001 | .268 | 3.732 |
| 5 | (상수) | −.108 | .071 | | −1.518 | .130 | | |
| | X소득 | .266 | .082 | .118 | 3.250 | <.001 | .626 | 1.596 |
| | M1경제적 안정성 | .099 | .060 | .085 | 1.651 | .101 | .311 | 3.217 |
| | XM1 | .309 | .033 | .485 | 9.257 | <.001 | .299 | 3.349 |
| | M2가족생활 | .070 | .072 | .031 | .967 | .334 | .783 | 1.277 |
| | XM2 | −.084 | .095 | −.035 | −.890 | .374 | .515 | 1.940 |
| | M1M2 | .574 | .062 | .532 | 9.248 | <.001 | .248 | 4.029 |
| | XM1M2 | .111 | .027 | .207 | 4.109 | <.001 | .325 | 3.082 |

a. 종속변수 Y: 삶의 질

## 4. 부트스트랩을 활용한 조절효과 분석

부트스트랩을 활용한 조절효과 검정의 의의는 다음과 같다.

첫째, 비모수적 분석을 포함한 다양한 데이터에 적용할 수 있다. 부트스트랩은 데이터가 정규성 가정을 따르지 않아도 되므로 다양한 데이터에 적용할 수 있다. 데이터는 이상치, 결측치 등을 비롯해서 비선형적 관계를 포함할 가능성이 있다. 부트스트랩은 이러한 문제를 유연하게 다루며 정규성 가정에 의존하지 않기 때문에 조절효과의 정확도가 매우 높다.

둘째, 신뢰구간을 기준으로 조절효과의 유의성을 평가한다. 이는 기존 회귀분석의 한계를 보완하여, 조절변수가 존재할 때 독립변수와 종속변수의 관계를 보다 정밀하게 검정하는 중요한 역할을 한다.

셋째, 작은 표본도 분석이 가능하다. 부트스트랩은 표본 분포를 반복적으로 재추출하여 신뢰구간(예: 95% 신뢰구간)을 산출하기 때문에 표본크기가 작아도 안정적인 통계 검정을 할 수 있다.

넷째, 부트스트랩은 간접효과와 조절효과의 유의성을 효과적으로 평가할 수 있다. 부트스트랩은 통계적 신뢰성이 높기 때문에 조절효과를 이해하는 데 중요한 분석 도구로 간주된다. 그리고 매개효과와 조절효과를 동시에 검정하는 조절된 매개효과 분석에도 널리 사용된다.

### 1) 단순조절효과 분석 사례

- 데이터: 60세 이상의 연령층(n=300)을 대상으로 수집한 자료
- 종속변수(Y): 삶의 의지
- 독립변수(X): 마음챙김
- 조절변수(W): 정서적 불안정

**<조절효과 분석 과정과 모형 번호, 선택 옵션, 부트스트랩 표본수에 대한 설명>**
분석(A) → 회귀분석(R) → PROCESS 선택 → Y variable에 종속변수, X variable에 독립변수, Moderator variable W에 조절변수 설정 → Model Number에 1(조절효과 분석) 지정 → 확인

### (1) 변수의 주효과와 상호작용효과

#### ① 모형 적합도

- R 제곱(0.8173): 독립변수(마음챙김), 조절변수(정서적 불안정), 상호작용항(Int_1: 마음챙김 ×정서적 불안정)이 종속변수(삶의 의지)를 81.73% 설명한다.
- F값(441.4315, p=0.0000): 모형이 통계적으로 유의미하다.

#### ② 주효과

- 마음챙김(X): B=9.3106, p=0.0025 → 마음챙김 수준이 높을수록 삶의 의지가 유의미하게 증가한다.
- 정서 불안정(W): B=−25.1784, p<0.001 → 정서 불안정이 높을수록 삶의 의지가 유의미하게 감소한다.

#### ③ 조절효과(상호작용효과)

- 상호작용항(마음챙김×정서 불안정, Int_1): B=5.2154, p<0.001 → 마음챙김과 정서 불안정의 상호작용이 삶의 의지에 유의미한 영향을 미친다. 즉, 정서적 불안정에 따라 마음챙김이 삶의 의지에 미치는 영향이 다르다.
- 정서적 불안정이 낮을 때, 마음챙김이 삶의 의지를 높이는 효과가 강하다.
- 정서적 불안정이 높을 때, 마음챙김 효과가 감소하여 삶의 의지를 높이는 효과가 감소한다.

```
OUTCOME VARIABLE: 삶의 의지

Model Summary
        R      R-sq       MSE          F        df1        df2          p
    .9041     .8173   13.0839   441.4315     3.0000   296.0000      .0000

Model
                coeff         se          t          p       LLCI       ULCI
constant     101.0012    11.6825     8.6455      .0000    78.0099   123.9926
마음챙김        9.3106     3.0549     3.0477      .0025     3.2985    15.3227
정서 불안정   -25.1784     3.6169    -6.9613      .0000   -32.2965   -18.0602
Int_1          5.2154     1.0186     5.1201      .0000     3.2108     7.2200

Product terms key:
 Int_1:  마음챙김 x 정서 불안정
```

### (2) 가장 높은 차수의 상호작용효과

가장 높은 차수의 상호작용 검정(Tests of highest order unconditional interaction)은 조절효과에서 차수가 높은 상호작용(단순조절효과는 2차 상호작용, 이중조절효과는 3차 상호작용)이 종속변수에 미치는 영향을 평가한다.

이와 관련된 R 제곱 변화량은 상호작용항이 모형에 추가되었을 때 설명 가능한 분산이 얼마나 증가하는지를 나타낸다. 상호작용항이 모형에 기여하는지는 F값과 p값을 통해 확인하며, $\beta$값이 유의미하면 상호작용효과가 종속변수에 영향을 미친다는 것을 나타낸다. 분석에서 가장 높은 차수의 상호작용(X×W, 마음챙김×정서적 불안정) 결과는 다음과 같다.

- R 제곱 변화량(0.0612): 조절효과가 존재하지 않으면, 마음챙김(X)만으로 삶의 의지(Y)를 설명해야 되지만, 정서적 불안정(W)이 개입하면서 설명력이 추가적으로 6.12% 증가했다. 이는 조절효과가 비교적 강하다는 것을 시사한다.
- F값(26.2158, p=0.0000): 조절효과가 매우 유의미하다. 즉, 정서적 불안정이 마음챙김과 삶의 의지 간의 관계를 유의미하게 조절한다.
- R 제곱 변화량 크기가 작아도 유의미하면, 실질적으로 중요한 결과일 수 있다. 따라서 결과를 해석할 때 통계적 유의성뿐 아니라 실질적 중요성도 고려할 필요가 있다.

Test(s) of highest order unconditional interaction(s):

| | R2-chng | F | df1 | df2 | p |
|---|---|---|---|---|---|
| X*W | .0612 | 26.2158 | 1.0000 | 296.0000 | .0000 |

Focal predict: 마음챙김(X)
Mod var: 정서 불안정(W)

### (3) 조절변수 값에 따른 조건부 효과

조절변수 값에 따른 예측변수의 조건부 효과(conditional effects of the focal predictor at values of the moderators)는 독립변수(예측변수)가 종속변수에 미치는 효과가 조절변수의 특정 값에 따라 이떻게 변하는지를 확인하는 과정이다. 조절변수 값이 중요한 이유는 변화의 경향성과 연결되기 때문이다. 즉, 조절변수 값이 증가할수록 독립변수 효과가 강해진다면, 긍정적 조절 현상이 존재하는 것이고, 역으로 조절변수 값에 따라 효과가 감소한다면, 부정적 조절 현상으로 해석할 수 있다.

**① 정서적 불안정 수준이 낮을 때(W = 2.2500)**

- 마음챙김이 삶의 의지에 미치는 효과($\beta = 2.4240$, $p < .0124$)는 긍정적이며, 마음챙김이 1단위 증가할 때 삶의 의지는 평균적으로 2.4240단위 증가한다.
- 신뢰구간(0.5285, 4.3196)이 0을 포함하지 않으므로 조절효과는 유의미하다.

**② 정서적 불안정이 중간 수준일 때(W = 2.4444)**

- 마음챙김의 효과(B)가 2.4240 → 3.4381로 영향력이 더 커졌다. 이는 마음챙김이 삶의 의지에 미치는 긍정적 효과가 강화되어, 마음챙김이 1단위 증가할 때 삶의 의지는 3.4381만큼 높아진다는 것을 나타낸다.
- 조절효과는 유의미하며($p < 0.0000$), 신뢰구간(1.7980, 5.0783)도 안정적이다.

**③ 정서적 불안정 수준이 높을 때(W = 3.2778)**

- 마음챙김이 삶의 의지에 미치는 영향력이 더욱 커졌다(B = 7.7843).
- 효과의 유의도는 $p < 0.0000$이며, 신뢰구간(6.2805, 9.2881)에 0이 포함되어 있지

않다.

- 해석: 정서적 불안정이 심할수록 마음챙김이 삶의 의지를 높이는 데 더욱 강한 역할을 한다.

Conditional effects of the focal predictor at values of the moderator(s):

| 마음챙김 | Effect | se | t | p | LLCI | ULCI |
|---|---|---|---|---|---|---|
| 2.2500 | 2.4240 | .9632 | 2.5167 | .0124 | .5285 | 4.3196 |
| 2.4444 | 3.4381 | .8334 | 4.1254 | .0000 | 1.7980 | 5.0783 |
| 3.2778 | 7.7843 | .7641 | 10.1875 | .0000 | 6.2805 | 9.2881 |

④ **시사점**

- 마음챙김 수준이 높을수록 삶의 의지가 강해지지만, 그 효과는 정서적 불안정 수준에 따라 달라진다.
- 정서적 불안정 수준이 낮을 때는 마음챙김 효과가 작지만, 불안정이 심할수록 그 효과는 더욱 강해진다.
- 이러한 결과는 정서적으로 불안정한 사람일수록 마음챙김을 통한 삶의 의지 향상이 더 크다는 점을 시사한다. 즉, 마음챙김이 특히 정서적 불안정 수준이 높은 사람에게 더 효과적일 가능성이 크다.
- 실용적 관점에서, 정서적 불안정을 겪는 사람에게 마음챙김 기반 개입이 삶의 의지를 효과적으로 높일 수 있을 것이다.

## 2) 이중조절효과 분석 사례

이중조절효과란 독립변수(X)와 종속변수(Y) 간 관계가 두 조절변수(W, Z)에 의해 동시에 조절되는 효과를 의미한다. 즉, W가 X−Y 관계를 조절하는데, 이 효과가 또 다른 조절변수 Z에 의해 영향을 받는다. 마음챙김이 회복탄력성에 어떤 영향을 미치는지를 분석해 보자.

- 데이터: 성인(n=300)을 대상으로 수집한 자료

- 종속변수(Y): 회복탄력성
- 독립변수(X): 마음챙김
- 조절변수(W): 정서적 불안정
- 조절변수(Z): 연령

**<이중조절효과 분석 과정과 모형 번호 지정>**
분석(A) → 회귀분석(R) → PROCESS 선택 → Y variable에 종속변수, X variable에 독립변수 설정 → Moderator variable W에 첫 번째 조절변수 설정 → Moderator variable Z에 두 번째 조절변수 설정 → Model Number에 3(이중조절효과) 설정 → 확인

## (1) 모형 적합도와 주효과 및 상호작용효과

### ① 모형 적합도

- R 제곱(0.8221): 이 모형은 회복탄력성(Y)의 변동성을 82.21% 설명한다.
- F값(192.8217, p<0.0000): 회귀모형이 통계적으로 유의미하다. 즉, 마음챙김(X), 정서적 불안정(W), 연령(Z) 및 상호작용 항들이 회복탄력성(Y)에 유의한 영향을 미치는 적합한 모형이다.

### ② 주효과

- 마음챙김(X), 정서적 불안정(W), 연령(Z)의 주효과는 모두 유의미하지 않다(p>0.05).

### ③ 두 변수 간의 이중조절효과

- Int_2(마음챙김×연령)는 유의미(B=−0.9857, p<0.05)하다. 이러한 결과는 연령이 증가할수록 마음챙김과 회복탄력성 간의 관계에 음의 조절효과가 존재한다는 것을 나타낸다. 즉, 마음챙김은 연령이 낮을수록 회복탄력성 향상에 더 큰 영향을 미치고, 연령이 높을수록 회복탄력성에 미치는 영향이 약해지는 경향이 있다.
- Int_3(정서적 불안정×연령)도 유의미(B=−1.0942, p<0.05)하다. 음의 $\beta$값(−1.0942)은 두 조절변수의 상호작용이 부적 효과가 있으며, 독립변수와 종속변수 간의 관계를

약화한다는 것을 나타낸다. 따라서 연령이 낮은 사람은 정서적으로 불안정하면 회복탄력성이 감소하지만, 나이가 들면 부정적 영향은 줄어들 수 있다.

④ 세 변수 간의 이중조절효과

- 마음챙김×정서적 불안정×연령(Int_4)의 삼중상호작용 계수(Int_4=0.3497, p=0.0394)는 양의 조절효과가 있다.
- 이는 연령이 증가할수록 마음챙김과 정서적 불안정의 상호작용효과가 강해진다는 것을 나타낸다. 즉, 나이가 들수록 마음챙김이 정서적 불안정을 완화하는 효과가 커지는 경향이 있다.
- 결국, 연령은 마음챙김과 정서적 불안정 간의 조절효과(Int_1)를 유의미하게 조절한다는 것을 시사한다.

OUTCOME VARIABLE: 회복탄력성

Model Summary

| R | R-sq | MSE | F | df1 | df2 | p |
|---|---|---|---|---|---|---|
| .9067 | .8221 | 12.9129 | 192.8217 | 7.0000 | 292.0000 | .0000 |

Model

| | coeff | se | t | p | LLCI | ULCI |
|---|---|---|---|---|---|---|
| constant | -144.2294 | 139.7645 | -1.0319 | .3030 | -419.3029 | 130.8441 |
| 마음챙김 | 67.3415 | 38.4436 | 1.7517 | .0809 | -8.3202 | 143.0032 |
| 정서 불안정 | 59.8894 | 44.1560 | 1.3563 | .1760 | -27.0151 | 146.7938 |
| Int_1 | -22.0536 | 13.2453 | -1.6650 | .0970 | -48.1219 | 4.0147 |
| 연령 | 3.1638 | 1.7910 | 1.7665 | .0784 | -.3611 | 6.6887 |
| Int_2 | -.9857 | .4917 | -2.0047 | .0459 | -1.9535 | -.0180 |
| Int_3 | -1.0942 | .5647 | -1.9736 | .0463 | .0172 | 1.2057 |
| Int_4 | .3497 | .1690 | 2.0688 | .0394 | .0170 | .6823 |

Product terms key:
Int_1: 마음챙김 x 정서 불안정
Int_2: 마음챙김 x 연령
Int_3: 정서 불안정 x 연령
Int_4: 마음챙김 x 정서 불안정 x 연령

### (2) 가장 높은 차수의 상호작용효과

이중조절효과에서 가장 높은 차수는 독립변수(X)와 두 조절변수(W, Z)의 상호작용효과의 유의성을 평가하며, X 효과가 W와 Z 조합에 따라 어떻게 달라지는지를 나타낸다. 즉, W와 Z가 각각 독립적으로 X 효과를 조절할 뿐 아니라, 두 조절변수 간 상호작용이 X 효과를 추가로 조절하는지를 보여 준다.

**① 세 변수 간의 이중조절효과(마음챙김×정서적 불안정×연령)**

- R 제곱 변화량(0.0026): 삼중상호작용이 추가되면서 회복탄력성(종속변수)의 설명력이 0.26% 증가하였다. 설명력이 크지 않지만 변수 간 조절을 통해 의미 있는 차이를 만든다고 볼 수 있다.
- F값(4.2798, p=0.0394): 이중조절효과가 통계적으로 유의미하다. 즉, 연령(Z)이 마음챙김(X)과 정서적 불안정(W) 간의 조절효과를 조절함으로써 상호작용이 달라진다.

Test(s) of highest order unconditional interaction(s):

| | R2-chng | F | df1 | df2 | p |
|---|---|---|---|---|---|
| X*W*Z | .0026 | 4.2798 | 1.0000 | 292.0000 | .0394 |

Focal predict: 마음챙김(X)
Mod var: 정서 불안정(W)
Mod var: 연령(Z)

**② 시사점**

- 마음챙김과 정서적 불안정의 관계는 연령에 따라 달라진다.
- 연령이 높을수록 마음챙김이 정서적 불안정을 완화하는 효과가 강해져서 회복탄력성을 높이는 데 더 중요한 역할을 한다.

### (3) 조절변수 값에 따른 조건부 효과

**① 연령(Z)에 따른 마음챙김(X)과 정서적 불안정(W)의 상호작용효과**

- 71세(효과=2.7733, p>0.05): 조절효과가 유의미하지 않다. 즉, 이 연령에서는 X와

W간 상호작용이 회복탄력성에 미치는 영향은 뚜렷하지 않다.

- 79세(효과=5.5707, p=0.0000): X와 W간 상호작용이 회복탄력성을 증가시키는 효과가 강해졌다.
- 85세(효과=7.6687, p=0.0000): X와 W간 상호작용이 회복탄력성을 증가시키는 효과가 더욱 강해졌다. 즉, 고령일수록 X가 W의 부정적인 영향을 완화하는 효과가 더욱 강화되었다.
- 해석: 연령이 증가할수록(특히 79세 이상) 마음챙김이 정서적 불안정의 영향을 줄이는 효과가 강해지는 경향이 있다. 71세 이하는 이 효과가 유의하지 않으므로, 중장년층에서는 마음챙김만으로 정서적 불안정을 조절하는 것이 어렵거나, 다른 요인의 개입이 필요할 수 있다. 80대 이상의 고령층에서는 마음챙김이 회복탄력성을 높이는 데 중요한 역할을 할 수 있다.

Test of conditional X*W interaction at value(s) of Z:

| 연령 | Effect | F | df1 | df2 | p |
|---|---|---|---|---|---|
| 71.0000 | 2.7733 | 3.0954 | 1.0000 | 292.0000 | .0796 |
| 79.0000 | 5.5707 | 29.4719 | 1.0000 | 292.0000 | .0000 |
| 85.0000 | 7.6687 | 24.7204 | 1.0000 | 292.0000 | .0000 |

**② 두 조절변수(W, Z)에 따른 조건부 상호작용효과**

- 정서적 불안정 값이 낮은 경우(W=2.2500)
  - 71세와 79세에서는 마음챙김이 회복탄력성을 높이는 효과가 유의미하다.
  - 85세에서는 p값(0.5795)과 0을 포함하는 신뢰구간이 조절효과가 유의미하지 않다는 것을 나타낸다.
  - 해석: 정서적 불안정이 낮을수록, 연령이 증가하면(특히 85세) 마음챙김의 효과가 감소한다.
- 정서적 불안정이 중간 수준일 경우(W=2.4444)
  - 71세와 79세에서는 마음챙김이 회복탄력성에 긍정적인 영향(p=0.0004)을 준다.
  - 85세에서는 마음챙김 효과가 유의미(p=0.0697)하다.

- 정서적 불안정 값이 높은 경우(W=3.2778)
  - 71세, 79세, 85세 모두, 마음챙김이 회복탄력성을 증가시키는 효과가 유의미하다. 특히 79세(효과=7.7285)와 85세(효과=8.6911)에서 효과가 더욱 강한 경향이 있다.
  - 해석: 정서적 불안정이 높은 경우, 연령이 증가할수록 마음챙김이 회복탄력성을 높이는 데 중요한 역할을 한다. 이는 나이가 들수록 마음챙김이 더욱 강력한 보호 요인으로 작용하므로 적극적인 개입(예: 감정조절 훈련, 사회적 지지 강화)이 필요하다는 것을 시사한다.

Conditional effects of the focal predictor at values of the moderator(s):

| 정서 불안정 | 연령 | Effect | se | t | p | LLCI | ULCI |
|---|---|---|---|---|---|---|---|
| 2.2500 | 71.0000 | 3.5948 | 1.3436 | 2.6755 | .0079 | .9505 | 6.2391 |
| 2.2500 | 79.0000 | 2.0031 | .9882 | 2.0270 | .0436 | .0582 | 3.9481 |
| 2.2500 | 85.0000 | .8094 | 1.4591 | .5547 | .5795 | -2.0623 | 3.6810 |
| 2.4444 | 71.0000 | 4.1340 | 1.1542 | 3.5817 | .0004 | 1.8624 | 6.4057 |
| 2.4444 | 79.0000 | 3.0863 | .8564 | 3.6037 | .0004 | 1.4007 | 4.7719 |
| 2.4444 | 85.0000 | 2.3005 | 1.2638 | 1.8203 | .0697 | -.1868 | 4.7878 |
| 3.2778 | 71.0000 | 6.4451 | 1.1971 | 5.3838 | .0000 | 4.0890 | 8.8012 |
| 3.2778 | 79.0000 | 7.7285 | .7703 | 10.0327 | .0000 | 6.2124 | 9.2446 |
| 3.2778 | 85.0000 | 8.6911 | 1.1642 | 7.4654 | .0000 | 6.3998 | 10.9824 |

③ 종합 해석

- 정서적 불안정이 낮거나 중간 수준일 경우, 연령이 증가하면 마음챙김이 회복탄력성에 미치는 효과가 상대적으로 약해질 수 있다.
- 정서적 불안정이 높은 경우, 연령이 증가하면 마음챙김의 긍정적 효과가 유지되거나 더 강해질 수 있다.
- 결론적으로 정서적 불안정 수준에 따라 연령이 마음챙김의 효과를 다르게 조절하는 역할을 한다.

# 5. 로지스틱 회귀분석과 조절효과

로지스틱 회귀분석도 선형회귀와 같이 상호작용항을 추가하여 독립변수가 종속변수에 미치는 효과가 조절변수에 따라 변화하는지 평가한다. 단지 다중회귀분석과 달리 로지스틱 회귀분석은 종속변수가 연속형이 아니라 범주형이라는 점이 다르다. 로지스틱 회귀분석의 기본 가정과 모형의 종류 및 적합도는 '제6장 로지스틱 회귀분석'에 설명되어 있어, 여기서는 조절효과 분석 과정과 사례 분석에 초점을 둔다.

## 1) 조절효과 분석 단계

### (1) 기본 모형과 상호작용 모형

조절효과를 비교하기 위해 기본 모형과 상호작용 모형을 구성해서 상호작용항이 추가된 후의 R 제곱과 분류 정확도, 회귀계수 변화량 등을 평가한다.

#### ① 기본 모형

종속변수를 독립변수(X)와 조절변수(W)만으로 예측하는 모형을 구성한다. 분석 결과는 다른 변수들이 고정된 상태에서 X가 1단위 증가할 때 로짓 값이 변하는 정도를 나타낸다.

#### ② 상호작용 모형

X와 W, 상호작용항(X*W)을 포함한 모형을 구성한다. 여기서 어느 모형의 적합도가 양호한지 −2 로그 우도(−2LL)를 기준으로 평가한다. −2LL은 모형 적합도를 평가하는 지표이며, 값이 작을수록 모형이 데이터를 더 적합하게 설명한다는 것을 나타낸다. 따라서 상호작용항 추가 전의 −2LL이 상호작용항 추가 후에 감소되었다면, 모형 적합도가 향상되었다는 것을 의미한다.

- 높은 −2LL: 모형이 데이터를 제대로 설명하지 못함 → 낮은 적합도
- 낮은 −2LL: 모형이 데이터를 잘 설명함 → 높은 적합도

−2LL은 절대적 기준이 아닌 상대적 비교로서 의미가 있으므로 모형 적합도를 비교할 때 주로 사용한다.

분석 결과는 조절효과 여부를 반영하는 상호작용항의 유의성에 중점을 두고 해석한다. 상호작용 계수($\beta$)의 유의도가 $p<0.05$이면 조절효과가 유의미하며, $\beta$값이 0보다 큰지 작은지에 따라 독립변수의 효과가 달라진다.

- $\beta>0$: 조절변수 값이 증가할수록 독립변수의 효과가 강화된다.
- $\beta<0$: 조절변수 값이 증가할수록 독립변수의 효과가 약화된다.

### (2) 연구 가설과 분석 과정

- 데이터: 60세 이상의 연령층(n=300)을 대상으로 수집한 자료
- 분석 목적: 삶의 의지가 건강행동을 실천할 확률을 높이는지, 독립변수의 효과가 조절변수(경제적 안정성)에 따라 달라지는지를 검정한다.
- 종속변수(Y): 건강행동 실천 여부(1=실천한다, 0=실천하지 않는다)
- 독립변수(X): 삶의 의지
- 조절변수(W): 경제적 안정성
- 상호작용항(X*W): 삶의 의지×경제적 안정성

**연구 가설**
- 삶의 의지가 강할수록 건강행동을 실천할 확률이 높아질 것이다.
- 경제적 안정성은 건강행동에 긍정적인 영향을 미칠 것이다.
- 분석 결과, 상호작용항이 유의하면, 경제적 안정성이 높을수록 삶의 의지가 더 강해진다고 평가할 수 있다.

**조절효과 분석 과정**

회귀분석(R) → 이분형 로지스틱(G) → 종속변수(D) 설정 → 〈블록(B)1/1〉에 독립변수와 조절변수 설정 → 다음(N) 클릭 → 〈블록(B)2/2〉에 상호작용항 설정 → 옵션(O) → 통계량 및 도표에서 〈Hosmer−Lemeshow 적합도〉와 〈exp(B)에 대한 신뢰구간〉 클릭 → 계속(C) → 확인

## 2) 조절효과 사례 분석과 해석

### (1) 모형의 유의성

로지스틱 회귀모형의 유의성은 카이제곱과 유의확률로 확인할 수 있다. 카이제곱은 선형회귀분석의 F검정과 같으며, 유의성($p<0.05$)이 있으면 모형이 데이터를 잘 설명한다는 것을 의미한다.

**① 기본 모형(주효과만 포함한 모형)**

- 단계(변수 추가 효과), 블록(새로운 변수 추가 효과), 모형(전체 모형 적합도)의 카이제곱은 모두 81.126으로 동일하다.
- 단계와 블록의 카이제곱 값이 동일한 이유는 각 블록에서 변수가 한꺼번에 추가되어 단계적 선택 과정이 적용되지 않았기 때문이다. 만약 단계적 선택법이 적용된다면, 변수들이 하나씩 추가 또는 제거되면서 단계마다 다른 카이제곱 값이 산출된다.
- 해석: 독립변수(삶의 의지)와 조절변수(경제적 안정성)만으로 구성된 기본 모형은 종속변수(건강 행동 실천 여부)를 유의미($p<0.001$)하게 예측한다. 만약 유의성이 없으면 모형 전반을 재검토할 필요가 있다.

**기본 모형: 계수의 총괄 검정**

| | | 카이제곱 | 자유도 | 유의확률 |
|---|---|---|---|---|
| 1단계 | 단계 | 81.126 | 2 | <.001 |
| | 블록 | 81.126 | 2 | <.001 |
| | 모형 | 81.126 | 2 | <.001 |

**② 상호작용 모형(조절효과 포함)**

- 단계와 블록의 카이제곱 값(11.445)과 모형의 카이제곱 값(92.571)은 $p<0.001$에서 유의미하다. 이는 조절변수가 독립변수와 종속변수 간의 관계를 유의미하게 조절한다는 것을 나타낸다. 즉, 조절변수 값에 따라 독립변수와 종속변수 간의 관계 강도가 달라진다.
- 해석: 상호작용 변수를 추가한 후에도 전체 모형은 유의미하며, 카이제곱 값은 증가

(81.126 → 92.571)하였다. 단계와 블록의 유의확률은 조절효과가 유의미하다는 것과, 종속변수(건강 행동 실천 여부)를 설명하는 데 있어서 독립변수와 조절변수 간에 상호작용이 존재한다는 것을 나타낸다.

상호작용 모형: 계수의 총괄 검정

| | | 카이제곱 | 자유도 | 유의확률 |
|---|---|---|---|---|
| 1단계 | 단계 | 11.445 | 1 | <.001 |
| | 블록 | 11.445 | 1 | <.001 |
| | 모형 | 92.571 | 3 | <.001 |

### (2) 모형 적합도

로지스틱 회귀분석에서 조절효과를 해석할 때, 모형 적합도 지표를 비교할 필요가 있다. 기본 모형과 상호작용 모형의 결과는 다음과 같다.

#### ① −2 로그 우도

- 모형이 데이터를 잘 설명하는지를 측정하는 지표인 −2 로그 우도(Log-Likelihood, −2LL)는 값이 작을수록 좀 더 완벽한 모형이라는 것을 시사한다.
- −2LL은 기본 모형보다 상호작용 모형의 값이 감소(258.454 → 239.614)하였다. 이는 기본 모형보다 상호작용 모형의 설명력이 향상되었다는 것을 의미한다.

#### ② R 제곱

- R 제곱은 기본 모형에서는 나겔커크(Nagelkerke)가 0.350으로 삶의 의지(독립변수)와 경제적 안정성(조절변수)이 노인의 건강행동 실천 여부를 35% 설명한다는 것을 나타낸다.
- 기본 모형에 상호작용항을 추가할 경우, R 제곱이 0.418로 증가하였다. 이는 상호작용(조절) 변수가 모형의 성능을 향상시켰으며, 종속변수 예측에 기여도가 상당히 크다는 것을 시사한다.

**기본 모형 요약**

| 단계 | -2 로그 우도 | Cox와 Snell의 R 제곱 | Nagelkerke R 제곱 |
|---|---|---|---|
| 1 | 258.454[a] | .237 | .350 |

a. 모수 추정값이 .001보다 작게 변경되어 계산반복수 5에서 추정을 종료하였다.

**상호작용 모형 요약**

| 단계 | -2 로그 우도 | Cox와 Snell의 R 제곱 | Nagelkerke R 제곱 |
|---|---|---|---|
| 1 | 239.614[a] | .283 | .418 |

a. 모수 추정값이 .001보다 작게 변경되어 계산반복수 6에서 추정을 종료하였다.

#### ③ Hosmer-Lemeshow 검정

Hosmer-Lemeshow 검정은 로지스틱 회귀모형의 적합도를 평가하는 지표이며, 예측 확률이 실제 확률과 얼마나 유사한지를 보여 준다. 적합도에 대한 판단 기준은 다음과 같다.

> P>0.05: 모형이 적합하다. (모형이 데이터와 잘 맞는다.)
> P<0.05: 모형이 적합하지 않다. (모형이 데이터와 잘 맞지 않는다.)

- 기본 모형: 카이제곱(13.746)의 p값이 0.089로 유의수준 0.05보다 크므로, 데이터에 적합하다고 볼 수 있다. 하지만 p값이 0.1보다 작은 경계선 수준이므로, 적합성이 완벽하게 높지는 않다.
- 상호작용 모형: 카이제곱(4.998)의 p값이 0.758로 0.05보다 월등히 크므로, 기본 모형보다 적합성이 더욱 향상되었다. 이는 조절변수가 독립변수와 종속변수 간의 관계를 의미 있게 조절한다는 것을 나타낸다.

**기본 모형: Hosmer와 Lemeshow 검정**

| 단계 | 카이제곱 | 자유도 | 유의확률 |
|---|---|---|---|
| 1 | 13.746 | 8 | .089 |

**상호작용 모형: Hosmer와 Lemeshow 검정**

| 단계 | 카이제곱 | 자유도 | 유의확률 |
|---|---|---|---|
| 1 | 4.998 | 8 | .758 |

### (3) 예측력과 분류 정확도

모형의 예측 정확도를 비교하기 위해 분류표의 전체 정확도와 개별 집단의 분류 정확도를 확인한다. 분류표는 로지스틱 회귀모형이 종속변수(건강행동 실천 여부)를 얼마나 정확하게 예측하는지를 보여 주며, 분류 정확도는 비율로 평가할 수 있다. 분류 비율이 클수록 모형 예측력이 높은 것이며, 일반적으로 70% 이상이면 좋은 모형이라고 볼 수 있다.

#### ① 기본 모형의 예측력

- 건강행동 미실천(0) 정확도: =39.5% → 분류 정확도가 낮아 예측에 한계가 있다.
- 건강행동 실천(1) 정확도: =90.2% → 분류 정확도가 매우 높다.
- 전체 정확도: 77.3% → 전체적으로는 좋은 모형이라고 평가할 수 있다.

**기본 모형: 분류표[a]**

| 관측됨 | | | 예측 | | |
|---|---|---|---|---|---|
| | | | 건강행동 | | 분류정확 % |
| | | | 미실천 | 실천 | |
| 1단계 | 건강행동 | 미실천 | 30 | 46 | 39.5 |
| | | 실천 | 22 | 202 | 90.2 |
| | 전체 퍼센트 | | | | 77.3 |

a. 절단값은 .500이다.

#### ② 상호작용(조절효과 포함) 모형의 예측력

- 건강행동 미실천(0) 정확도: =44.7%(예측력 향상)
- 건강행동 실천(1) 정확도: =93.3%(예측력 향상)
- 전체 정확도: 81.0%(예측력 향상)

**상호작용 모형: 분류표[a]**

| 관측됨 | | | 예측 | | |
|---|---|---|---|---|---|
| | | | 건강행동 | | 분류정확 % |
| | | | 미실천 | 실천 | |
| 1단계 | 건강행동 | 미실천 | 34 | 42 | 44.7 |
| | | 실천 | 15 | 209 | 93.3 |
| | 전체 퍼센트 | | | | 81.0 |

a. 절단값은 .500이다.

③ **모형의 예측력 비교**

- 전체 분류 정확도: 전반적인 예측력이 77.3% → 81.0%로 향상되었다.
- 건강행동 미실천의 예측 정확도: 기본 모형에서 미실천 그룹(39.5%)의 예측력은 낮았으나, 상호작용 모형에서는 44.7%로 개선되었다.
- 건강행동 실천의 예측 정확도: 상호작용 변수(조절변수)를 추가한 후 90.2% → 93.3%로 3.7% 증가하였다.
- 결론적으로, 상호작용 모형이 기본 모형보다 예측 정확도가 더 높다. 특히 미실천 그룹의 예측 정확도가 향상되어, 조절변수가 미실천을 예측하는 데 중요한 기여를 했다는 것을 알 수 있다. 이러한 결과는 노년층의 삶에 대한 의지와 경제적 안정성 간의 상호작용이 건강행동의 실천 여부를 상당 부분 예측한다는 것을 시사한다.

### (4) 상호작용과 조절효과

로지스틱 회귀분석에서 신뢰구간에 1이 포함되는지 여부는 오즈비(Exp(B))와 관련이 있다. 종속변수가 이항(binary)인 로지스틱에서는 회귀계수($\beta$)에 대한 직접적인 해석보다 오즈비를 통해 관계의 강도를 설명한다. 사례 분석에서 조절효과(상호작용효과)를 포함한 모형과 기본 모형을 비교하기 위해, 독립변수와 조절변수(X*W)가 종속변수에 미치는 영향을 분석한 결과를 살펴보자.

① **기본 모형**

- 독립변수: 삶의 의지
  - 삶의 의지($\beta=0.073$, $p<0.001$)는 건강행동 실천 여부에 긍정적인 영향을 미친다.

– 오즈비 Exp(B) = 1.076: 삶의 의지가 1단위 증가하면 건강행동 실천 가능성이 1.076배(확률로는 7.6%) 증가한다.

– 신뢰구간(1.040~1.114)이1보다 큰 것은, 삶의 의지가 건강행동 실천(종속변수)에 긍정적인 영향을 미친다는 것을 나타낸다.

• 조절변수: 경제적 안정성

– 경제적 안정성($\beta$ = 1.235, p < 0.001)이 높은 사람은 건강행동을 실천할 가능성이 높다.

– Exp(B) = 3.439: 경제적으로 안정된 노년층이 그렇지 않은 노년층보다 건강행동을 실천할 확률이 3.439배 더 높은 경향이 있다.

– 신뢰구간(2.185–5.413)에 1이 포함되어 있지 않다.

**기본 모형: 방정식의 변수**

| | | B | S.E. | Wald | 자유도 | 유의확률 | Exp(B) | Exp(B)에 대한 95% 신뢰구간 | |
|---|---|---|---|---|---|---|---|---|---|
| | | | | | | | | 하한 | 상한 |
| 1단계 | 삶의 의지 | .073 | .018 | 17.416 | 1 | <.001 | 1.076 | 1.040 | 1.114 |
| | 경제적 안정성 | 1.235 | .231 | 28.450 | 1 | <.001 | 3.439 | 2.185 | 5.413 |
| | 상수항 | 5.245 | .894 | 34.427 | 1 | <.001 | .005 | | |

a. 변수가 1: 삶의 의지, 경제적 안정성, 단계에 입력되었다.

**상호작용 모형: 방정식의 변수**

| | | B | S.E. | Wald | 자유도 | 유의확률 | Exp(B) | Exp(B)에 대한 95% 신뢰구간 | |
|---|---|---|---|---|---|---|---|---|---|
| | | | | | | | | 하한 | 상한 |
| 1단계 | 삶의 의지 | .115 | .060 | 3.644 | 1 | .056 | 1.121 | .793 | 1.003 |
| | 경제적 안정성 | 2.773 | 1.205 | 5.294 | 1 | .021 | 16.129 | 2.006 | 3.663 |
| | X*W | .092 | .029 | 10.335 | 1 | .001 | 1.096 | 1.037 | 1.160 |
| | 상수항 | 2.837 | 2.510 | 1.278 | 1 | .258 | 17.070 | | |

a. 변수가 1: 삶의 의지, 경제적 안정성, X*W 단계에 입력되었다.

② **상호작용 모형**

- 독립변수: 삶의 의지
  - 삶의 의지 개별 효과는 유의확률이 p=0.056으로 통계적으로 유의미하지 않다. 기본 모형에서는 유의했으나, 상호작용항이 포함되면서 독립적인 효과가 줄어들었기 때문이다.
  - 신뢰구간(0.793–1.003)에 1이 포함되므로 변수의 영향력이 확실하지 않다.
- 조절변수: 경제적 안정성
  - 경제적 안정성의 영향력[Exp(B)=16.129, p=0.021]은 더 커졌다. 이는 경제적 안정성이 건강행동 실천 가능성을 강하게 예측하는 변수라는 것을 시사한다.
  - Exp(B)=16.129: 경제적 안정성이 1단위 증가할 때 건강행동 실천 확률은 16.1배 증가한다.
  - 신뢰구간(2.006–3.663)에 1이 포함되지 않는다.
- 상호작용(X*M): 삶의 의지×경제적 안정성
  - 상호작용 X*M(B=0.092, p=0.001)은 건강행동 실천에 유의미한 영향을 미친다.
  - Exp(B)=1.096: 상호작용효과가 1단위 증가할 때 건강행동 실천 오즈가 9.6% 증가한다.
  - 신뢰구간(1.037–1.160)에 1이 포함되지 않으므로 유의미하다.

③ **조절효과(상호작용효과)의 의미**

- 조절효과의 존재 확인
  - 조절변수(X*W)의 p값이 0.001로 유의미하므로 상호작용 변수가 독립변수와 종속변수의 관계를 변화시킨다는 것을 나타낸다.
  - Exp(B)=1.096: 상호작용효과가 증가할수록 건강행동 실천 가능성이 1.096배 증가한다.
  - 의미: 경제적 안정성이 높은 사람일수록 삶의 의지가 건강행동 실천에 미치는 영향이 더 커진다.
- 삶의 의지의 독립적 효과 변화
  - 기본 모형에서 삶의 의지는 유의미하나, 상호작용 모형에서는 유의미하지 않은데, 이는 삶의 의지의 영향이 경제적 안정성에 따라 다르다는 것을 나타낸다.

- 의미: 삶의 의지가 건강행동 실천을 촉진하는 효과가 경제적 안정성이 낮은 사람보다 높은 사람에게서 더 강하게 나타날 수 있다.

- 경제적 안정성의 영향력 강화
  - 기본 모형에서 Exp(B)=3.439, 상호작용 모형에서 Exp(B)=16.129로 증가하였다.
  - 의미: 이러한 결과는 상호작용을 고려하면 경제적 안정성의 영향력이 더욱 강화된다는 것을 말해 준다.

④ 시사점

- 삶의 의지나 경제적 안정성이 독립적으로 영향을 미치기도 하지만, 두 요인이 함께 상호작용할 때 노년층의 건강행동 실천 가능성이 높아지는 경향이 있다.
- 정책적으로 노년층의 경제적 안정성에 대한 지원뿐 아니라, 삶의 의지를 강화하는 프로그램(예: 심리 상담, 동기 부여 프로그램)을 고려할 필요가 있다.

# 참고문헌

박원우, 고동운, 윤은성(2010). 연구의 인과성 제고: 통제변수의 의의, 활용 현상 분석 및 제언. 노사관계연구, 21, 1-49.

이우구(2019). 노인의 감정조절 능력이 자살생각에 미치는 영향: 마음챙김의 매개효과. 대구대학교 대학원 박사학위논문.

정영숙, 홍명선(2013). 청소년이 인지한 부모갈등차원이 자아개념에 미치는 영향: 매개효과 검증을 중심으로. 재활심리연구, 20(2), 273-288.

황보경옥(2020). 대학생의 부모와의 관계가 내현적 자기애와 공감 및 대인관계에 미치는 영향. 대구대학교 대학원 박사학위논문.

American Psychiatric Association (2013). *Diagnostic and Statistical Manual of Mental Disorders* (5th ed.). https://doi.org/10.1176/appi.books.9780890425596

Baron, R. M., & Kenny, D. A. (1986). The moderator-mediator variable distinction in social psychological research: Conceptual, strategic, and statistical considerations. *Journal of Personality and Social Psychology*, *51*(6), 1173-1182.

Bulmer, M. G. (1979). *Principles of Statistics*. Dover Publications.

Beck, A. T., Brown, G. K., & Steew, R. A. (1997). Psychometric characteristics of the scale for suicide ideation with psychiatric outpatients. *Behavior Research Therapy*, *35*(11), 1039-1046.

Bowen, M. (1978). *Family Therapy in Clinical Practice*. Jason Aronson.

Byrne, B. M. (2010). *Structural Equation Modeling with AMOS: Basic Concepts, Applications, and Programming*. Routledge.

Cameron, A. C., & Trivedi, P. K. (2005). *Microeconometrics: Methods and Applications*. Cambridge University Press.

Chapman, L. J. (1967). Illusory correlation in observational report. *Journal of Verbal Learning & Verbal Behavior, 6*(1), 151–155.

Collier, J. E. (2020). *Applied Structural Equation Modeling Using AMOS: Basic to Advanced Techniques*. Routledge.

Cumming, G. (2014). The new statistics: Why and how. *Psychological Science, 25*(1), 7–29.

Frank, K. A. (2000). Impact of confounding variable on a regression coefficient. *Sociological Methods Research*, *29*(2), 147–194.

Free Statistics Calculators. Sobel Test Calculator for the Significance of Mediation. https://www.danielsoper.com/statcalc/calculator.aspx?id=31

Frost, J. (2019). *Introduction to statistics: An Intuitive Guide for Analyzing Data and Unlocking Discoveries*. Jim Publishing.

Frost, J. (2020). *Regression Analysis: An Intuitive Guide for Using and Interpreting Linear Models*. Jim Publishing.

George, D., & Mallery, M. (2010). *SPSS for Windows Step by Step: A Simple Guide and Reference*. Pearson.

Gujarati, D. N., & Porter, D. C. (2009). *Basic Econometrics* (5th ed.). McGraw–Hill.

Hair, J. F, Black, W. C., Babin, B. J., & Anderson, R. E. (2010). *Multivariate Data Analysis*. Pearson Educational International.

Hair, J. F., Hult, G. T. M., Ringle, C. M., & Sarstedt, M. (2022). *A Primer on Partial Least Squares Structural Equation Modeling* (PLS–SEM). Sage.

Hamilton, D. L., & Gifford, R. K. (1976). Illusory correlation in interpersonal perception: A cognitive basis of stereotypic judgments. *Journal of Experimental Social Psychology, 12*(4), 392–407.

Hayes, A. F. (2022). *Introduction to Mediation, Moderation, and Conditional Process Analysis: A Regression–Based Approach* (3rd ed). Guilford Press.

Hosmer, D. W., Lemeshow, S., & Sturdivant, R. X. (2013). *Applied Logistic Regression* (3rd ed.). John Wiley & Sons.

Jung, C. G., & Aniela, J. (1965). 기억, 꿈, 사상[*Memories, Dreams, Reflections*]. (조성기 역, 2007). Random House.

Jung, C. G. (1971). *Psychological Types. Princeton University Press.*

Kant, I. (1781). 순수이성비판[kritik der reinen vernunft], (최재화 역, 2019). 책세상.

Kerlinger, F. N., & Lee, H. B. (2000). *Foundations of Behavioral Research* (4th ed.). Harcourt College Publishers.

Kim, H. Y. (2013). Statistical notes for clinical researchers: Assessing normal distribution using skewness and kurtosis. *Restorative Dentistry & Endodontics, 38*(1), 52–54.

Kline, R. B. (2015). *Principles and Practice of Structural Equation Modeling* (4th ed.). Guilford Publications.

Lybbert, T. J., & Wydick, B. (2018). Poverty, aspirations, and the economics of hope. *Economic Development and Cultural Changes*, *66*(4), 708–753.

McDonald, R., & Grych, J. H. (2006). Young children's appraisals of interparental conflict: Measurement and links with adjustment problems. *Journal of Family Psychology*, *20*(1), 88–99.

McLeod, S. A. (2019, July 10). What does effect size tell you? Simply Psychology: https://www.simplypsychology.org/effect-size.html

Montgomery, D. C., Peck, E. A., & Vining, G. G. (2021). *Introduction to Linear Regression Analysis* (6th ed.). John Wiley & Sons Inc.

Schaller, M., & Maass, A. (1989). Illusory correlation and social categorization: Toward an integration of motivational and cognitive factors in stereotype formation. *British Journal of Social Psychology*, *28*(2), 133–150.

Schwab, D. P. (2005). *Research Methods for Organizational Studies*. Lawrence Erlbaum.

Schwarzer, R. & Jerusalem, M. (1995). Generalized self-efficacy scale. In J. Weinman, S. Wright, & M. Johnston (Eds.), *Measures in health psychology: A user's portfolio. Causal and control beliefs* (pp. 35–37). NFER-Nelson.

Shrout, P. E., & Bolger, N. (2002). Mediation in experimental and nonexperimental studies. *Psychological Methods*, *7*, 422–445.

Smith, H. M., & Betz, N. E. (2000). Development and validation of a scale of perceived social self-efficacy. *Journal of Career Assessment*, *8*(3), 283–301.

Sobel, M. E. (1982). Asymptotic confidence intervals for indirect effects in structural equation models. In S. Leinhardt (Ed.), *Sociological Methodology* (pp. 290–312). American Sociological Association.

Wagnild, G. M., & Young, H. M. (1993). Development and psychometric evaluation of the Resilience Scale. *Journal of Nursing Measurement, 1*(2), 165–178.

Wooldridge, J. M. (2020). *Introductory Econometrics: A Modern Approach* (7th ed.). Cengage Learning.

# 찾아보기

-2 로그 우도 316

F

F 검정 99

F 분포 53

F값 135

H

Hosmer-Lemeshow 검정 204, 211, 317

L

Levene 검정 113

P

P-P 플롯 109

Q

Q-Q 플롯 109

R

R 제곱 316

S

Sobel 검정 248

Sobel 테스트 251

T

t 분포 51, 52

W

Wald 통계량 213

## Z

Z값 43

Z표준화 283

## ㄱ

가중 최소제곱법 108

간접효과 267

개념적 정의 26

결과변수 14

결정계수($R_2$) 98, 99

경쟁매개 236

계층적 군집화 201

공간적 의존성 105

공분산 22

구성개념 타당성 28

구조방정식 모형 248

구조적 타당성 30

기술연구 12

기울기 124

## ㄷ

다중공선성 23, 76, 99, 115

다중매개모형 240

다중회귀모형 190

다항 로지스틱 회귀 215

다항회귀 191

단계적 조절효과 모형 285

단순조절모형 280

단순회귀모형 190

대칭적 관계 15

더미변수 165

더빈-왓슨 106

독립변수 15

독립성 104, 277

## ㄹ

라소회귀 191

로그 오즈 197

로지스틱 회귀 192

로지스틱 회귀계수(B) 213

리지회귀 190

## ㅁ

매개모형 237

매개변수 36, 233
매개효과 235
모수 분석 70
모형 적합 정보 218
모형 적합도 308
모형의 유의성 204
모형의 적합도 204

ㅂ

바론-케니 접근법 248
변화 가능성 277
부분매개 235
부트스트랩 248, 252
분산의 동질성 112
분산팽창지수 118, 119
비대칭적 관계 15
비모수 분석 71
비선형 조절 277

ㅅ

상관관계 22
상관분석 75
상태지수(CI) 120
상호작용효과 277
선형성 99
수렴타당성 29
시간적 의존성 106
시그모이드 함수 208
신뢰구간 206, 214

ㅇ

엘라스틱 넷 회귀 191
오즈비 207, 214
완전매개 235
왜도 57
외생변수 17, 24
외생성 277
원인변수 14
유사 R 제곱 219
유의도(p값) 98
이분형 로지스틱 회귀 208
이분형 종속변수 197
이중조절효과 281, 308
이중조절효과 모형 285

인과성 11

임계값 228

ㅈ

자기상관 108

잔차 135

잔차 분산 108

잔차 분석 98

적합도 검정 227

적합도 평가 183

절편 124

절편(상수) 138

정규분포 39

제3의 변수 33

조건부 효과 306

조작적 정의 27

조절변수 37, 275

종속변수 15

주효과 308

중심극한정리 40

직접효과 266

ㅊ

첨도 59

총효과 266

총효과 모형 표시 256

최대우도추정 203

충분조건 19

ㅋ

카이제곱 분포 53

켄달의 타우 87

ㅌ

탐색연구 12

ㅍ

판별타당성 30

패러다임 12

편상관관계 90

평균 중심화 282

평행선 검정 230

표준정규분포 43

표준화 회귀계수 98

표준화 효과 256

피어슨 상관계수 81

피어슨 적합도 218

필요조건 18

필요충분조건 20

ㅎ

회귀계수 98, 184

회귀모형 124

회귀모형의 적합성 133

회귀분석 97

# 저자소개


**정영숙** (Chung, Young Sook)

미국 일리노이 대학교 철학박사(연구방법 및 통계분석 전공)

**현** 한국정서행동장애학회 이사

대구대학교 아동가정복지학과 명예교수

**정이원** (Chung, Yi Won)

미국 캘리포니아 대학교 샌디에이고 박사 수료(컴퓨터 과학 및 공학 전공)

미국 위스콘신 대학교 졸업(컴퓨터 및 데이터 과학 전공)

**박영준** (Park, Young Joon)

대구대학교 일반대학원 사회복지학전공 철학박사

**현** 한국사회복지행정학회 · 한국아동복지학회 이사

대구대학교 사회복지학과 교수

**김석주** (Kim, Seok-Joo)

미국 케이스 웨스턴 리저브 대학교 철학박사

**현** 한국지역사회복지학회 이사

대구대학교 사회복지학과 교수

회귀분석과 매개효과 및 조절효과:
데이터 분석 사례를 중심으로
Regression Analysis and Mediating-Moderating Effects:
Focused on Data Analysis Cases

2025년 12월 5일 1판 1쇄 인쇄
2025년 12월 10일 1판 1쇄 발행

지은이 • 정영숙 · 정이원 · 박영준 · 김석주
펴낸이 • 김진환
펴낸곳 • (주) 학지사
04031 서울특별시 마포구 양화로 15길 20 마인드월드빌딩 4층
대 표 전 화 • 02)330-5114 팩스 • 02)324-2345
등 록 번 호 • 제313-2006-000265호

홈 페 이 지 • http://www.hakjisa.co.kr
인스타그램 • https://www.instagram.com/hakjisabook

ISBN 978-89-997-3586-8 93310

정가 22,000원